KB254047

통일된 땅에서 더불어 사는 연습

도서출판
또 하나의 문화

통일된 땅에서 더불어 사는 연습

(남과 북이 함께 읽는 책)

또 하나의 문화 통일 소모임

도서출판
또 하나의 문화

책을 펴내며

우리에게 '남북 통일'의 의미는 매우 다양하다. 고향 방문, 가족 상봉, 재산 찾기, 금강산, 묘향산, 백두산 관광, 투자, 상품 판매, 정치적 승리… 등. 통일과 직접적인 이해 관계가 없는 사람들도 민족의 통일은 아주 자연스럽고 당연하다고 생각한다. 그러나 통일만큼 추상적이고 모호한 개념도 없을 것이다. 과연 어떤 상태를 통일이라고 할 것인지에 대해서부터 우리는 합의된 정의를 갖고 있지 않으며, 통일이 개개인들의 삶에 어떤 영향을 미칠 것인지에 대해 저마다 그 영향권 밖에 있는 듯 착각하고, 통일에 어떻게 기여해야 할지에 대해서는 더더욱 구체적인 의견이 없는 게 보통이다. 결국 통일은 구체적인 사건인 듯하면서도 감정적이고 추상적인 꿈나라의 이야기가 되고 있다.

최근 국내외 정세를 볼 때 통일은 시간 문제라고 보는 이들이 많다. 그러나 통일에 관한 남북 당사자간의 정치적 합의나 결정이 반세기 동안 서로 다른 체제를 구축한 두 사회를 무리 없이 통합시켜 줄 것이라고 믿는 이는 아마 아무도 없을 것이다. 독일 통일 후 동·서독인들이 서로 불신과 적응 불능으로 고생하는 모습을 보면서 우리는 그 문제의 심각성을 충분히 짐작할 수 있다.

통일은 단순한 국토의 경제, 정치, 군사적인 통합뿐 아니라 사람들의 접촉과 이동을 필수적으로 요구한다. 그렇기 때문에 국가나 이데올로기나 경제가 아닌 사람들의 만남과 함께하는 삶이 통일의 전과정에서 우선적으로 고려되어야 함에도 불구하고, 정치적 통일 논의는 사람의 요소가 빠진 채 진행되는 심각한 문제점이 있다. 같은 문화적 전통을 지녔다고 하지만 40여 년 동안 단절된 생활권에서 살아온 경험이 어떻게 의사 소통을 제한하고 갈등을 야기할 것인가를 충분히 인식하는 것이 무엇보다도 중요하다.

진정한 통일이란, 통일 과정에서 남과 북의 사람들이 서로의 언어를 충분히 이해할 수 있고 상대방의 무엇이 우리와 다르고 무엇이 같은가를 알고 서로 의사 소통이 가능하게 되는 상태, 즉 개방적 태도로 상호간 문화적 차이를 인지하는 바탕 위에 교류할 수 있는 상태를 말한다. 우리의 통일에서 이것은 결코 간단하게 성취될 수 있는 일은 아니다.

두 해 전에 이런 문제 의식을 공유한 「또 하나의 문화」 동인 몇몇이 모여 '통일된 땅에서 더불어 사는 연습'을 시작하였다. 1994년 3월부터 1년 남짓 격주로 토요일에 모임을 갖고 남쪽 사람들이 북쪽 사람들과 '정상적'으로 만날 수 있기 위해 북쪽의 문화, 언어, 습관, 사고 방식, 행동 방식 등을 이해하고 그들과 진정으로 의사 소통을 하는 방법을 익히는 공부를 하였다.

북조선 연구자들을 강사로 모셔서 이야기를 듣고 토론도 하고, 남북 사람들의 만남이나 서로에 대한 해석이 담긴 여행기, 소설, 인터뷰 기사 등 텍스트를 분석해 보기도 하고, 귀순자와의 만남, 영화 등을 통해 남북 사람들의 만남의 모습이 어떠할지를 살펴보기도 했다. 이 연습을 통해 우리는 자신들을 좀더 거리를 두고 관찰할 수 있는 기회를 가졌으며, 새로운 의사 소통을 할 준비와 자세를 다져 갈 수 있었다. 또한 이 연습이 남한 사회 내부에 존재하는, 감성과 전제와 의사 소통 방식이 다른 사람들이 서로를 누르지 않고 편견 없이 만나고 포용해 가기 위해서도 필요한 것이라는 것을 깨닫게 되었다. 이제 우리가 공부한 결과와 연습한 과정을 책으로 엮어 다른 사람들과 나누려고 한다.

우리 사회의 주도적 통일 담론은 지난 50년 동안 정부의 정책을 통해서만이 아니라 수없이 많은 전문가들의 글을 통해 형성되어 왔다. 여기에는 그러한 통일 담론과는 조금 다른 방향의 글을 싣는다. 「미리 생각하는 통일」에 실린 세 꼭지의 글이 통일 문제에 대한 조금 다른 생각을 대표한다고 볼 수는 없다. 또한 이들이 통일에 대한 질문들에 명쾌한 해답을 준다고 할 수도 없다. 그러나 이 글들이 우리에게 더 많은 질문을 하게 하는 구실을 할 것으로 기대한다.

남과 북이 다르지 않다고 주장하면서도 서로를 보는 시선은 '다름'에 맞추어지곤 한다. 「다름에 대한 이해」에서는 우리가 얼마나 '다름'을 참지 못하는가를 반성할 수 있게 해주는 사례로 외국인 노동자, 연변 조선족, 화교들의 삶을 살펴본다. 문화적 상대주의의 위험을 무릅쓰고 우리는 지금까지의 옹고집식 자기 중심적 사고의 전환이 반드시 필요한 일이라고 주장한다.

각 나라의 경험은 우리의 그것과는 분명히 다를 것이다. 하지만, 우리의 통일을 생각하면 그들의 통일을 강 건너 먼 산 보듯 무심히 바라볼 수만은 없게 만드는 불안을 느끼게 된다. 그들의 통일 경험이 우리에게 말해 주는 것은 무엇일까? 「외국의 경험, 우리의 거울」에서는 독일과 베트남의 통일을 보며 그들과 함께 통일 이야기를 만든 이들의 글을 읽어 본다.

「북조선을 보는 남한 읽기」에서는 대학생들이 털어놓는 솔직한 신세대 통일관, 그리고 외국인의 눈에 비친 남한 사람들의 분단관과 통일관을 분석한 글을 통해 우리 자신을 되돌아본다.

한 사회의 예술은 다분히 그 사회의 정치적, 경제적 상황에 영향을 받는다. 사회주의 사회의 경우에는 더더욱 예술이 사회주의 건설에 기능해야 하고 '당'의 정책을 반영하도록 요구된다. 그러한 정치적, 이념적 의미를 감안하더라도 우리는 그 작품 속에서 그 사회와 사람들의 삶을 볼 수 있다. 「또 하나의 북조선 읽기」에는 북조선의 영화에서 우리는 어떤 사람들을 만날 수 있는지, 또한 그런 만남을 위해서 영화를 어떻게 읽어야 하는지를 보여 주는 글을 싣는다.

남과 북의 사람들이 공적으로나 사적으로 대면하고 만나게 되는 일은 점점

더 빈번하게 일어나고 있다. 그것은 먼 훗날의 이야기가 아니라 오늘의 이야
기인 것이다. 우리는 과연 북조선 주민을 만날 마음의 준비가 되어 있을까?
「남과 북의 만남」에서는 북쪽 사람들을 직접 만나본 이들의 체험담을 싣는
다. 사투리말고는 기본적인 의사 소통이야 문제가 없겠지만 서로간에 진정으
로 속이야기가 통할 수 있는 것은 언제일까?

　남과 북 사람들이 함께 읽고 통일을 준비하고 연습하는 데 도움이 되었으
면 하는 바람에서 이 책을 엮어 펴낸다. 이 책에서 우리는 '북한'이 아니라
'북조선'이라 부르는 것부터 연습을 했다. 북에서도 우리를 가리켜 '남조선'
이란 말을 고집하지 않고 '남한'으로 부르는 연습을 시작하기를 기대하면서.
　통일과 관련하여 우리가 논의한 '같음과 다름'의 논리가 비단 남북만이 아
니라 남녀간, 세대간, 지역간의 문제를 같은 선상에서 볼 수 있게 해주며, 남
한 사회 안에 존재하는 이 같은 벽들을 허무는 데도 도움이 되었으면 하는 기
대를 해본다. 또한 이러한 노력이 북녘에서도 시작되었으면 하는 바람을 덧
붙여 본다.

1996년 4월

통일된 땅에서 더불어 사는 연습

방승혜 작품 (부분)

우리는 왜, 어떻게 통일을 할까?

또 하나의 문화 통일 소모임

들어가며

세계적인 정치학자로 인정받고 있는 미국의 데이비드 이스튼 교수가 95년 5월 한국을 방문했을 때의 일이다. 통일 문제나 한국에 관하여 구체적인 지식이 없다는 그가 한국에 온 김에 이 문제를 함께 생각하고 토론해 볼 기회가 있으면 좋겠다고 하여 작은 세미나가 마련되었다. 발제를 맡은 한국 교수는 독일 통일의 문제들을 중점적으로 검토하고 그것이 한반도 통일에 갖는 의미를 짧은 시간 안에 간략히 정리했다. 이 발제를 들은 이스튼 교수는 "한국의 통일 논의에 관해 익숙치는 않지만 이제까지 듣던 바와는 달리 통일에 따를 문제점을 예상하고 조심성 있게 접근하는 발제가 신선했다. 그렇다면, 한국인들은 우선 왜 통일을 하려고 하는지 그 이유를 먼저 충분히 생각해야 한다. 그러고 나서 통일에 따를 희생과 이득을 분석하고, 만일 어떤 희생이 점쳐진다면 그만한 희생을 치를 만한 이유가 충분히 되는지 아닌지를 가늠하여 통일을 할지 안할지, 어떻게 할지를 결정할 일"이라고 첫 반응을 보였다. 너무나 교과서적이고 지당한 이야기다.

그런데 우리는 1950년대 이후 통일은 '당연히 해야 하는 것'으로 인식했을 뿐, 왜 통일을 해야 하느냐는 질문이 필요 없을 만큼 명백한 것이라고 믿었다. 만일 왜 그러냐고 묻는다면 마치 반민족적 매국노라도 되는 것같이 몰리고, 그렇다고 잘못 통일을 주장하다가는 친북 용공주의자로 몰릴 수도 있는 매우 모호한 상황이 1980년대까지 지속되었다. 그러다가 독일 통일이 우리들의 통일 담론을 자극한 셈이다. 통일을 왜 해야 하느냐는 의문이 질문으로 성립되고 통일에 관련된 비용을 계산하게 된 것은 독일 덕분이라고 할 수 있다.

하지만 우리는 그 여러 통일 담론 가운데 '왜 통일을?'이라는 기본적인 문제에 대해 보편 타당한 이유를 명백하게 그리고 설득력 있게 설파하여 우리들로 하여금 '그런 이유라면 열심히 통일을 위해 무언가 해야지' 하고 결심할 수 있도록 할 만한 것이 있는가를 반문하게 된다. 물론, 통일을 해야 한다거나, 아예 하지 않는 게 낫다거나, 지금 당장은 말고 서서히 해야 한다거나… 어떠한 의견을 지닌 사람들도 나름대로의 이유를 분명 갖고 있을 터이다. 각자가 선 자리에 따라 통일에 관련된 이해 관심이 다를 수밖에 없는 것이다. 이산 가족의 경우 가족적인 이유가 앞설 것이고, 경제인들은 북쪽의 자원과 노동력과 구매력 등을 탐내면서 사업상의 이유가 앞설 것이고, 정치인들은 영토의 확대에 따른 국력의 확장과 지역구가 늘어나는 데에 관심이 앞설 것이다. 그렇다면 그냥 보통 사람들은 무엇 때문에 통일을 노래하듯 주장하거나, 아니면 무엇 때문에 무관심할까? 통일을 주장하는 이유가 지나치게 감정적이지는 않은가? 진지하게 자신을 돌아볼 때, 통일에 대비하는 자세도 즉흥적이고 미약했으며 통일 이후의 모습에 대해서도 대강 그려 보았지 그 내용을 깊이 생각하려 하지 않았다는 반성이 앞선다고 토로하는 이들이 많다. 통일 문제에 대해 확신을 가진 이들보다는 누군가 그 이유를 선명하게 정리해 주기를 바라는 사람들이 아마도 훨씬 더 많을 성싶다.

통일이라는 주제에 관해 우리들이 접할 수 있었던 정보는 최근까지만 해도 대부분 정부나 정치적 차원에서 논의된 것들, 그것도 흔히는 정치적 필요에 따라 현미경이나 망원경을 통해 비춰진 것들뿐이었다. 정보의 내용도 북쪽의 통일 정책에 대한 일방적인 반박과 남쪽 통일 정책의 정당성에 대한 홍보성 자료들이 대부분이다. 이들은 남쪽의 '한민족 공동체 통일 방안'은 바람직한 것, '고려 연방제'는 적화 통일의 함정이 있는 것으로 보도한다. 그러나 두 통일 방안이 구체적으로 어떤 차이가 있는지, 특히 우리들의 삶에 직접적으로 어떤 함의를 지니는지에 대해서는 자신 있게 친절하게 설명하지 않는다. 또 흡수 통일이라는 단어는 양쪽 관련자들로부터 수없이 들어왔지만 그것이 어떤 것이고 우리에게는 구체적으로 어떤 이득이 돌아오고 얼마만큼의 부담이 요구되는지, 그리고 왜 북쪽은 기를 쓰고 이를 반대하며 남쪽은 기회 있을 때마다 흡수 통일은 안한다고 다짐을 해주어야 하는지에 대하여 정확한 정보를 주지도 않는다. 정치적 차원의 이러한 정보들은 우리가 왜 통일을 해야 하는가를 문제삼지 않으면서 다만 어떻게 통일을 할 것인가에 대한 논의들만을 소개한다. 결국 우리들에게는 통일을 왜 해야 하는지의 이유가 분명치 않고 방법론에 대한 분분한 의견만이 무성한 셈이다.

여기에서는 그 동안 '통일된 땅에서 더불어 사는 연습'이란 소모임을 하고 이 책을 편집한 사람들이 통일을 해야 할 이유에 대하여 토론한 것을 정리하고, 통일의 방식에 대한 의견을 제시한다.

통일을 해야 할 이유들

1990년 10월 독일이 통일된 직후 많은 사람들이 부러워하고 독일의 통일에서 우리의 모형을 찾을 수도 있겠다는 희망에 찼다. 그러나 얼마 지나지 않아 준비되지 않은 독일의 흡수 통일에 따른 문제들이 속속 전해지면서 독일 통일은 우리가 따를 긍정적 모형으로보다는 그렇게 하지 않아야 할 부정적 모형으로 거론하게 되었다. 이 때부터 통일이 그렇듯 어려운 과정이라면 구태여 통일을 하느니 차라리 그 노력을 다른 데에 쓰는 편이 낫겠다고 하는 이들이 목소리를 내기 시작했다. 그들은 '우리 민족은 둘이 아니라 하나다. 민족이라는 혈연적, 감정적 유대로 볼 때 남북은 갈라져서는 안되는 하나의 땅이다. 그렇기 때문에 분단 아닌 통일이 당연히 제모습이고 통일은 하루 빨리 해결해야 할 우리 민족의 과제다' 라는 식의 감정적 호소가 아닌 좀더 합리적인 이유가 필요하게 되었다.

왜 통일을 해야 하는가? 그 동안 어떤 방식으로든 우리들에게 익숙한 견해들을 조금 단순하게 풀어 보자. 그리고 그것들이 대다수의 일반인들에게 어느 정도 설득력을 지니는지, 또한 충분히 보편적이고 필수적인 것이어서 희생을 감수하고서라도 추구할 가치가 있는 강력한 이유가 되는지를 생각해 보자.

첫째로, "우리는 하나의 민족이므로"라는 단일 민족설이 있다. 남북의 주민들은 하나의 민족임이 분명하고, 통일로써 민족의 감성과 역량을 합치는 계기를 찾을 수 있을 것이다. 그러나, 어떤 한 민족이 반드시 하나의 나라를 이루어 살아야만 할 절대 절명의 이유가 있는가? 또, 민족이 반드시 한데 모여 살아야 국력이 커지는가? 세계 만방에 퍼져서 그곳에서 민족의 정체성을 지니며 누대를 잘살고 있는 유태인들은 나라를 지키는 일에 돈과 노력을 바치면서도 한 나라를 이루어 모두 함께 살자고 이야기하지 않는다. 화교들도 마찬가지다. 오히려 세계 곳곳에서 그들 민족의 막강한 힘을 과시하는 것이 대단해 보이기까지 한다. 하나의 민족이므로 국토도 하나로 통일해야 한다고 하는 우리는 그들에 비해 특별한가?

둘째로, "이산 가족에 대한 인도적 배려에서"라는 가족주의 내지 인도주의 이론이 있다. 피치 못할 이유로 헤어져 슬픔을 안고 반세기를 살아온 가족이 서로 다시 만나는 것 그 자체에 통일의 가치를 부여할 수 있다. 그들의 상봉이 얼마나 감격스러울지를 누구도 의심하지 않는다. 그런데 문제는, 이 이유가 과연 얼마나 강력하고 보편적인 것인가, 이산 가족의 만남에 통일이 반드시 선행 조건이 되는가에 있다. 우선, 남북 주민의 다수는 이산 가족이 아니므로 당사자가 아니다. 그러나 이보다 더 중요한 고려 사항은, 처음 다시 만나는 순간을 지나고 나서도 이산 가족들이 항상 바람직한 관계를 유지하게 되는가는 별개의 문제로 치더라도, 그들의 만남 자체가 통일이라는 번거로운 절차와 대가 없이도 이루어질 수 있는 다른 방법들도 있다는 점이다. 지금도 북조선의 국경 근방에서 상봉이 이루어지고 있고 그것을 업으로 한 몫을 보는 또 다른 조선족이 있지 않은가? 한반도 이외의 다른 지역에서 만남을 정식화하거나, 또는 다른 조건 없이 가족 상봉을 가장 우선 순위로 하여 남북 교류를 추진한다면 헤어진 가족의 만남을 주선할 수 있는 길은 얼마든지 있다고 생각된다. 정치적 통일과 관계없이 우선적으로 해결되어야 할 인도적 배려가 이처럼 양측의 정치에 휘말려 오래 지연되고 있는 것은 매우 안타까운 일이다.

셋째로, "그 동안 남북이 분단되어 적대하면서 국가적으로 어떤 이득을 본 일이 없고 오히려 양쪽 국력의 소모가 너무 심하므로" 이를 극복하는 방법이 통일이라는 국력 소모설이 있다. 이것도 맞는 측면이 있다. 우리는 남북 분단 이후 서로 국방력 경쟁을 하듯 과잉 방어전을 벌여온 느낌이고 통일 국가였다면 훨씬 줄어들 수 있을 국방비와 인력을 낭비한 것도 사실이다. 따라서 이는 하나의 중요한 이유이다. 그러나 유일한, 또는 모든 희생을 치러야 할 가장 중요한 이유라고 판단하는 데에는 문제가 있다. 우선 분단으로 인한 국가적 불이익이 통일에 의해서 국가적 이득으로 전환되리라는 보장이 없기 때문이며, 다음으로는 이미 합의된 평화의 약속을 이행하고 지금이라도 군축을 실행한다면 국방비의 소모가 줄어들 수 있는 또 다른 대안이 있기 때문이다.

넷째로, "양쪽에서 각각 '저건 우리 땅'이라고 주장하는 한, 한반도에 평화가 보장되지 않을 것이므로"라는 평화 지향설이 있다. 사실상 남북 양측의 지도층을 비롯한 많은 사람들이 지닌 통일 개념은 한반도를 합친다는 의미보다는 잃어버린 저쪽 반을 다시 찾는다는 의미인 것 같다. 그런 상황에서는 결코 평화적으로 통합할 가능성이 없다고 보아야 한다. 만일 통일이 된다면 이런 공격적 욕심도 의미가 없어질 것이다. 그런데 문제는 통일을 주도하는 층이 지닌 공격적 통일관으로 어떻게 평화적 타협이 가능할 것인가? 여기에 모순이 있다.

다섯째로, "반민주적이고 비자주적인 분단 체제는 애초부터 잘못된 것이고 극복되어야 할 것이므로"라는 분단 체제 극복론(백낙청 1993)이 있다. 남북은 분단으로 인하여 단지 이산 가족의 고통과 국력 소모만이 문제가 되는 것이 아니라, 남북의 분단 구도는 한민족이 둘로 갈려 자주적이지 못하고 각기 다른 외세에 의존하는 정치 경제적 실체를 이루게 되었다는 의미에서 통일의 불가피성을 주장하는 것이다. 이 논거는 대단히 포괄적이고 보편적인 통일의 당위적 이유를 설명하고 있다.

사실상 남북 분단은 정치 경제적 상황만이 아니라 전체 사회의 문화와 인성에 이르는, 모든 분야에서 적대적 대결 구도를 형성하는 결과를 가져왔다. 남쪽의 우리만 하더라도 어려서부터 북쪽의 사람들과 체제를 적대시하도록 배웠다. 모든 국민이 아동기에 특정 대상을 철저하게 적대하고 증오하도록 배운 것의 집합적 결과가 어떤 것일지는 사회 심리학적 연구 과제이지만, 베트남 전쟁에서 한국군이 가장 잔인한 군대였다는 이야기나, 존속 살인을 비롯한 강력 범죄가 만연한 현실 등 우리들끼리도 더불어 살기가 어려운 상황이 된 데에는 그러한 훈련된 증오나 적대가 크게 작용한 것이 아닌가 하는 의혹을 저버릴 수가 없다. 이러한 문제들이 궁극적으로 분단과 무관하지 않다면 결국 많은 사회 문제를 해결하는 실마리를 찾는 길, 정상적인 인간성을 회복하는 길도 통일과 연결될 것이다.

물론 모든 사회 문제를 분단에만 귀의시키는 데에는 문제가 있을 수 있다. 하지만 분단이 남북 양쪽 사회에 긍정적 효과를 가져온 것을 거론하기란 거의 불가능한 것만은 사실이다. 그렇다면, 그 동안 분단이 빚어낸 소모적이고 왜곡되고 비정상화된 현상황의 극복은 누가 책임져야 할 일인가? 그것은 분단 시대를 살아온 남북의 우리들 몫이며 남들이 주관할 일이 아니다. 우리는 그 동안 분단의 책임자가 누구인가에 관한 논의들을 많이 접해 왔다. 그러나 어떤 역사적 상황도 그것을 만든 주체와 그것이 가져온 결과를 감내하고 또 변화시키는 주체가 항시 동일하지는 않다. 이런 점에서 분단 체제의 극복이라는 것은 우리가 개인의 이익을 추구하기보다 전민족적인 차원에서 자주적으로 수행해야 할 과제이자 통일의 당위적 이유가 된다.

끝으로, 통일이 단지 우리 민족의 정상성을 회복하기 위한 것일 뿐 아니라 앞으로 국제 사회 안에서 생존하기 위해 필수적이라는 이유가 있다. "국제 사회에서 남과 북이 따로 생존 경쟁을 하기보다는 민족의 힘을 모으는 것이 도움이 될 것이며, 앞으로 동아시아에 평화를 정착하는 데에도 한반도의 통일이 필수적이므로"라는 국제 정치적 이유, 특히 동아시아 평화론의 맥락 안에서 통일의 이유를 찾는 이론이 그것이다(강만길 1995). 미래의 국제 사회 변화는 아무도 자국의 사정만으로 예측하기 어려운 일이다. 우리의 과거 경험과 현재의 국제 정치의 구도로 볼 때, 남북의 분단 상태의 지속이 과연 한반도의 생존에 유익한가 아닌가를 문제 삼는 논리이다. 이 논리는 동북아의 지역 정세로 보아 통일이 우리의 번영이 아니라 생존과 직결된 문제임을 일깨워 준다.

이상에서 볼 때 통일을 해야 할 이유로 거론된 여러 가지 중에서 가장 설득력이 있는 보편적 이유는 마지막 두 가지에 담겨 있다고 본다. 통일은 어느 집안의 가족 상봉이나 이산된 민족의 화합적 재통합과 같은 정서적 내지 추상적인 목적만을 위한 것이 아니다. 통일 한반도의 국력 신장과 이로 인한 국제적 대국의 형성이라는 것은 오히려 사치스러운 욕망이다. 통일은 우리가 그 동안 분단으로 망가진 양쪽 사회를 정치 경제적, 문화 심리적 차원에서 정상화시켜 더불어 사는 진정한 공동체를 형성하면서 동아시아 지역에서 국제 사회의 미아(迷兒)가 되지 않고 생존을 하기 위해 필수적인 전제 조건인 것이다. 다시 말해서, 우리가 통일을 해야 하는 이유는 잘살아 보자는 욕심보다는 훨씬 더 기본적인 이유, 즉 우리 민족이 정상적 공동체로 생존을 하려는 데에 있는 것이다. 통일이 아니면 우리 민족이 한반도에서 나라를 이루고 살 수 없을지도 모른다는 절박한 문제가 걸려 있다. 이러한 통일의 절박성 앞에서 누가 감히 이를 거부할 수 있을까? 통일은 개인적인 이해 관계를 초월한 민족의 보편적 이해 관계의 문제이고, 이 시대 우리들 모두의 긴박한 역사적 사명이다. 따라서 우리 각자는 반드시 무슨 즉각적인 개인적 이득을 추구하는 마음이 아니라, 우리의 후손들에게 무엇인가를 남기려는 장기적이고 원대한 믿음으로 통일에 진력을 다하는 태도가 요구된다고 하겠다.

통일 방식에 관한 각본들

그러면 어떤 방식으로 통일을 이룰 것인가? 남쪽의 항간에 발견되는 통일 방식의 각본은 적어도 서로 다른 세 가지 안이 있다. 물론 남북 통일의 계기는 급변하는 남과 북의 내부 정세와 주변국들의 정세에 크게 영향을 받을 것이다. 그러므로 이 각본들은 단지 가능성으로만 이야기될 수 있을 뿐이다.

첫번째 것은 지금은 아무도 원하지 않는 것으로 되어 있는 (또는 발설을 못하게 하는 분위기가 되어 버린) 전쟁에 의한 무력적 남북 통일이다. 현재 남북의 상대적 군사력 규모로 보나 양측의 적대감의 정도로 볼 때 제3자의 눈에는 남이나 북 어느 쪽에서든 무력 도발을 할 수 있을 것이라고 판단될 것이다. 그러나 남쪽에서 예상하는 전쟁 통일의 각본은 언제나, 남쪽이 아닌 북쪽에서 군부 강경파와 교조적 관료 지도층이 안팎의 정세를 오판하여 승산이 있다고 판단하거나 또는 그 반대로 절망 상태라고 생각하고 최후 수단에 의존할 경우 발생할 것이라는 것이 가장 유력한 각본이다. 그러나 6·25 전쟁을 경험한 세대와 동족 상잔의 비극은 피해야 한다는 생각을 가진 사람들은 전쟁 발발 가능성에 대해 과민하다 할 만큼 공포감을 갖고 있다. 대부분의 남쪽 사람들은 남이나 북 어느 쪽이 이길 것인가에 관심을 갖기 이전에 전쟁을 원초적으로 반대하며 우방의 도움이 있더라도 베트남 식의 결론이 나올 수 있다는 생각에서 무력이 거론되는 것조차 거부한다.

두번째는 군사력이 아닌 다른 종류의 힘의 우열 논리에 의한 흡수 통일이다. 먼저 경제력에 의한 통일 방식이 있다. 이 방식에 의한 통일을 북쪽이 주도할 것이라고 상상하기는 어렵고, 경제력이 우월한 남쪽의 주도로 전개될 성질의 것이다. 즉 북쪽이 남쪽에 흡수되는 흡수 통일이 되는 것이다. 흡수 통일 자체를 또는 이 용어를 꺼리는 분위기는 물론 있지만 남쪽에서 통일 정책에 영향력이 있는 집단은 거의 대부분 이 방식에 의한 남북 통일이 최선의 방법이라고 간주하는 눈치다. 이러한 논지가 언론에 그대로 반영되고 기업들의 이해까지 겹쳐져서 널리 홍보도 되고 많은 사람들이 무언의 동의를 하고 있는 것으로 보인다.

그러나 여기에서 주목해야 할 점이 있다. 이 흡수 통일 과정은 북쪽에서 개방 전략을 사용하고 그 결과 통제적 사회 구조가 흔들리게 되고, 열악한 경제 상태를 심각하게 인식한 주민들의 대중 봉기에 의해 지도 체제가 무너지게 된다는 전제 조건이 따른다. 그런데 실은 남쪽에서 생각하고 있는 그런 형태의 개방 정책을 북쪽이 쓸 것인가, 대중적 봉기는 반드시 일어날 것인가 등등 과정상의 필연성을 증명하기가 어렵다. 더욱이 정권 붕괴라는 사태가 발생하더라도 그것이 곧 남쪽으로의 흡수로 이어진다고(그러한 상태에서의 흡수 통일이 바람직할 것이냐의 문제는 차치하더라도) 간주할 만한 근거가 없다. 다른 집권자의 부상(浮上)에 의한 체제 지속이라는 변수도 무시할 수 없다는 말이다(통일 문제 대담 1994). 4·19 민중 봉기로 이승만 정권이 무너지자 장면 정권 수립, 5·16 등을 통해 남쪽 체제가 북쪽에 흡수되지 않은 경험을 갖고 있지 않은가.

여기에 더하여 다른 한 가지의 흡수 통일 각본을 생각해 볼 수 있다. 이는 계급적 힘의 우열 논리에 의한 통일 각본이다. 이는 북쪽 핵심층이 선호하는 종류의 통일 논리로서, 남쪽 자본주의 체제가 노동자 계급을 중심으로 한 민중의 힘에 의해 붕괴되고 북쪽에 흡수되는 또 다른 흡수 통일의 각본인 것이다. 소위 적화 통일이라는 이 통일 각본은 북쪽에서 줄곧 이용해 온 것이기도 하다.

힘의 우열에 기초하고 상대방 체제의 자체 붕괴와 통일을 기도하는 이 두 가지의 흡수 통일 방식의 공통점은 비록 첫번째의 것과는 달리 남북간의 직접적인 전투는 없으나, 남북 중 어느 하나가 승자 다른 하나가 패자로 되며, 승자는 남쪽이나 북쪽의 정권과 지배 집단이라는 점이다. 양쪽의 지도층은 각기 처한 위치에 의해 흡수 통일의 각각의 논리에 이해 관계를 함께한다. 남쪽 지도층에게는 적화 통일이, 북쪽 지도부에게는 흡수 통일이 무엇보다도 자신들의 멸망을 의미한다는 것을 잘 알고 있기 때문이다. 따라서 남쪽은 흡수 통일 논리에, 북쪽은 적화 통일 논리에 집착하여 기득권을 방어하고자 하는 것은 어쩌면 당연한 일이다.

하지만, 통일에 따른 막대한 비용을 치르는 것은 통일된 땅의 일반 국민의 몫이고 따라서 이것을 인지하는 이들은 위의 두 가지 어느 것에도 진정으로 찬성하기 어렵다.

나머지 대안인 세번째의 각본은 남북간의 대화와 합의에 기초하여 순리적으로 그리고 점진적으로 통일을 이루는 방식이다. 최근에는 남북 중 어느 쪽이 승자가 되어 다른 쪽 패자를 일방적으로 식민지화하는 방식을 지양하고 함께 통일을 이루고 함께 평화적으로 잘사는, 공존과 공영의 방식을 바람직하게 여기는 사람들이 늘고 있는 것 같다. 여기에는 우선 민족의 1/3의 삶을 규정해 왔던 북쪽이 하나의 안정된 정치 경제적 독립체로 성장하고, 남쪽에서는 북쪽을 신뢰하면서 상호 협조하는 자세로 통일 과정을 이끄는 것이 필수 조건이 된다. 아마도 북을 신뢰할 수가 없다고 생각하는 사람들 또는 성질이 급한 사람들에게는 수용되기 어려운 대안일 것이다.

이상의 세 가지 각본 가운데 현재 남쪽에서 어느 정도 설득력 있는 대안은 두번째와 세번째이다. 한편, 남쪽에서 경계하는 첫번째의 각본을 북쪽이 실제로 추진할 만한 실력을 갖추고 있는지는 의문스럽지만, 적어도 논리적으로는 북쪽의 대안은 첫번째와 두번째의 후자, 그리고 세번째일 것이다.

이렇게 볼 때 양쪽이 진정으로 화해와 협력을 통한 평화적 통일을 원한다고 할 때 추구할 방식은, 첫번째의 전쟁 통일이나 두번째의 상대방 붕괴 및 이에 따른 다른 한쪽으로의 병합적 통일의 방법이 아니라 세번째의 점진적 대화 통일밖에는 없다. 우리 자신이 아직 통일에 대한 대비가 부족하다는 입장에서 본다면, 그리고 한반도와 동북아의 장기적인 안정과 발전을 도모하기 위해서는 남쪽과 북쪽이 각기 내부에서의 통일 준비를 통해 정치 군사적, 경제적, 심리적 비용을 최소화하는 이 방식이 남과 북의 최선의 선택일 수밖에 없다는 결론이다.

그런데 이 최선의 선택을 실현한다는 것이 절대로 쉬운 일이 아님은 분명하다. 남쪽에 의존하여 경제 안정을 이룬다는 것을 받아들이기 괴로운 북쪽으로서 내부의 경제를 살리려고 부분 개방을 하거나 미국과 일본과의 협력 체계를 구축하려는 최근 정책이 통일로 가는 이 세번째의 길을 닦고 있는 것으로 간주해도 무리가 없을지 모르겠다. 설령 그렇다고 하더라도 북쪽의 지도층과 주민이 세번째의 평화적 통일 방법에 대하여 얼마나 진지하게 고려하며 남쪽을 신뢰하는지는 의문의 여지가 남는다. 북쪽의 노력에 대해 남쪽 정부도 얼마나 신뢰를 갖고 인내하면서 점진적 평화 통일을 위해 진지하게 준비를 할 수 있을지, 또한 국제적 변수들이 남북의 자체적이고 평화적인 통일에 우호적인, 아니면 적어도 방관하는 태도로 임할 것인지도 의문이다. 다시 말해서, 세번째의 대안이 가장 바람직하다고 모두가 합의할 것인지, 그것이 실현 가능할지… 너무 많은 불확실성이 앞에 놓여 있다. 그러나 확실한 것은 그 많은 불확실성 앞에서도 평화적이고 합의에 의한 통일 방식이 최선의 방식이고 이를 실현하기 위해 치열하게 노력을 해야 한다는 사실이다.

맺는 말

왜 통일을 반드시 해야만 하는지의 문제와 어떻게 하는 것이 좋을지의 문제는 상호 밀접하게 연결된 문제들이다. 앞서도 언급했듯이 이산 가족의 만남만을 위해서라거나 아니면 경제적 팽창을 위해서라는 이유라면 구태여 통일이라는 어려운 과제를 풀어야 할 이유가 없다. 통일의 궁극적 목적은 왜곡된 분단 체제를 스스로 극복하여 정상적인 민족의 공동체적 삶을 되찾고 동북아에서 제자리를 굳히기 위한 것이며, 그것이 지금 우리들의 개인적 삶과는 동떨어진 것으로 보일지라도 앞으로 우리들의 생존에 불가피한 과제라는 점에서 거부할 수 없는 명제이다. 군사력이나 경제력으로 일방적인 정복을 통한 통일보다는 양쪽의 화해와 협력을 통한 평화적 통일이 그러한 목적을 달성하는 데에 더욱 적합하다는 판단이다. 이제 우리에게는, 이런 바람직한 통일 방식을 어떻게 실행에 옮길 것인가, 각자는 어떻게 통일을 준비할 것인가의 문제가 남아 있다.

서두에 언급한 이스튼 교수가 한 다른 말들을 기억해 요약하면, "서구의 국가 형성의 역사는 모두 일종의 통일로 구성되었다. 즉 분산된 지역과 주민의 통합이었다. 그런데 어느 경우에도 적절한 시기를 맞춰 통일이 된 적이 없다. 그리고 그러한 통일은 반드시 문제들을 수반했다. 내부의 문제를 해결하고 난 다음에 통일을 하려고 했을 때 그 통일 시도는 항상 실패로 돌아갔다. 이것이 서구 역사의 교훈이다." 그의 역사 교훈대로라면, 통일의 준비가 통일이라는 사건의 도래와는 아무런 관계가 없고, 언제나 통일은 준비되지 않은 상태에서 오는 것이며, 준비를 제대로 하려고 하면 그것은 통일 실패를 뜻한다. 우리의 경우에도 그의 역사 교훈이 그대로 맞아떨어질는지 어떨지는 아무도 모른다. 다만 우리의 바람은 우리들이 마음과 경제가 준비되는 때에 남북 양측의 합의에 의해 통일을 주체적으로 이룩했으면 하는 것이다.

그것이 마음대로 되리라는 보장은 없다. 그러나 한 가지 확실한 것은, 남북 정부 당사자들이 언제 어떻게 통일을 결정하든간에 남쪽과 북쪽에서 서로 상대방과 평화적으로 더불어 살 수 있는 조건을 만들면서 통일로 가는 길을 닦는 노력을 기울여야 한다는 점이다. 우리들의 '더불어 사는 연습'은 그중의 작은 일부에 불과하다. 그러나 작은 것부터 시작하는 이 정성을 누가 소중타 하지 않을 것인가.

도움받은 글

강만길, 1995, 「분단 50년을 되돌아보고 통일을 생각한다」, 『창작과 비평』 87, 봄호.

백낙청, 1992, 「분단 체제의 인식을 위하여」, 『창작과 비평』 78, 겨울호.

뵘, 위르겐 외, 1994, 『헤이 오씨, 안녕 베씨』, 이항로 역, 푸른나무.

사까모또 요시쯔케(坂本義和), 1995, 「냉전후(冷戰後)의 문제(問題)는 무엇인가 — 아시아를 중심으로」, 1995. 2. 2. 한일 심포지움 『해방(解放)과 패전(敗戰) 50년』 발표 논문.

성경륭, 1994, 「분단 극복과 지방의 부흥을 위하여: 국민 국가 개혁론 — 연방주의와 지방주의의 논리」, 계간 『대화(對話)』 2, 여름호.

이영선 편저, 1994, 『북한의 개혁 전망과 통일 과제』, 연세대 동서 문제 연구원.

통일 문제 대담, 1994, 「통일로 가는 길, 통일의 미래상」, 계간 『對話』 3, 가을호.

한준상, 1993, 「통일을 위한 남북한 교육의 과제: 남북 '교육, 문화 교류'를 위한 5단계 방안」, 이영선 편저, 『북한의 현실과 통일 과제』, 연세대 동서 문제 연구원.

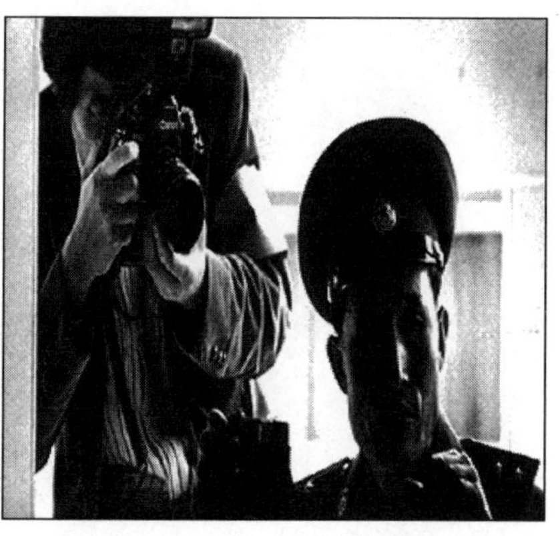

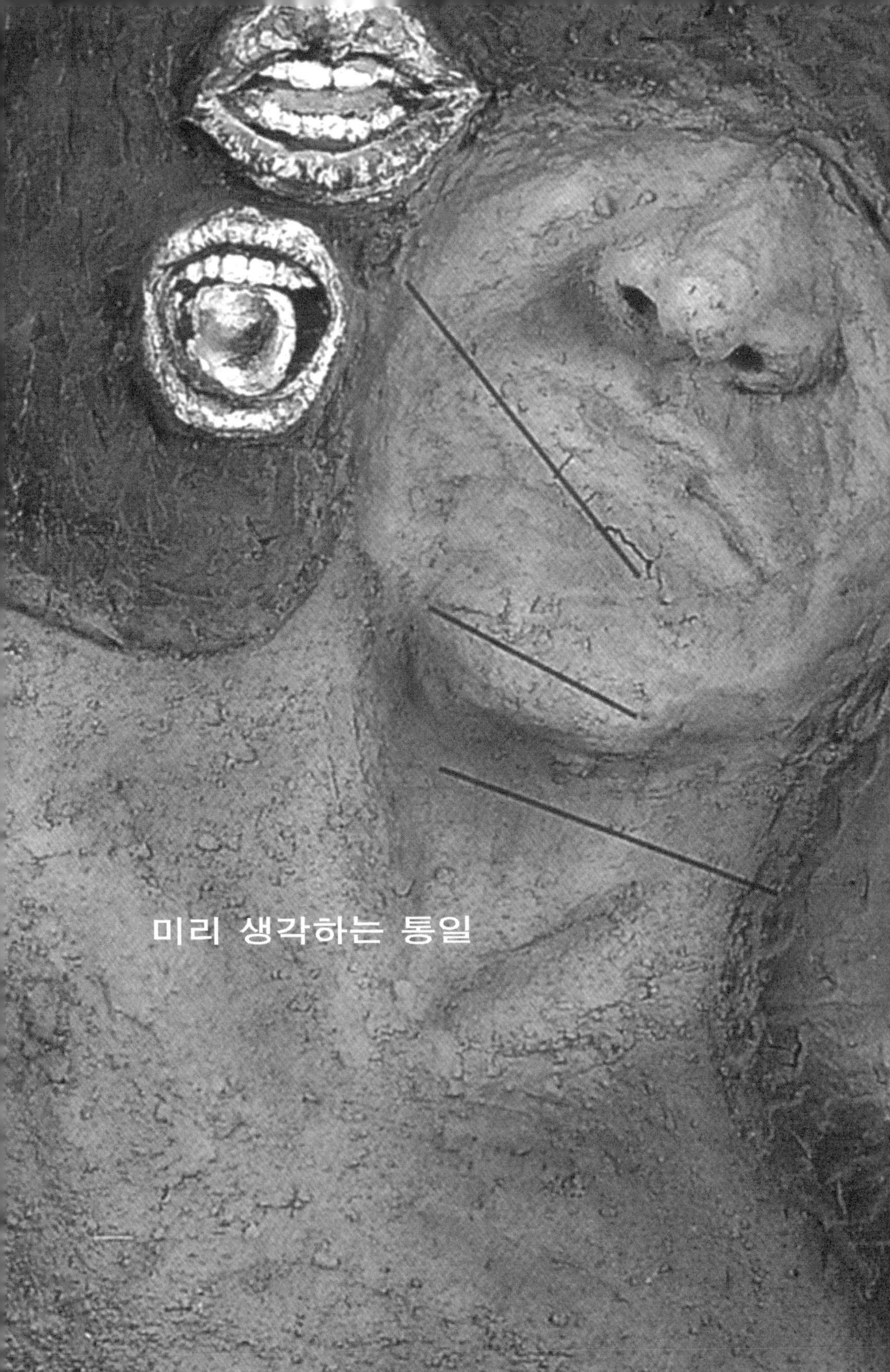

미리 생각하는 통일

안경환 작품

미리 생각하는 통일

우리 사회의 헤게모니적 통일 담론은

지난 50년 동안

정부의 정책을 통해서만이 아니라

수없이 많은 전문가들의 글을 통해 형성되어 왔다.

여기에는 그러한 통일 담론과는

조금 다른 방향의 글을 싣는다.

이 세 꼭지의 글이 통일 문제에 대한

조금 다른 생각을 대표한다고 볼 수는 없다.

또한 이들이 통일에 대한 질문들에

명쾌한 해답을 준다고 할 수도 없다.

그러나 이 글들이

우리에게 더 많은 질문을 하게 하는

구실을 할 것으로 기대한다.

통일로 가는 길, 더불어 사는 연습

조 형

이 글을 쓰는 나는 통일 문제 전문가가 아니다. 분단 5년 전에 태어나 초등학교 시절에 전쟁을 겪었고 그 뒤 '우리의 소원은 통일' 노래를 지금까지 부르지만, 정말로 통일이 우리 민족의 소원일까? 정부를 비롯해 우리들이, 그리고 내가 통일을 위해 얼마나 노력을 하는가? 하는 질문에 대해 긍정적인 답을 내릴 수 없음을 몹시 부끄럽게 느끼게 된 것은 불과 몇 해 전의 일이다. 「한국 여성 단체 연합」 측의 배려로 1992년에 평양을 방문하고 1993년에는 독일 「아데나워 재단」 초청으로 통일 독일을 방문하고 그 길에 동유럽에 잠시 들릴 기회를 가졌던 것이 통일에 대해 조금 남다른 관심과 경험을 갖게 된 계기가 되었다. 이 여행들은 방문지가 독특했던 만큼 나의 관심을 우리의 통일로 집중시키기에 충분히 교육적이었다. 특히 나의 관심을 끈 문제는 정치적으로 통일을 어떻게 할 것인가와 같은 우리 사회의 지배적 담론을 닮은 문제가 아니라, 만일 통일이 된다면 남과 북의 사람들은 과연 어떻게 만나 어떻게 함께 살게 될까의 문제였다. 돌이켜 보니 우리들에게 익숙한 통일 담론 대부분은 이렇게 실질적이고 구체적이기보다는 매우 관념적이고 추상적이거나 정치적인 것이었음을 새삼 깨닫게 되었다.

통일은 단지 정치적 통합과 단일 화폐의 사용이 아니라 사회적 통합이고 사람들과 생각들의 만남과 얽힘이 아닐까? 남과 북이 어울려 살게 되는 것이 나와 같은 많은 일반인들에게는 통일이 직접적으로 가져다 줄 결과가 아니겠는가? 그런데 문제는 과연 우리가 서로 평화롭게 어우러져서 더불어 살 수 있을 것인가에 있을 터인데, 아무도 이런 의문을 제기하지 않아 왔다는 점은 매우 이상한 일이다. 경제적인 부담, 통일 비용에 대해서는 간혹 이야기하지만 사회 문화적 비용 문제에 대해 전혀 무관심한 이런 안일함은 어디에서 오는 것인지? 무지(無知)가 힘이라고, 무작정 통일만 외치면 모든 문제가 해결된다고, 뭐든 닥치면 그때 해도 된다고 하는 무모한 믿음에 대해 몹시 불안해졌다. 통일 후 독일의 사정을 보고 듣고 읽으면서, 경제는 몇 해 안에 다시 회복시킬 수 있을지언정 구동독과 구서독의 사람들 사이에 패인 골은 무척이나 깊어 보였다. 그들의 고백대로 준비가 되지 않은 상태에서 졸지에 통일이 결정된 탓이라고 한다. 그리하여 남과 북이 더불어 살 수 있는 최선의 방법은 무엇이고 통일 이후의 혼돈과 왜곡과 소외를 최소화하는 길이 무엇일까에 대한 연구와 준비는 지금 시작해도 절대로 이르지 않다는 결론에 이르게 되었다. 이 이야기를 조금 더 해 보자는 것이 이 글의 목적이다.

통일의 의미, 모르는 것이 힘?

"우리의 소원은 통일, 꿈에도 소원은 통일… 통일을 이루자." 노래를 부르는 순간만큼은 그래도 가슴에 와닿는 무엇을 느끼면서도 통일이라는 것이 무엇인지, 그 개념과 의미에 대해서조차 우리는 어쩌면 이렇듯 무심할 수가 있었을까? 그것은 부분적으로는 우리가 적극적으로 알아보려 하지 않고 정부와 홍보물에만 거의 전적으로 의존해 온 결과일 것이다. 정부 홍보물과 방송 언론 이외의 방법으로 통일에 관한 자료를 접하는 것이 법적으로 금지된 상황이니 어쩔 수 없었던 것도 사실이다. 또한 우리는 정부가 주도하는 통일 운동, 통일 과정에 일반 국민으로서 자발적이고 순수하게 참여해 온 것이 아니라, 통일 촉진 목적보다는 통일을 주제로 한 국내 정치적 목적의 행사에 동원된 경험이 더 많았던 것도 사실이다. 결국 우리는 통일 정책을 수립하고 통일 과정에 참여하는 문제에서 늘 스스로를 무력한 존재라고 생각하게 되었고, 따라서 일시적으로 감정적 차원에서 통일을 이야기하는 것 이외에는 이 문제에 대하여 깊이 고민하지 않는 데에 익숙해 왔던 것이다. 최근 들어 대안적인 논의들이 진전되기는 하지만 아직도 통일에 대해 명쾌한 정의를 내리기가 어렵다.

통일이 과연 무엇을 뜻하는가를 여기에서 알아보려고 하는데, 우리가 갖고 있는 통일에 대한 오해와 잘못된 기대를 점검하고 그것들을 바로잡는 방식으로 접근해 본다.

첫째로, 정치적 통일 담론에만 익숙해진 우리들은 흔히 남과 북의 정치 당국들이 통일을 하자고 합의만 하면 그것이 바로 통일이라고 생각한다. 그러나 이러한 합의는 통일 과정에서 있을 수 있는 하나의 중대한 계기는 되지만 통일 그 자체는 아니다. 남북의 정치 당국들간에 '통일하자'는 단순한 합의 문서 하나만으로 50년이라는 긴 세월 동안 적대적 분단 체제를 굳혀 온 두 사회, 두 문화가 하루 아침에 하나가 될 수는 없는 일이다. 독일 통일 후 그들이 겪은 문제를 어린이들의 글로 엮은 『헤이 오씨, 안녕 베씨』라는 책은 이를 잘 말해 주고 있다. 우리의 경우에는 독일보다 훨씬 더 철저한 분단 상태를 고수해 오지 않았는가? 그런 한반도에서 정치적인 통합을 선언한다는 것이 통일의 전체 과정에서 차지하는 의미가 얼마나 제한적일까는 쉽게 짐작이 간다.

이 첫번째의 오해로부터 통일을 바르게 정의하는 길, 두 가지가 열린다. 하나는 통일이라는 것은 정치·경제·사회·문화 등 모든 측면에서의 통합을 뜻하는 다차원적 개념이라는 점이다. 통일된 국가의 형태는 국가 연합, 연방제, 기타 여러 가지가 있을 것이다. 남북이 국가적으로 통합을 한다면 우리는 비록 체제가 다를지라도 긴 역사와 언어를 공유하고 있기에 전혀 다른 두 독립국들이 합치는 것보다는 유연한 협력 체계를 구축할 수 있을 것으로 예상한다. 그러나 이러한 공조의 제도를 마련하여 정치 경제적으로 통일을 한다고 하여도 이보다 더욱 기본적인 것은 남북의 주민들이 일상 생활에서 남북이 하나로 통합된 사회라는 인식을 갖고 그에 맞게 행동하고 생활하는 것이라는 점을 다시 상기할 필요가 있다. 다른 하나는 이와 밀접히 연관된 것인데, 통일이라는 것이 어느 시점에 갑자기 달성되는 순간적 완성품이 아니라 하나의 지속적인 과정이라는 점이다. 정치 경제 제도의 통합 그 자체도 과정이며, 진정한 의미에서 통일이 이루어지려면 그 전후에 사회적, 문화적 통합 과정이 지속되어야 한다는 것을 바로 인식하는 것이 매우 중요하다.

둘째로, 흔히 남쪽 사람들은 남북 통일을 승부가 나야 하는 경기에 비유한다. 이 점에서는 북쪽도 마찬가지라고 생각된다. 그리하여 통일 문제는 반드시 서로 우리 쪽이 주도해야 하고 결과적으로 승자이어야 한다는 강박 관념에서 헤어나지 못하는 것 같다. 그러나, 통일을 아직도 정복의 다른 표현으로, 그리고 평화 통일은 전쟁만 없을 뿐 강자가 약자를 지배하는 것이라고 생각하고 있다면 통일은 우리에게 평화와 화합을 가져다 주는 것이 아니라 오히려 새로운 갈등의 씨앗을 통일이라는 미명으로 이 땅에 뿌리는 꼴이 될 것이다. 통합이란 어느 한쪽이 다른 한쪽을 정복한다거나 이긴다는 개념이 아니라는 점을 인식하는 것이 매우 중요하다. 남과 북 양쪽의 마음에서 무엇보다도 먼저 불식해야 할 것은 바로 이러한 승부 의식이라고 생각된다. 우리가 해야 할 일 중의 하나는 통일을 어느 한쪽이 이기면 다른 한쪽은 질 수밖에 없는 승부의 게임이 아니라 양쪽이 다 이길 수 있는 협력의 게임으로 만들어 가는 일이다. 이제까지의 적대 관계를 끝내고 분단의 벽을 헐고 평화롭게 그리고 서로 차별하지 않으며 같이 잘살아 보려는 노력이 따라야 할 것이다.

셋째로, 통일만 되면 삼천리 금수 강산 한반도에 저절로 태평 성세가 올 것이라거나, 7천만 한민족이 새로운 세계 강국을 만들게 되어 이웃 나라들을 압도하는 입장이 될 것이라고 착각하는 사람들이 있다. 독일의 경우, 통일이 되면 분단으로 인해 생긴 불필요한 낭비와 불편이 해소되고 모두가 경제적 번영과 안정 속에서 살게 될 것이며 통일 독일은 유럽의 최강국으로 부상할 것이라던 기대는 통일 이전 독일 국민의 환상에 불과했다. 통일 직후 동독 출신 주민들은 대량 실업 사태, 복지 제도의 급격한 쇠퇴, 서독 주민과의 현격한 빈부 격차로 절망을 경험했으며, 서독 출신 주민들은 그들대로 불어나기만 하는 통일 비용의 부담, 갑자기 몰려오는 동독 이유민, 대책 없이 무너져 가는 사회 질서 등으로 인하여 통일의 환상과 현실 사이에서 혼란을 경험하게 되었다. 국제적으로도 독일은 소련의 분열로 생긴 '힘의 공백' 지역인 인접 동유럽 지역으로의 진출이 다른 자본주의 국가들의 이 지역 진출과 비교할 때 특별히 두각을 나타낼 수가 없었다.

이런 측면에서 볼 때 독일에 비할 만한 국력이 되지도 않는 우리가 만약 독일처럼 준비되지 않은 상태에서 정치적 통일을 맞게 된다면 독일보다 더 큰 혼란과 갈등이 올 것이라고 보아야 한다. 또한 동양에서의 우리의 국제적 위상은 우리만의 사정에 따라 결정되는 것이 아니라 중국, 일본, 미국, 러시아 등 이해 당사국들과의 관계와 깊은 연관이 있는 것이 냉엄한 현실이다. 지금까지의 역사 속에서 우리가 이 지역에서 으뜸 나라 역할을 하도록 주변 강국들이 가만히 놓아둔 적이 없었다. 우리는 일찌감치 통일에 대한 지나친 환상을 없애야 하는 것은 물론 통일에 대한 기대치도 훨씬 낮추어야 할 필요가 있다. 통일은 한반도의 영화를 위해서 해도 되고 또는 하지 않아도 되는 그런 문제가 아니라, 남북의 통일은 앞으로의 세계에서 한반도가 계속 독립 지역으로 생존할 것인가, 즉 우리들의 후손이 나라를 지니도록 할 것인가 아닌가의 문제라는 것을 인식한다면, 오히려 개인적으로나 국가적으로 다른 더 큰 것을 기대하기보다는 희생을 자청해야 할 일이다.

끝으로, 통일의 염원은 월남민이나 이산 가족의 몫이라는 해석이 있다. 북쪽에 고향과 친척을 두고 온 이들이 분단의 직접적 피해자들이고 통일에 대한 집념이 남들보다 강할지도 모른다. 월남민 2세나 3세가 되면 이런 의식도 매우 희석되는 것 같다. 그러나 북에 두고 온 재산이 있는 집안에서는 이에 대한 집착은 세대가 달라도 동일할지 모른다. 하지만, 통일만 되면 고향에 있는 집, 땅, 재산을 원래대로 차지하게 될 것이라고 이들을 부추긴다면 이것은 주객이 전도된 행위이다. 통일은 잃어버린 재산을 찾자는 노력이 아니다. 또 오늘날 한반도에 살고 있는 우리 7천만만을 위한 것도 아니다. 이는 향후 우리 자손들에게 연결되는 민족사적 과업이고 동아시아에 평화를 정착시키는 거창한 노력이지 특정인들을 위한 것이 아니다.

더욱이 반세기라는 긴 분단 기간 중에 세상을 떠나거나 가족 관계를 바꾸게 된 사람들이 얼마나 많을 것인가? 또한 지금 북쪽의 땅과 집에는 누군가가 살고 있다. 50년 전의 소유권과 현재의 전유권 중에 어느 것이 더 정당한 권리일지를 누가 어떻게 판정을 내릴 것인가? 이런 사실들을 고려한다면 고향에서의 이산 가족의 만남은 '슬픈' 만남이 대부분일 것이고, 통일에 의한 가족과 재산의 만남이 수많은 집안 분쟁과 송사를 초래할 것을 쉽게 상상해 볼 수 있다. 이 또한 매우 불행한 일이다. 통일은 과거를 따져서 상과 벌을 주기 위한 것이 아니라 과거를 따지지 않고 미래를 위해 남과 북의 주민들이 하나가 되는 것이어야 한다. 가족과 재산을 통일에 결부시키는 것이 또 다른 실망의 전초일 수 있으므로 그러한 기대는 아예 불식시키는 것이 안전하다. 통일이 어느 특정 가족의 사적인 보상이나 앙갚음의 도구가 될 수는 없지 않은가?

통일로 가는 길: 더불어 사는 마음

우리는 지금 통일로 가는 길목 어딘가에 있다. 우회 도로를 돌아가기도 하고, 언덕을 오르기도 하며 또 잠시 쉬어 가기도 하는 그 길에 있다. 통일은 인내하고 준비하는 과정이기도 하다. 우리가 어떻게 준비하느냐에 따라 길이 쉬워질 수도, 또 어려워질 수도 있으며, 결과가 좋을 수도 고통스러울 수도 있다. 그러기에 우리의 선택은 단 하나, 잘 준비하는 것, 그것을 실천하는 것뿐이다.

하나의 과정으로서의 통일, 통일 선언으로부터 통일의 실천으로, 분단 체제에서 통일 체제로의 여정에서 우리들 하나하나가 강한 의지로서 실천해야 할 두 가지 사항을 제시하고자 한다. 하나는 우리가 생각과 마음으로 통일을 준비하는 일이고 다른 하나는 통일을 지향하는 행동을 시작하는 일이다. 먼저 더불어 사는 마음을 기리는 일에 대해 생각해 본다.

통일 의지와 목표에 대한 공감대를 형성하는 일은 매우 중요하다. 사천만이 통일관을 하나로 통일하는 일은 거의 불가능하겠지만, 적어도 통일을 함에 있어 평화적 방법을 고수한다는, 즉 통일이 안되더라도 전쟁은 없어야 하겠다는 강한 다짐과 함께 위에서 점검해 본 통일의 의미를 잊지 않는 것이 중요하다. 즉, 통일은 상대를 응징하는 것이 아니라 서로 존중하고 협력하고 공존하는 것이며 통일에서 개인적인 이익을 추구하기보다는 민족과 역사를 책임진다는 마음가짐이 중요하다.

통일을 향한 마음의 준비에서 구체적인 과제 한 가지를 제안한다. 여기에서 잠시 우리가 자신들과 '다르다'고 인지하는 개인 또는 집단에 대한 우리 자신의 태도와 행동의 성향을 성찰할 필요가 있다. 오래 전부터 우리는 우리 민족이 아닌 다른 민족에 대하여 '왜놈' '뙤놈' '양놈' '깜씨' 등으로 부르며 천시했다. 그들이 우리와 '다름'을 인지하자마자 우리는 그들을 우리보다 '낮은' 집단으로 규정하고 말을 놓으며 마구 대해도 좋은 집단으로 간주한다. 최근 외국으로부터 우리 나라에 들어와 취업을 하는 동남아인들 그리고 중국 동북 지역에서 온 우리 교포들을 인간 이하로 취급한다. 노동 현장이라는 구체적 상황에서 일어나는 문제들은 직접적으로는 우리의 이러한 타민족/외지인 차별 때문인 것으로 보인다.

이러한 습성은 타민족/외지인에 대해서만 국한되지 않는다. 우리들 내부에서도 좁은 의미의 '우리'와 다른 지역 출신, 다른 계층, 다른 세대, 다른 성, 다른 생활 습관을 지닌 집단에 대해 '우리'와 단순히 다른 집단이 아니라 열등한 집단인 '그들'로 취급한다. 우리 사회의 고질적 문제 중 하나인 지역간 감정이나 계층간의 위화감과 반목도 그 근본 원인이 어디에 있든간에 이러한 권위주의적인 습성으로 심화된 것이 아닐까?

차이를 차이로 인정하기보다는 차등으로 인지함으로써 자기 위치를 확인하는 습성은 어디에서 온 것일까? 역사적으로 거슬러 올라가 본다면 신분 사회의 권위주의적 인간 관계가 있고, 이러한 전통은 일제 식민지 치하의 민족 관계에 의해 더욱 강화되었다. 그 후 지난 30~40년 동안의 근대화에도 불구하고 그러한 습성이 지속되거나 오히려 강화되어 온 것은 신제국주의적 세계 질서와 우리의 급속한 경제 성장과도 무관하지 않다. 제2차 세계 대전 이후 국가간에는 제국주의적 중심부와 식민지적 주변으로 극화되어 약소국들에 대한 강국의 지배 체제가 안정되고 강자와 약자간의 불평등한 군사적·경제적 구도가 형성되어 왔다(坂本義和 1995). 대등하고 협력적인 국가 관계는 소수의 강국들간 이외에는 발견하기 어렵다. 그것마저도 매우 불안정해 보인다. 이렇게 거대한 힘의 질서 안에서 고립되기를 두려워하며 강국의 그늘에서 생존 투쟁을 벌여 온 우리에게 국가간, 민족간의 국제 질서에 대한 수직적 위계 의식은 근대화 과정에서 학습된 어쩌면 아주 자연스러운 결과이다.

인간 대 인간의 평등한 수평적 관계를 불편하게 여기고 반드시 위계 서열을 만들며 특히 자신을 맨 꼭대기에 올려놓아야 직성이 풀리는 전근대적이고 미성숙한 행태를 졸부 근성의 발동이라고 해석하는 사람들도 있다. 이 졸부 근성이란, 따지고 보면, 갑자기 부를 축적한 사람들이 자신의 성취와 승격을 주변에서는 정당한 것으로 인정해 주지 않는 데에 불안을 느껴 내보이는 일종의 자기 방어적 행동 양식이다. 졸부들은 열등감과 자신 없음을 은폐하기 위해 상대방에 대한 공격으로 과잉 표현하기도 한다. 특히 정당하지 못한 방법으로 부를 축적했거나 아니면 운이 좋아 우연히 그렇게 된 경우 떳떳치 못함을 은폐하기 위해 졸부 근성이 더욱 심하게 발동된다. 어느만큼 부를 축적해야 '졸부'가 되는가의 기준은 아마도 상대적일 것이다. 가난한 사람이 의식주 걱정을 덜고 자녀들을 교육시키게 되었거나, 중간층의 사람이 그 정도의 생활 수준에서 벗어나 안락한 생활 양식을 누리게 되었거나, 아니면 자타가 공인하는 부자가 되었거나… 처음 시작하는 위치가 어떻든간에 비교적 짧은 기간 안에 어느 수준의 상향 이동을 갑자기 한 경우를 졸부라고 한다면, 지난 30~40년 동안 우리는 국내에서 졸부들을 양산했고 국가적으로는 국제 사회에서 일종의 졸부가 된 것이 사실이다. 갑자기 잘산다고 거들먹거리자 세계의 많은 사업이 우리가 지닌 것에 눈독을 들이고 물밀듯 들어오고 있으며 우리도 세계 곳곳에 나가서 부를 자랑하고 과시하게 되었다. 그런 와중에 졸부의 엉터리 작품들이 속속 무너져 내리면서 졸부의 내막이 드러나고 온 국민은 창피를 당하고 분노한다. 누가 책임을 져야 하건간에 나라가 온통 졸부 근성에 젖어 있는 것만은 틀림없는 사실이 아닌가?

북쪽 사람들이 우리들과 같은 민족이라고는 하지만 그들과 만났을 때 우리들의 권위주의적 위계 의식과 졸부 근성이 발동되지 말라는 법이 없다. 어느 국제 회의장에서 우리측 언론사 기자들이 상대방에게 거의 반말 투로 빈정거리는 모습을 보면서 왜 저렇게 예의 없고 미숙할까 생각하며 가슴이 철렁 내려앉는 것을 느낀 적이 있었다. 좋게 말해서 가깝다는 표시이거나 반갑다는 표현일 수도 있다. 또는 과거의 (어떤 면에서는 현재까지의) '적(敵)'에게 잘 해줄 필요가 없기 때문이라고 변명할 수도 있겠다. 하지만 남북간의 상호 협력을 위해 만나는 자리에서조차 '개네들'을 강아지 대하듯 해서 좋을 일이 있겠는가? 앞으로 더 많은 사람들이 북쪽 사람들을 만나서 그렇게 행동한다면 그것은 통일을 진행시키기는커녕 통일을 방해하는 일이 될 뿐이다.

남북간의 만남과 교류 이전에 그 만남에 대한 대비로서 우리들은 남들과의 만남의 자세를 근본적으로 고치지 않으면 안된다. '다른' 사람들을 단순히 '다르다'고 인지하고 그 다름을 이해하고 그러한 이해를 바탕으로 교호하는 태도를 익히는 것이다. 그것을 익히지 못하면 우리는 세계 시민의 대열에 끼지도 못할 뿐더러 통일을 이룰 자격도 갖추지 못한다. 통일은 남과 북이 더불어 사는 것이며, 더불어 살기 위해서는 무엇보다 먼저 우리가 아직 버리지 못한 전근대 신분 사회적 권위주의를 극복하여 합리적이고 진정 민주적인 시민이 되는 것이 필요하다. 선거를 하고 의회가 곳곳에 서는 것으로 민주 시민이 되었다고 할 수는 없다. 민주적으로 사고하고 민주적으로 인간 관계를 맺으며 민주적으로 사는 사람이 민주 시민임을 새삼스럽게 거론할 필요는 없을 것이다.

그런데 우리의 현실은 어떠한가? 50년 가까이 민주 헌법을 지녀 왔고 민주주의를 위해 많은 희생을 치렀음에도 불구하고 우리 사회에서는 민주주의를 실천하는 사례를 발견하기가 매우 어렵다. 가족, 학교, 직장, 상점, 음식점… 어디에도 민주적인 관계를 보기 힘들다. 우리가 민주화되는 것은 국가간, 집단간, 개인간의 관계에 대한 우리의 의식 지향을 차등적 권력 관계로부터 평등적 협력 관계로 전환한다는 것이고 이것은 현시대의 지배적 패러다임인 위계적 힘의 관계 질서로부터의 과감한 이탈을 의미한다. 여기에는 기득권자의 저항도 불가피하게 따른다. 그러기에 결코 쉬운 변신은 아니다. 그러나 남북 통일의 과정에서 이러한 새로운 의식 전환을 생략하고는 진정한 통일이 불가능할 것이다. 만일 순조로운 통일을 원한다면 지금 이 순간부터 우리는 집안에서, 학교에서, 직장에서, 지역 사회에서, 어디에서건 내가 남들에게 대접받고 싶듯이 타인을 존중하고 섬기는 마음으로 예의를 갖추어 행동하는, 민주 시민으로서의 걸음마부터 새로 익혀야 할 것이다. '사람 위에 사람 없고 사람 밑에 사람 없다' 는 표어가 인권 주간에만 외쳐지는 구호에 그치지 않고 누구에게나 그런 자세로 대할 준비가 될 때에 우리는 통일을 위한 마음의 준비를 갖추었다고 할 수 있을 것이다.

통일의 생활화: 더불어 사는 연습

통일을 향한 두번째의 제언은, 의식만을 바꾸는 것이 아니라 우리 모두가 어떤 상황에서나 통일을 실천하자는 것이다. 달리 말해서 통일의 생활화이다. 개인들이, 단체가, 그리고 정부가 통일의 몸짓을 시작하자는 말이다.

먼저 정부는 모든 정책을 '통일 정책화' 하는 노력으로부터 통일 실천을 시작할 수 있다. 남북 관계에 관한 제반 정책이나 통일 방식과 진행 단계에 관한 정책은 다시 말할 나위 없이 현재도 통일 정책에 속하지만, 모든 정책의 통일 정책화란 그 이외의 정책들도 통일과 연계시켜 통일을 지향하는 정책으로 만드는 것이다. 예컨대, 단체장의 선출로 본격화되는 지방 자치제의 시행을 통일 연방 국가를 지향하는 지방주의 원칙에 따라 발전시키는 일은 매우 중요하다(성경륭 1994). 지방에서 지역민들이 민주적 절차에 의해 자생적으로 만드는 지역 사회를 일구는 것은 통일의 전제 조건 중 하나이다. 이뿐만 아니라, 남북 전체를 단일한 단위로 산하, 도시, 도로망 등의 국토 개발 계획을 세우는 일, 전기 · 통신 · 교통 · 상하수도 등 통일 이후 남북 주민의 생활과 산업 발전에 불편 없을 하부 구조를 계획하는 일, 보건과 여러 사회 복지적 측면에서 남과 북의 모든 주민이 출신 배경과 성별에 상관없이 기본적인 삶의 질적 수준을 향유할 수 있는 정책을 수립하는 일, 교육과 문화의 측면에서도 이질화된 두 사회가 건강하게 통합될 수 있는 정책을 세우는 일 등이 일차적으로 고려되어야 할 것이다. 실은 이들 정책은 통일 이전에 남쪽에서도 보완되어야 할 문제를 많이 안고 있는 영역들이기도 하다. 정부의 모든 정책이 이처럼 통일을 전제한 통일 정책의 일환으로 수립되고 집행될 때 우리의 정부가 실로 통일 의지를 펴는 것이 될 것이다.

여기에서 잠시 심각하게 고려할 사항이 있다. 남북의 통일을 겨냥할 때 반드시 남쪽의 제도만을 고집해서는 안될 부분도 분명 있을 것이며 이런 경우에는 적어도 잠정적으로 남과 북에 다르게 적용하고 단계적으로 통합하거나 또는 북쪽의 우수한 제도를 부분 도입하는 등 유연성을 보일 필요가 있다. 이러한 유연성의 정도는 바로 우리의 통일 능력의 척도가 아닐까 생각된다. 지난 해에 베트남 정부가 교육 정책을 수립하는 데 구월남 제도의 장점을 인정하여 그것의 일부를 채택하기로 한 것은 우리에게도 시사하는 바 크다고 본다.

현재 통일원의 전신(前身)인 국토 통일원은 1970년대와 1980년대까지 실제로는 정부의 통일 의지를 강력하게 실현하는 부서라기보다는 이런 것도 만들었다는 과시용 부서였다는 느낌을 지울 수 없었다. 당시 국토 통일원이 한 일의 주된 내용은 우리가 왜 통일을 하지 못하는가, 그것이 어떻게 해서 남쪽의 문제가 아니라 북쪽의 문제인가를 연구하고 홍보하는 것이 아니었던가? 실은, 통일원이라는 부서는 통일이 될 때까지만 잠정적으로 존재하는, 그리하여 언젠가는 정부 조직표에서는 사라져야 할 그런 부서이다. 독일에서는 통일 정책과 사업을 내무성에서 주관하는 것을 보면서 나는 우리의 행정부 조직의 정당성에 대해 의문이 생긴 적이 있었다. 통일원이 부총리급으로 승격되면서 이제 제구실을 하려나 보다 했다. 그런데 아직은 그럴 준비가 되지 않은 것 같다. 여기에서 '제구실'이라고 하는 것은 통일원과 동격의 재정 경제원이 국가 예산을 전반적으로 기획 조정하듯이, 국가 정책 전반을 통일 정책으로 기획 조정하는 기능을 포함한다. 물론 이런 기능을 통일원에만 의존할 수는 없고 정부의 모든 부서간의 협력이 불가피할 것이다. 하지만 통일을 진행시키는 통일원의 역할을 정상화하는 것이 한 가지 방안일 수 있다는 의미에서 거론해 보았다.

그러나 통일원의 기능 강화 여부에 관계없이 통일의 준비를 정부에 전적으로 의뢰하는 것은 옳지 않다. 민간인들이 할 수 있는 역할, 해야 할 통일 준비도 다양하다. 이미 2~3년 전부터 통일에 필요한 비용을 지원하기 위하여 저축을 시작한 사람들이 있다. 개인적으로 이러한 실천을 하는 것은 통일의 소중한 밑거름이 될 것이다. 그 밖에도 개인의 삶과 가정의 살림을 통일과 연결시켜 계획하고 통일 준비를 생활화하는 것이 필요하다. 늘 잊고 지내는 사이에 갑자기 통일의 결정이 난다면 우리는 매우 당혹스러울 것이다. 일상적으로 자기와 가족의 생활을 점검해 보는 것은 어떨까? 이를테면 나와 나의 가족은 통일을 위해 무엇을 하고 있는지, 나의 생각과 행동이 통일을 저해하지는 않는지, 나의 일과 삶은 통일과 어떻게 연결되고 있는지 등. 직업이나 연령, 성별에 관계없이, 또는 정부와 민간의 차이에 관계없이 이와 유사한 점검표를 가지고 끊임없이 자기 성찰을 하는 것, 그것이 바로 각자의 통일 운동이고 우리들의 통일 과정에서 큰 몫을 할 수 있는 요소임에 틀림없다. 이러한 각자의 노력이 통일 이후를 더 밝게 만드는 길이고 반드시 우리는 노력의 대가를 받을 수 있을 것으로 기대된다.

남쪽에 존재하는 여러 사회 운동, 시민 운동 단체들을 비롯한 다양한 단체들이 더불어 살 통일 준비를 하는 것도 바람직하다. 각각의 단체가 고유의 목적과 기능을 통일과 관련시키는 것은 기존 단체의 활성화에도 신선한 몫을 할 것이다. 예컨대 노동 운동은 북쪽의 노동자들과 함께 산업 현장에서 일을 하게 될 때를 미리 내다보며 준비하고, 환경 운동은 한반도 전체의 환경 보존을 기획하며, 여성 운동은 통일 사회에서 여성들의 지위와 복지를 향상시킬 방도를 마련하는 등등. 조금만 관심을 넓히면 크게 어려울 일도 아닐 성싶은 일들이다. 이 모두가 더불어 사는 연습이다.

이 땅의 누구나가 스스로 의식과 행동에서 구습을 탈피하고 새롭게 변신

하는 것은 통일 과정의 핵심이라고 할 수 있다. 남북간의 상호 신뢰 구축의 길도 바로 이것이 아닐까? 언제일지는 모르지만 '새로운 상황'이 벌어지기 이전부터 이렇게 우리가 이성과 감정을 통일이라는 상황에 적응시켜 더불어 사는 마음을 기르고 남과 북의 형제 자매가 어우러져 더불어 사는 연습을 지금부터 시작한다면, 독일보다 수준 높은 차원의 통일 과정을 만들어 가게 될 것이라고 확신한다.

이런 확신을 바탕으로 남과 북의 구체적인 사람들이 더불어 사는 연습을 시작한 것이 1994년 봄이었다. 50년 분단이 남과 북에 가져 온 사고 방식과 생활 방식의 비슷한 점과 다른 점들을 연구하면서 만남의 순간 일어날 수 있는 사건들, 오해와 곡해가 빚어낼 갈등의 가능성을 예측도 해 보고 어떻게 나를 변신시켜 더불어 살 것인가, 바로 더불어 사는 연습을 하는 것이다. 큰소리를 내지 않으면서 통일을 차분히 준비하는 작은 모임이 눈덩이처럼 커져서 한반도를 뒤덮을 수 있다면 얼마나 좋을까를 꿈꾸면서.

● 조형은 1943년생으로 이화여대에서 사회학을 가르치고 있다. '아세아의 평화와 여성의 역할'을 주제로 한 국제 회의 참석차 1992년에 평양을 방문한 적이 있으며 1993년 독일을 방문하여 통일 독일의 모습을 접할 기회를 가졌다.

'북조선'과 '남한'의 동질성과 이질성

조 혜 정

"그들은 그토록 그리던 통일의 궁극적 상태에 대해 의심하기 시작했다. 지금까지 분단 상황은 그들이 정체성을 형성해 가는 핵심이었다. 그들은 북과의 관련 속에서, 그 대립적 관계 속에서 너무나 명확한 자신의 모습을 확인을 할 수 있었다. 그러나 이제 이들은 그러한 '정체성의 정치학'이 일상적 삶이라는 현실의 도전 앞에서 지탱되지 못하리라는 것을 알아차리기 시작했다. 영화 「서편제」의 송화와 동호가 더 이상의 섞임을 거부한 것은 바로 이런 인식을 상징적으로 드러내고 있는 것이 아닌가?"(Grinker 1995: 42)

이 글은 40여 년간 나누어져 있던 남북의 통일을 '사회 통합'적 차원에서 접근한다. 글의 제목에서 보듯이 국호를 지칭하는 문제에서부터 합의가 이루어져 있지 않은 상태에서 사회적 통합을 논의하기란 그리 쉽지도, 신나지도 않은 일이다. '남한' '북한' '남조선' '북조선' 등 호칭을 적절히 사용하려고 신경을 써야 하는 것 자체로 이 문제의 어려움은 충분히 드러나고 있다고 하겠다.

지금까지 통일 논의는 정치, 경제, 무력의 차원에서 주로 이루어져 왔고, 문화적 수준의 통합 논의는 거의 원초적인 상태에 있다. 통일에 대한 논의가 정치 권력이나 경제 통합의 차원에서 이루어져 온 만큼 그 문제를 다루는 언어 역시 '성공' 내지 '성취'를 다루는 식의 도구적이며 전략적인 특성을 지녀 왔다. 통일의 작업이 구체화되고 있는 지금 문화적 차원, 특히 상호 이해를 위한 의사 소통의 차원에서 새로운 논의의 장이 열려서 균형 잡힌 시각으로 통일 문제에 접근해 들어갈 필요성을 절실하게 느낀다.

이 글에서 나는 궁극적으로 남북의 사회 통합과 관련되는 '남한'과 '북조선' 사회의 문화적 특성을 점검해 보고자 한다. 혹자는 40여 년의 분단에도 불구하고 남북이 상당히 많은 전제와 가치를 공유하고 있다는 점을 들어 낙관론을 펼치기도 하는데, 분명 그러한 긍정적인 잠재력이 없지 않을 것이다. 우선 같은 언어를 사용한다는 면에서 이 체제의 통합 잠재성은 매우 높다. 그러나 같은 언어 사용은 필요 조건에 불과하고, 때로는 같은 말을 하면서 다른 의미로 사용하기 때문에 통합이 더욱 어려울 수도 있다.

일반적으로 보면 남한에서 일고 있는 문화적 논의는 주로 분단 이전의 공통성을 강조하거나 단절로 인한 이질성을 강조하는 것으로 나뉜다. 그래서 '동질성의 확대'라든지 '이질성의 극복'이라는 단어로 결론을 맺게 된다. 그리고 그때의 동질성이란 '5천 년의 역사'라든지 '단군의 자손'이라는 등의 상징이나 '가족주의'와 '권위주의' 등의 문화적 원리를 이야기하는데, 실제로 이런 동질성—추상적 지식이나 배타성의 원리—은 '다름'을 이해하고 현실을 직시하는 것에 방해가 될 뿐이다. 지금 필요한 것은 실제 상호 작용을 할 때 갈등을 줄이기 위해 문화적 상대주의의 관점을 생활화하는 일이다.

대중 매체에 가장 자주 등장하는 남한의 북조선에 대한 인식은 북조선 사람들이 '불쌍하다'는 것과 '촌스럽다'는 표현으로 축약된다. '불쌍하다'는 것은 가난하기 때문이며, '촌스럽다'는 것은 이미 남한 안에서 거쳐온 특정한 역사적 시기를 북조선은 이제야 거치고 있다는 것을 뜻할 것이다. 이것은 역사가 단선적으로 진보한다고 보는 단선 진화론과, 서구식의 발전을 모델로

하여 그 모델에 가까이 갈수록 세련되고 향상된 사회가 된다는 근대화론이 그대로 반영되어 있는 정서이다. 이 정서의 원형을 서구 제국주의에서 찾을 수 있는데, 이런 정서의 틀을 해부해 보면 그 핵심은 '만남의 주도권' 싸움이다. 권력을 가진 쪽에서 상대를 약자로 규정하고 '구제'의 대상으로 삼아 통제하려 드는 제국주의적 속성이 그 속에 담겨 있다는 것이다. 이런 틀에서는 모든 문화적 차이는 열등한 것으로 서열화된다(사이드 1991). 예를 들어 이런 시각을 가진 사람에게 북조선은 남한의 도움을 필요로 하는 '여성성'으로 상징화되거나, '잃어버린 고향'에 대한 향수를 느끼게 하는 '불변의 문화,' '때묻지 않은 전통'을 보존하고 있는 곳이다.

오랜 기다림 속에 이루어낸 경제 성장의 열매를 맛보게 된 남한의 많은 주민들은 지금 자신들이 그렇게도 선망했던 제국주의자들의 흉내를 낼 수 있게 된 것이다(김성례 1993: 100-102). 그래서 '주변적'이었던 자신을 이제 '중심'에 놓고, 중심적 주체로서 북조선을 '타자화,' '대상화' 하기 시작한 것이다. 근대성을 드디어 성취했다는 자의식에서 출발하여 서구 중심적 자본주의 발전의 척도로 자신들이 거쳐온 시대, 60년대를 연상시키는 '낙후된' 북조선을 '촌스럽다' 든지 '불쌍하다' 면서 우월감과 동정으로, 지배의 대상으로 바라보기 시작한 것이다. 더 이상 근대화가 유토피아의 땅에 도달하는 것이 아님을 알게 된 지점에서 근대화 이전의 '목가적 분위기' 와 문화적 고유성에 대한 향수를 북조선을 통해 달래고 싶어하는 경향도 드러내고 있다. 이때 이들이 북조선에 존재한다고 말하는 '민족성'이나 '고유 문화'의 정체성은 실재하는 것이 아니라 이들이 보고 싶어하는 가상의 것이다. 이런 식의 만남은 건강한 의사 소통을 어렵게 하여 실은 통일에 큰 걸림돌이 되고 있다.

이러한 문화적으로 '천박한/척박한' 제국주의적 근대론자의 시선과 구별되는 또 하나의 시선은 민족주의자의 시선이다. '장구한 세월'에 비해 40여 년의 분단이 무슨 큰 차이를 가져올 것이냐고 물으면서 통일이 되면 그 차이는 금방 극복될 것처럼 생각하는 이들의 시선은 순진한 낙관론으로 차 있다. 이들은 통일을 여전히 '신성한' 지상 목표로 가정하고 현실적 토론을 거부한다. 통일은 초등학교 때부터 배워 온 '민족'의 하나됨을 이루는 것이며, 외세에 의해 더럽혀진 것을 깨끗이 하는 것이며, 갈라진 것을 합치는 것이며, 떠나온 곳으로 다시 돌아가는 회귀 본능의 행위로서 현대의 수많은 문제를 해결하는 고리라는 식의 근거 없는 믿음이 이들의 사고 저변에 깔려 있다.

민족주의는 초기 자본주의 세계를 지배한 주요 원동력이었다. 서구 제국의 경우는 봉건과 결별하여 새로운 유토피아 ─ 민주 공화국 ─ 를 건설한다는 의미에서 크게 부상하였고, 제국주의 과정에서 더욱 강화되어 갔다. 그러나 세계 양차 대전을 겪으면서 서구인들은 '민족'이라는 범주가 가진 인위적 통합성과 그로 인해 파생되는 폭력성을 인지하고 민족주의를 해체해 가기 시작했다. 특히 '민족의 혼'을 들먹이던 파시즘을 기억하는 독일이나 일본의 지식인들이 민족주의 해체에 앞장을 섰다. 전지구적 자본주의화 과정에서 제국주의 국가의 민족주의는 공격적이고 팽창적이었던 것이다.

반면 주변부의 민족주의는 방어적이었고 그런 만큼 정당한 것으로 평가되었다. 식민지 지배를 당한 나라의 경우는 외세의 지배에서 벗어난 독립 국가를 건설한다는 의미에서 '민족적 단결'을 강조했고, 이때 '민족'이라는 주체는 다른 모든 개인적, 지역적, 계급적, 성적 주체를 넘어선 신성한 정체성의 범주로 부상하였다. 우리는 남한 주민들이나 북조선 주민들이 초등학교 때부터 배워 온 한민족 5천 년 역사는 19세기 서구와 일본 제국주의자들이 퍼낸 역사관에 대항하기 위한 대항 담론으로 만들어진 근대적 역사관이며, 그 이후 유구한 역사를 통해 면면히 이어온 것으로 간주되는 존재론적, 본질적 집단으로서의 '민족'은 실제 역사 속에 존재하는 단절적이고 이질적 요소를 애써 감추면서, 외부 세력에 대항하여 단합된 민족의 힘을 과시하기 위해 고안된 것임을 안다. 그리고 지금도 한반도를 떠난 나이 많은 동포들의 가슴에 남

너비 50㎝에 불과한 콘크리트 군사 분계선을 사이에 둔 남북의 경비병 1992(김녕만 사진).

아 있는 조국에 대한 애절한 향수는 이런 '민족'이라는 범주가 다른 모든 삶의 영역을 무의미하게 만들어 버린 근대사가 만들어 낸 정서임을 알고 있다.

실제로 민족주의는 식민지 주민들이 억압과 질시의 시대를 살아가면서 매달렸던 희망적인 상상의 공간을 만들어 주었다. 문제는 상황이 변화하였는데도 경직된 민족주의 이념이 작용할 때 생긴다. 자본주의화와 도시화에 따른 자연스러운 변화와 생활 세계의 합리화조차도 이런 민족주의적 정서에 젖어 있는 이들에게는 배척의 대상이 된다. 대다수 한국인들이 해외 동포들로부터 '조국을 그리워' 하고 한국말을 잊지 않았으며 된장찌개와 김치를 좋아한다는 대답을 들어야 기분이 좋아지는 것도 이런 민족주의적 정서의 산물이다 (권혁범 1994: 45-46).

남한과 북조선 문화가 공유하는 배타성과 획일성은 바로 이런 민족주의의 역사를 통해 형성된 것이다. 조직 차원에서 강력한 국가와 배타적인 가족 집단만이 존재하고, 그 사이를 연결하며 새로운 삶을 만들어 갈 중간 집단 내지 시민 사회의 토대가 극히 미약한 점 역시 이런 역사의 또 다른 면일 뿐이다. 사회 성원들의 집단적 노력으로 사회 체제를 바꾸어 갈 수 있다는 생각을 하기 어려운 상태에서 오로지 자녀의 출세(교육)가 삶의 모든 것이며 따라서 심하게 자녀를 도구화하게 되는 것은 오히려 자연스러운 일이다. 이 점에서도 남한과 북조선의 문화는 매우 흡사하다. 문화적 공통점이 배타적인 원리라든지 권위주의라면 그 원리를 공유하는 것은 통합은 수월하게 하기보다 어렵게 할 것이다. 조형(1995: 8)이 지적한 대로 "남북 사회가 공유한 것으로 파악되는 요소들, 즉 전통에 기초한 가족주의, 권위주의, (혈연, 지연 등의) 집단주의, (개인, 가족, 지역 중심의) 이기주의 성향, 분단 이후 강화된 상호 불신과 적대, 그리고 민족주의 성향 등은 동질적 요소이기는 하되, 통합을 유도하는 친화력으로 작용하기보다는 분리와 해체, 갈등을 유발하는 동질 요소일 뿐이다."

여기서 우리는 '동질성' 에 대해 재고할 필요성을 느낀다. '동질성' 에 대한 집착이 핵심적 문화적 원리라면 사회 통합 과정에 난항을 예상할 수밖에 없다. 남한과 북조선의 사회 통합은 이런 면에서 단일성을 아름답게 느끼는 민족주의의 해체로부터 시작해야 할 것이다. 두 개의 나뉘어진 반쪽이 만나 하나의 집을 짓기 전에 반쪽 안에 나뉘어진 것들이 공존할 수 있는 집을 먼저 짓기 시작해야 한다는 것이다. '동질성의 확대' 와 '이질성의 극복' 이라는 정태적인 자세가 아니라 이질성을 포용하는 훈련을 해야 한다는 것이다. '다름'을 거부하는 것이 아니라 인정/인식하는 것, '획일성의 복제'가 아니라 '다양성의 조직화'가 사회 통합을 위한 기초가 된다는 사실에 주목해야 한다. '획일주의'를 극복하면서 '연대와 공존'의 의미를 되살려 가야 하는 것이다.

결론적으로 문화적 차원의 남북 통일은 내부의 이질성과 갈등에 예민하게 대응하는 힘을 길러 가는 방안을 마련하는 데서 시작되어야 하며, 이는 곧 '근대화'와 '자기 자신'에 대한 성찰의 작업이기도 하다. 구체적으로 우리의 삶을 지대한 영향력으로 지배해 온 약육 강식적 민족주의와 순진한 진보주의를 해체하고 탈식민지적 근대화의 길을 모색해야 하는 것이다. 이는 그 동안의 식민지적 근대화 진행과 분단 체제가 낳은 문화적 특징에 대해 알아가야 함을 뜻한다. '중심'에 집착하는 획일주의 사회로 진행되어 온 역사 속에서, 급류와 같은 근대화 과정에서 물에 빠진 사람이 지푸라기를 잡듯 귀소 본능에 매달리기보다 자신들이 살고 있는 현실, '뿌리 뽑힘,' '집 떠남'의 상태를 직시하고 그에 대한 명상을 시작해야 하는 것이다. 가공할 속도의 변화와 함께 쉬임 없는 흐름과 떠남을 요구하는 근대의 정신은 사이드가 지적했듯이 망명 상태의 인식에서 시작한다(Said 1990: 357). 끊임없는 변화를 일어난 그대로 인정하는 것, 불안과 소외의 시대를 피하는 것이 아니라 타고 감으로, 전통을 붙들고 집착하면서 본질화시키기보다 불편하게 느낌으로, 부단히 중심에서 이탈하는 훈련을 통해 새집을 지어 가야 하는 것이다.

도움받은 글

김성례, 1993, 「탈식민 시대의 문화 이해」, 『비교 문화 연구 창간호』, 일신사

권혁범, 1995, 「90년대의 충돌, 민족주의와 보편적 이성」, 『계간 대화』 6, 대화 출판사, 42-53쪽.

사이드, 에드워드, 1991, 『오리엔탈리즘』, 교보문고

조형, 1995, 「세계화 시대의 통일과 여성」, 『세계화 시대의 통일과 지방화』 강원대 사회 과학 연구소 주최 학술 대회 발표 논문.

Grinker, R., 1995, "The Impossible Real: The Ambivalent Search for Korean Unification," a paper presented at *Transnational Korea: Division and Diaspora*, Urbarna: University of Illinois, April, pp.13-16.

Said, E., 1990, "Reflection on Exile," *Out There: Marginalization and Contemporary Cultures*, Edited by R. Ferguson, M. Gever, T. Minh-ha, C. West, Cambrige: The MIT Press.

❿ 조혜정은 1948년 부산에서 태어났으며, 현재 연세대에서 문화 인류학을 가르치고 있다. 역사와 생활 세계가 만나는 지점에서 문화 분석적인 탐구를 줄곧 해왔다. 『한국의 여성과 남성』(1988), 『탈식민지 시대 지식인의 글 읽기와 삶 읽기』 1~3권(1992~1994)을 썼다.

문화 이해지
― 통일과 심리적 화합

정 진 경

들어가는 말

통일을 이루는 감격의 그날, '꿈에도 소원'이던 통일을 이루었으니 눈물을 흘리며 반가워하고, 얼싸안고 다시는 갈라지지 말자고 다짐을 하기도 할 것이고, 이제는 만사가 잘될 것이라고 덕담을 나누기도 할 것이다. 세월이 지나서 그로부터 몇 년 후, 섞여 살게 된 남북의 사람들은 서로에게 어떤 마음들을 가지고 있을까? 그저 만났다는 것만으로도 반갑고 기뻤던 그날의 마음을 그대로 유지하여, 서로 이해하고 도우며 화기 애애하게 지내고 있을까? 서로 다름을 받아들이지 못하고 이런저런 일로 마음이 상해, 통일 후 해결해 나가야 할 문제들은 산더미같이 쌓아 놓은 채 서로 비난만 하고 협력하지 못하는 사태가 발생하지는 않을까? 그러다가 그냥 따로 사는 게 좋았겠다고 통일을 후회하는 마음이 들지는 않을까?

결혼식을 올리고 나면 결혼한 것이 된다. 그러나 결혼식이 그 이후의 행복을 보장해 주는 것은 아니다. '그리고 두 사람은 결혼해서 오래오래 행복하게 살았습니다'는 동화 속의 결말일 뿐, 현실은 결혼과 함께 대개는 더 복잡해지기 마련이다. 통일도 마찬가지다. 정치적으로 체제의 통일이 이루어지는 날 통일한 것이 된다. 그러나 그날 이후 우리는 정치, 경제, 사회, 문화의 수많은 측면에서 두 권역 사이의 갈등을 조정해 가면서 통일을 지속적으로 이루어 나가야 할 것이다. 결국 남쪽과 북쪽 출신인 사람들의 심리적인 화합까지 이루어 낼 때, 우리는 성공적으로 통일했다고 말할 수 있을 것이다. 베트남과 독일의 통일 이후의 어려운 사회 상황을 지켜 보아도 이 과정이 얼마나 어려운 것인지를 알 수 있다. 그러나 지금까지의 우리의 통일 논의는 이념과 정치 체제의 문제를 중심으로 한 것이 대부분이었고, 심리적인 화합의 문제는 부차적인 것 혹은 시간이 흐르면 저절로 이루어질 것 정도로 여겨 왔다.

심리적인 화합이란 어떤 상태인가? 이는 서로에 대한 이해, 인정, 존중을 기반으로 한 화목하고 협조적인 관계이다. 이를 이루기 위해서는 몇 가지의 조건이 필요하다. 우선 서로 힘의 우열을 가리는 상황이나 한쪽이 다른 한쪽을 압도 혹은 억압하는 상황에서는 애초에 화합을 기대할 수 없으므로, 서로 대등한 관계에서 만나는 것이 화합의 기초가 된다. 또한 양쪽의 가치관이 비슷하면 서로 쉽게 이해할 수 있어서 화합도 쉽게 이루어질 수 있다. 그러나 가치관이 같은 사람하고만 화합한다고 하면 화합의 의미가 없어진다. 사회는 어차피 다양한 가치관과 욕구를 가진 사람들로 이루어지는 것이고, 민주적인 사회라면 그 다양성을 인정하고 존중해 주어야 한다. 진정한 화합은 다양한 가치 체계를 가진 사람들과 공존할 줄 아는 관용의 태도와, 가치와 가치 사이의 대립을 다루고 새로운 가치에 대한 개방성을 견지하는 융통성 있는 사고 능력을 필요로 한다. 이러한 관용의 태도와 융통성 있는 사고 능력은 훈련에 의해 키울 수 있다. 우리는 지금부터 부지런히 그 연습을 시작해야 한다.

이 글에서는 현재 남북 사람들의 심리적 차이를 가치관과 성격의 측면에서 알아보고, 심리적 화합에 장애 요인이 되는 의식 구조를 살펴보고, 통일 이후 예상되는 심리적 문제들을 점검해 본 후, 화합을 이루기 위한 연습의 방법론을 모색해 보려 한다.

가치관과 성격의 차이

사는 지역이 다르면 그 풍토와 생활 방식의 차이로 인하여 사람들의 가치관이나 성격도 달라지기 마련이다. 50여 년을 왕래도 없고 소식도 모르는 채 다른 체제 하에서 살아온 남과 북의 사람들은 어떻게 달라져 있을까? 그 차이가 크고 극단적일수록 심리적 화합은 어렵다. 그래서 차이의 내용을 살펴보기가 겁나기도 하지만, 또 모르고서는 안될 일이다.

"북조선은 미친 사회고 남한은 썩은 사회다." 이것은 북조선에서 귀순한 어느 대학생이 남한에서 서너 달 살아본 뒤에 한 말이다. 부정적인 측면만이 부각되어 있기는 하나, 남북의 성격을 상징적으로 압축한 기발한 표현이다.

남북 사람들의 가치 체계의 내용을 비교하면 다음과 같이 요약할 수 있다 (문용린 1993). 남쪽이 자유 민주주의적 이데올로기 하에서 '자유' '경쟁' '사유 재산' '자아 실현' '사생활 존중' 등의 가치를 강조한다면, 북쪽에서는 공산, 사회주의적 이데올로기 하에서 '평등' '협동' '공유' '집단 이익' 등의 가치를 강조한다. 이 논의는 요약을 위하여 남북을 약간 단순화하여 대조한 감이 있다. 사람들은 남쪽에서도 '평등'을 추구하고, 북쪽에서도 '자유'를 원한다. 또 공식적으로 강조되는 가치와 사람들이 실제로 추구하는 가치가 다른 경우도 많다. 그러나 이런 몇 가지의 주만 달면, 남북의 가치 체계의 차이를 잘 요약해 주고 있다.

남북 사람들의 성격 특성의 차이도 가치 체계의 차이와 더불어 통일 후의 심리적 화합에 걸림돌이 될 수 있다. 북조선 사람들의 심리적 특성에 관한 논의는 정책적인 필요에 의해 이루어진 정치학이나 사회학 분야의 논문들에서 단편적이고 추상적으로 이루어진 것이 거의 전부이다. 이들은 북조선 사람들을 '전투적' '호전적' '급진적'이고 '강박적' '금욕적' '자아 부정적' '편집적' '과잉 동조성' '불안 의식' '독재적' '경쟁적' '권위주의적' '폐쇄적' 등등의 성격을 가진 것으로 묘사하였다. 이런 논의들은 연구의 동기와 방법론의 측면에서 여러 가지 문제점을 안고 있다.

최근에는 이러한 연구들의 편파성을 비판하고, 귀순자 8명을 대상으로 남북 청소년의 성격을 비교 조사한 경험적 자료에 근거하여 좀더 객관적인 연구가 이루어졌는데(최현·김지영 1993), 이 연구에서는 두 가지의 잠정적인 결론을 내리고 있다. 첫째, 북조선 청소년들은 남한 청소년들보다 집단에 대한 헌신성이 높고, 자신이 맡은 일에 대한 책임감이 강하며, 이러한 성향은 유아기 때부터 계속되는 집단 생활과 다양한 사회적 책임을 수행해 본 경험에 의해 형성된 것으로 보인다. 자신의 학업에만 매달려 온 남한 청소년들은 이에 비해 이기적이고 의존적이다. 이러한 차이는 통일 이후에 양 집단이 화합하는 데 걸림돌이 될 수 있다. 실제로 남한에서 대학을 다니고 있는 한 귀순자는 남한의 대학생들이 집단의 일에 지나치게 무관심하고, 공동의 약속을 잘 지키지 않는 데 처음에는 분노에 가까운 감정을 느꼈다고 고백했다.

둘째, 자본주의적으로 세련된 남한 청소년들에 비해 북조선 청소년들은 거칠고 경직되어 있다. 현재 북조선 청소년들은 남한에서는 크게 문제가 되는 비행, 예를 들어 좀도둑질, 동급생이나 여성에 대한 폭력이나 폭언들에 대한 제재를 별로 받지 않고 있으며, 남한 청소년들 대부분에게 가장 큰 문제인 학업 성적에 대해서는 대체로 무관심하다고 한다. 통일이 되면 남북에서 요구되어 온 이러한 규범의 차이는 남북 청소년들 모두에게 당혹감을 줄 것이다.

사회적 상황이 급변하는 시대를 지나온 만큼 한 문화권 안에서도 세대간에 성격의 차이가 날 것이므로 어른들의 성격 특성에 대해서는 별도의 연구가 필요하나, 남북 어른들간의 차이의 양상도 청소년들과 비슷한 방향을 보이지 않을까 생각된다.

경직된 도식적 사고

심리적 화합을 이루는 데 가치관과 성격의 차이 그 자체보다도 더 큰 장애 요인이 되는 것이 경직된 도식적인 사고다. 경직된 도식적 사고는 가치관의 차이를 다루는 능력을 결여시킨다. 나와 다른 사람은 모두 적이 된다.

우리 사회의 곳곳에서 일어나고 있는 내집단 편애와 외집단 차별 현상 뒤에는 이러한 도식적 사고가 버티고 있다. '여자들이란 할 수 없다' '못 사는 사람들은 삐뚤어지게 되어 있다' '전라도라면 알아보는 거지' 등의 오래된 편견에서부터 알게 된 지 얼마 안되는 연변 동포나 외국인 노동자들에 대한 새로운 편견에 이르기까지 예를 들자면 너무 많다. 남북이 만났을 때는 또 어떤 편견들이 만들어질지.

자기와 다른 사람을 만났을 때, 더구나 다른 문화권에서 살던 사람을 만났을 때는 쉽게 이해하기 어려운 점이 있기 마련이다. 첫 대면에서 상대방이 이상하게 생각되거나 혹은 싫게 느껴질 수도 있다. 유연하고 개방적인 사고를 하는 사람이라면 자신의 그런 느낌에 갇히지 않고 다음 만남에서 또 새로운 무엇을 발견하려 할 것이고, 이러한 태도야말로 서로의 다름을 이해하고 수용하기 위한 기초가 된다.

경직된 도식적 사고의 문제는 그에 대한 반증이 될 수 있는 모든 경험이나 논리는 받아들이지 않고 무시하게 된다는 데 있다. 새로운 정보가 도식에 맞을 때에만 받아들이고, 도식에 일치되는 요소들을 임의로 첨가함으로써 사고의 간격을 메우고, 잘 부합되지 않는 경우에도 도식을 적용하며, 도식 자체를 바꾸기를 원하지 않게 된다. 반증당하지 않으려는 도식의 저항은 잘못된 해석, 부정확한 기대 및 융통성 없는 반응을 초래한다. 사고가 개방성을 잃고 폐쇄 회로에 들어가 버리는 것이다.

그 한 예로 공산주의, 공산당, 공산주의자에 대한 남한 사람들의 인식을 살펴보자. 6 · 25의 상처는 남한 주민과 38선을 넘어온 이북 5도민의 의식 속에 '적색 혐오증(red complex)'을 남겼다. 6 · 25로 사랑하는 가족을 하루 아침에 잃고 생활 터전을 송두리째 파괴당한 사람들은 그 심리적 충격을 아직도 가슴속에 안고 살고 있다. 이를 제대로 소화해 내지 못하면 내내 근거 없는 불안과 긴장감에 사로잡히기 쉽고 사고와 행동 양식에서 유연성과 자발성이 결여되기 쉽다(이장호 1993). 우리 사회에서 적색 혐오증은 사람들을 극단적인 흑백 논리에 빠뜨렸고, 건강하고 민주적인 인간 관계와 사회 관계의 발달을 저해하였다.

전쟁의 공포에서 벗어나 생존만은 보장받고 싶어했던 민중의 심리를 역대의 정권은 백분 이용하여 현실적인 전쟁의 개연성보다는 정권의 필요에 따라 불안과 긴장을 조장하여 국민을 통제하였다. 반공 이데올로기 하에서 그 충격과 상처의 원인 제공자로 간주되는 '공산당' '빨갱이' '괴뢰군'은 모든 악을 상징하였고, 그들에 대한 적개심과 혐오증, 보복 심리는 '멸공'의 논리로 귀결되었다. '너는 빨갱이'라는 낙인은 모든 가혹 행위를 정당화하였고, '나는 반공주의자다'라는 해명은 모든 것에 대한 면죄부가 되었다.

적색 혐오증은 경직된 도식적 사고의 특징을 그대로 드러낸다. 이 증상에 빠지면 '북한' '북한 사람' '공산주의' '공산당' 등에 대하여 실상을 알아볼 필요를 느끼지 않는다. 알아볼 것도 없이 이미 너무 잘 알고 있다고 생각한다. 그러나 그 잘 알고 있는 것의 내용을 보면 과잉 단순화, 과잉 일반화와 흑백 논리로 이루어져 있다. 폐쇄 회로 안에 들어가 버린 사고는 실제를 알아보려는 시도나 오류를 범하지 않으려는 조심성과는 담을 쌓게 된다. 결국 합리적인 논의에 의해서 변화될 수 있는 가능성이 아예 막혀 버리게 된다.

전쟁을 겪지 않은 젊은 세대는 점차 적색 혐오증에서는 벗어나고 있는 것으로 보인다. 그러나 그들도 우리 사회의 병폐로 지적되는 다른 여러 종류의 도식적 사고로부터는 자유롭지가 못하다. 혈연, 지연, 학연, 성별 등은 비공식적이지만 포괄적인 사회 조직 원리로 작용하고 있으며, 외집단 사람을 소외시키고 차별하는 행위들도 워낙 일상화되어 있어서 당하는 사람들조차 어느 정도는 으레 그러려니 하고 그냥 넘어가고 있다.

개인의 특성을 잘 알려 하기보다는 그가 속한 집단으로 그를 평가하고, 사람들 사이의 다양성을 인정하고 공존하려는 노력을 기울이기보다는 나와 같은 편인가 아닌가로 줄을 긋는 도식적 사고를 그대로 지닌 채 남북의 사람들이 만난다면 문제가 심각하다. 서로간의 몰이해와 차별은 적대적인 감정을 낳을 것이고, 그 감정이 도식적 사고를 정당화하고 심화시키는 악순환을 낳을 것이다. 연변의 동포들이 꿈에 그리던 모국을 방문한 뒤 남한 사람들과의 경험에서 굴욕감과 분노를 느끼고 돌아가는 사례가 적지 않음을 우리는 듣고 있다. 우리의 태도가 바뀌지 않는다면 통일은 그러한 문제를 수만 배 증폭시킨 불행한 경험이 될 수도 있다.

통일 후 예상되는 심리적 문제

통일은 언제 어떤 형태로 이루어지든지 사회의 모든 부문에서 엄청난 변화를 일으킬 것이다. 변화는 적응을 요구한다. 사람들은 적응해 가는 과정에서 여러 가지 어려움을 겪을 것이고, 결국 적응이 안되는 곳에서는 문제가 발생할 것이다. 통일 후 우리가 겪게 될 주요 심리적 문제들은 어떤 것일까를 예상해 보자. 독일과 같이 한창 그 적응 과정을 겪고 있는 나라들의 경험이 참고가 될 것이다.

정치적, 경제적 재편은 안정되어 있던 제도와 구조를 뒤바꿀 것이고, 그 과정에서 많은 사람들이 당연히 여기던 삶의 기반을 잃게 된다. 자기 자리가 없어지기도 하고, 다른 사람으로 교체되기도 하고, 다른 곳으로 옮겨야 하기도 하고, 다니던 직장이 없어지기도 할 것이다. 좋은 자리를 차지하게 되는 사람도 있을 것이지만, 하루아침에 일자리를 잃고 실업자가 되는 사람도 있을 것이다. 특권을 새로이 얻는 사람도 있고, 특권의 자리에서 밀려나는 사람도 있을 것이다. 새로운 역할과 계층이 생겨나는 과정에서 치열한 경쟁과 이기적인 행동이 유발될 것이다(차재호 1993).

경쟁 상황은 불안과 불신, 적대감, 시기심 등을 쉽게 야기시킬 수 있다. 둘을 하나로 만들면서 남과 북의 사람들간에 이해 관계가 상충되는 상황이 많이 발생할 것이 예상되는데, 이런 경우 특히 적대감이 강화될 우려가 있다. 이는 결국 앞서 언급한 집단간 갈등과 차별의 문제로 귀착될 것이다. 서독과 동독이 경제력의 확연한 차이를 가지고 통일한 후, 동독에서는 '나는 식민지에서 일한다' '우리는 2등급의 사람들이다' 라는 신랄한 말들을 하고, 서독에서는 '한없이 도와주기만을 바라고 있다' '게으르고 무기력하다' 고 불만을 토로하는 등 갈등이 표면화되고 있다.

곽영권 작품

사람들은 변화에 적응하는 과정에서 심리적 스트레스를 겪고 자아 정체감이 흔들리기도 한다. 새로운 가치 체계와 생활 방식 속에서 살게 되면 자신을 새롭게 정의하지 않을 수 없다. 자신이 가지고 있던 지식이나 기술, 인간 관계까지도 쓸모 없는 것이 될 수도 있고, 아무 문제가 되지 않던 것들이 갑자기 문젯거리가 되기도 한다. 서독이 동독을 흡수 통일한 후, 동독 사람들은 재빨리 시장 법칙을 배워야 했다. 작업의 가치, 성취의 가치는 물론 때로는 사회적 관계의 가치까지도 금전적으로 표현된다는 것을 배워야 했다. 또 그들은 은행 업무, 보험 등 일상 생활의 수많은 사소한 일들을 어떻게 해나가야 하는지를 처음부터 배워야 했고, 성공하기 위해서는 자발성과 솔선성이 매우 중요하다는 것도 배워야 했다. 수입과 생활 방식에서의 부족함과 무능력의 경험은 동독 사람들의 집합적인 열등감으로 나타났다(코어 1993).

사회 안에서 한 집단의 사람들이 전반적으로 열등감을 느끼고 좌절하게 되는 것은 여러 가지 심각한 문제를 불러일으킨다. 열등감은 심리적인 방어를 요구하고, 좌절감은 공격성을 불러일으킨다. 그 결과, 파괴주의와 냉담성이 만연하고, 폭력 행위를 비롯한 범죄가 증가하게 된다. 독일의 경우, 약물이나 알코올 남용 등의 자기 파괴적인 행위들이 늘어나고, 외국인에 대한 적대감과 공격 행위가 위협적으로 증가한 것이 그 좋은 예다. 우리 나라에서도 지존파 사건 등으로 집단적 열등감과 좌절감의 축적이 무서운 폭력으로 전환되는 것을 경험한 바 있다. 통일 후 이러한 사건의 확대 복사가 일어나지 않도록 하기 위해서는 미리미리 노력을 기울여야 할 것이다.

심리적 화합의 물꼬를 트는 일

체제의 통일을 이룬 후 심리적 통합을 이루어 나가는 과정에서 갈등을 최소화하려면 지금부터 준비가 필요하다. 우리가 할 수 있는 준비로는 남북의 상호 교류를 다방면에서 확대하여 이해를 증진시키는 일, 그리고 그 과정에서 같이 추구해 나갈 새로운 가치관과 생활 양식을 모색하는 일이 있다.

남북의 상호 교류의 물꼬를 트는 일은 통일 과정의 시작이다. 서로 만나고 대화를 나누고 교류를 해야 관계가 생기고 발전할 수 있는 최소한의 기반이 생기는 것이다. 정부는 창구 단일화를 주장하면서 민간의 자유로운 만남에 대한 요구를 통제하고 있지만, 통일 후 함께 살게 되는 진짜 주인공은 정부가 아니라 보통 사람들이므로 남북의 보통 사람들이 이런저런 일로 자꾸 만나는 것이 심리적 통합을 위한 준비 작업이 된다. 만나 보아야 알게 되고, 이해를 넓힐 수 있고, 정이 들 수 있을 것이 아닌가?

그런데 사회 심리학의 연구 결과를 보면, 양자가 접촉할 기회를 늘리는 것이 항상 상호 이해와 호감을 증진시키지는 않는다. 어떠한 상황에서 무엇을 교류하는가에 따라 호감이 생기기도 하고 적대감이 생기기도 한다. 교류의 양뿐 아니라 접근 방법도 중요하다. 사회적 상호 작용은 서로 대등한 관계에서 형평성을 유지하면서 서로에게 보상을 주어야 오래 지속될 수 있고 서로 호감을 가지게 될 수 있다. 한쪽이 더 큰 세력을 가지고 관계를 주도하는 경우, 다른 한쪽은 억지로 따라가기는 해도 부당한 대우를 받고 있다고 여기거나 적대감을 형성할 수 있다. 남북 교류는 한쪽이 주도하는 물자나 기술의 교류보다는 대등한 입장에서 문화적 교류를 먼저 하는 것이 바람직하다. 가족의 정을 다시 찾고, 정서의 동일성을 확인하는 문화적 교류부터 시작하는 것이 좋다. 경제적 교류는 실질적인 이익을 주는 일이고 장기적으로 꼭 필요한 일이나, 어느 한쪽에서는 손해를 보고 있다고 느끼기 쉽다. 강대국과의 무역이나 가트 협상에 임하는 우리의 태도를 돌아보아도 쉽게 알 수 있는 일이다.

또한 만나되 서로가 경쟁 상대로서 만나기보다는 협동의 파트너로서, 공동 운명체로서 만나는 것이 중요하다. 어린이들의 캠프에서 이루어진 유명한 사회 심리학 현장 실험의 예를 들어보자. 참가한 아이들을 두 패로 나누어 만사에 경쟁을 시켰더니 얼마 지나지 않아 서로간에 비방이 들끓고 적대감이 심각해졌다. 그러나 두 패를 합쳐서 한 팀으로 만들어 다른 캠프와 경쟁을 하도록 만들었더니 언제 그랬냐는듯이 적대감이 사그러졌다고 한다. 이는 남북 교류에 대해 시사해 주는 점이 있다. 예를 들어, 남북간의 친선 게임을 갖는 것보다는 남북 단일 팀을 만들어 외국과 친선 게임을 갖는 것이 더 효과적인 남북 교류 방안이 될 것이다. 실제로도 그간의 얼마 안되는 남북의 민간 교류 중 '아시아의 평화와 여성의 역할'이라는 주제로 몇 년째 지속되고 있는 국제 회의에서, 남북의 여성들이 연대하여 일본의 정신대 만행을 규탄하고 일본 정부의 보상을 촉구하는 활동을 함께 벌이면서 민족 공동체의 의의를 확인하고 우의를 다져 가고 있는 것이 남북 교류의 훌륭한 귀감이 되고 있다.

다름에 대한 이해

반세기에 이르는 분단 상황 아래서 서로 다른 가치관과 생활 양식에 따라 살던 사람들이 만났을 때, 도처에서 긴장과 갈등이 일어나고 크고 작은 오해가 빚어지게 될 것이다. 그러므로 통일을 준비하는 남북 교류의 목표는 서로 어떻게 같고 어떻게 다른지를 알아 나가는 것, 다를 때는 왜 다르게 되었는지를 이해하는 것, 서로 다름을 인정하면서도 배척하지 않고 공존하는 방법을 배우는 것, 그리고 이제부터 새로이 함께 추구해야 할 일을 모색하는 것이 되어야 한다.

남북의 사람들은 앞에서 언급한 가치관과 성격에서의 차이와 더불어 언어 습관의 차이, 일상적이고 의례적인 생활 관습의 차이 등으로 인하여, 서로 이해하기 힘든 상황에 수도 없이 부딪칠 것이다. 남한으로 온 귀순자들을 심층 면접한 한 연구에서는, 귀순자들이 남한 사람들을 만나면서 겪는 적응상의 문제점 중에서 남한 사람의 개인주의에 대한 갈등이 매우 많은 것을 발견하였다(성영신 · 서정희 · 심진섭 1993).

귀순자들의 입장에서 보면 남한 사람들은 지나치게 개인주의란 벽에 갇혀 있다. 학생의 경우 같은 동료들끼리 지나친 경쟁심을 가져서 노트를 잘 안 빌려 준다든지, 시험볼 때 남이 볼까 봐 가린다든지 하는 행동들이 좋지 않게 보이는 것이다. 직장 생활을 경험한 한 사람은 "남한 사람은 12시만 되면 하던 일이 끝나지 않았는데도 점심을 먹으러 갑니다. 조금만 더 하면 끝내는 일이라도 '마저 하고 밥먹으러 가자' 고 다그치면 그 사람들은 저보고 독한 사람이라고 합니다. 그러면서도 '김일성이가 사람 하나는 제대로 기른다' 는 말까지 하지요"라고 했다. 북조선 사람 입장에서 보면, 남한 사람이 매사에 나를 최우선으로 놓고 그 다음에 가족이나 친구 등이 있고 맨 나중에 국가가 있다는 것이 이해가 되지 않는다고 했다. 북조선에서는 국가가 최우선이고 개인이 맨 끝에 있으며, 사람들은 국가와 민족을 위하여 자신을 희생할 수 있다는 사명감에 자부심을 갖고 있다는 것이다.

노트를 빌려 주는 것, 점심을 먹으러 가는 것 등 일상 생활의 무수한 사소한 일들에서 서로 생각과 습관이 다를 때, 그 다름을 심정적으로 못마땅해 하고 머리로는 비판한다면 화합과는 거리가 점점 멀어진다. 상대방이 나와 다를 때 그를 나의 잣대로 얼른 재어 오해하거나 비난하기보다는, '어, 저 사람은 나와는 다르구나. 저렇게 하는구나' 하고 가능한 한 감정적 반응을 자제하고, 있는 그대로의 상황을 일단 인정하는 것이 화합의 첫걸음이 된다.

다름을 인정한 후에는 왜 다르게 되었는지를 이해해야 한다. 상대방의 사회화 과정, 그 개인과 문화의 역사를 알아서 이를 배경으로 그를 이해한다면, 섣불리 변화시키려 하거나 비판하지는 않게 될 것이다. 상대방의 역사를 이해한다는 것은 짧은 기간 내에 쉽게 할 수 있는 일은 분명 아니다. 그러나 어느 정도의 노력을 기울인다면 예상보다 쉽게 이해를 할 수도 있다. 지금부터 북조선을 바로 알기 위해 노력하고, 그중에도 북조선 사람들의 생활상을 알기 위해 노력하는 것이 중요하다. 북조선의 소설, 영화나 TV 프로그램, 귀순자 수기나 북조선 방문기 등을 다양하게 접해 보면 도움이 된다. 아직은 자료가 매우 제한되어 있기는 해도, 최근 들어 늘어나는 추세이므로 웬만큼 구할 수 있다. 이런 자료들은 쓴 사람의 동기와 의도, 시각에 따라 각각 북조선 사회의 단면들을 특정한 각도에서 보여 주고 있다. 자료의 특성을 알고 보는 식견을 갖는 것이 중요한데, 자료마다 판이하게 다른 내용을 담고 있는 경우가 많아서 자꾸 접하다 보면 저절로 어느 정도의 식견이 생길 수 있다. 북조선 사람들의 가치관과 생활 양식, 그 안에 배어 있는 정서 등의 전반적인 구조를 막연하게라도 이해하고 있으면, 구체적인 사람을 만나서 상호 작용을 할 때 그의 행동을 이해하는 배경을 갖출 수 있을 것이다.

비교 문화 심리학에서는 문화 접변 상황에서 두 문화권의 사람들이 만나 빚어지는 갈등 상황에서 상대방을 이해하기 위한 훈련 프로그램의 방법론으로 문화 이해지(culture assimilator)를 개발하였다(Fiedler, Mitchell & Triandis, 1971). 문화 이해지는 서로 다른 문화에서 온 사람들이 그 문화의 차이 때문에 상대방을 이해하기 어려워 갈등이 발생할 수 있는 상황을 약 100개 정도 선정해 놓고, 각각의 상황마다 상대방의 행동의 이유를 다각도에서 생각해 보게 하고 그 행동의 이유를 문화적 배경 속에서 이해하게 함으로써 상대방에 대한 이해를 깊게 해주는 방법이다.

문화 이해지의 숨은 효과가 하나 더 있다. 100여 가지의 선정된 상황에 대하여 정답을 알게 되는 것보다 훨씬 더 중요한 효과는, 훈련을 받는 사람들로 하여금 자신의 고정 관념이나 즉각적인 감정에 따른 섣부른 판단이 틀리기 쉬움을 인식하게 만드는 것이다. 훈련을 통하여 사람들은 선입견을 자제하고 상대방의 행동을 그 사람의 맥락 안에서 이해해야 한다는 것을 배우고, 조심성과 융통성을 가지고 상대방을 이해하기 위하여 노력하는 것을 조금씩 습관화해 나갈 수 있다. 이러한 습관이 일상 생활의 모든 부분으로 일반화된다면

정
진
경

화합을 위한 주춧돌의 구실을 할 것이다. 통일이 되었을 때의 다양한 갈등 상황을 뽑아 내어 문화 이해지를 만들어서 우선 우리부터라도 상대방을 이해하는 연습에 들어가는 것도 진정한 통일을 앞당기는 일이 되리라고 생각한다.

상대방이 왜 그렇게 생각하고 행동하는가에 대한 이해와 더불어 나는 왜 이렇게 생각하고 행동하는가에 대한 이해도 있어야 한다. 나를 이루고 있는 모든 것들을 당연한 기준으로 삼는다면 상대방에 대한 이해는 듣기 좋은 말에 그쳐 버리고, 속으로는 내가 옳고 우월하므로 저 사람이 결국 내 쪽으로 변화되어야 한다고 믿고 있게 된다. 인류학에서 이야기하는 자민족 중심주의적 사고이다. 이를 극복하기 위해서는 자신의 사회화 과정, 나와 내 문화의 역사에 대한 성찰이 필요하다. 위의 점심 시간의 예의 주인공이었던 귀순자는 남한 사회에서 이웃과 비교적 많은 왕래를 하면서 잘 적응하고 있는데, 점차 남한 사람들이 인정도 많고 좋은 사람들이라고 생각하게 되었다. 그는 자기가 남한 사람을 개인주의적이고 냉정하다고 느꼈던 이유 중에는 북조선에서의 일상이 공동 생활로 이루어져 있어 워낙 무슨 일이든지 공동으로 하니까 집단을 단위로 한 생활 습관과 감정이 배어 있기 때문인 것도 있다고 하였다. 자신에 대한 객관적 성찰이 스스로의 마음속의 장애를 제거하고 상대방에 대한 이해를 촉진시켜 준 좋은 본보기이다.

다름에 대한 이해를 바탕으로 하여 심리적 화합 추진의 다음 단계에서는 두 가지의 노력이 필요하다. 하나는 동질성의 추구이고, 또 하나는 다원성의 인정이다. 이 두 가지는 언뜻 상반되는 목표로 보일 수도 있으나, 그보다는 상호 보완적인 관계에 있는 것으로 보는 것이 타당하다고 생각한다. 이 둘은 현실적으로 동시에 추진되어야 하며 어느 하나도 버릴 수 없다. 하나로 합쳐서 같이 추구할 목표를 세우고 동질성을 회복해 나가는 한편, 통일 사회를 이루는 다양한 집단들이 고유한 개성과 능력과 취향을 마음껏 펼치면서도 서로 적정한 수준에서 참을 만한 조화로운 관계를 이루는 다원주의를 동시에 추구해야 한다. 다원주의는 어렵고 오랜 기간을 요하는 동질성 회복의 과정에서 평화로운 공존과 협력의 기반으로도 필요하지만, 나아가서 창조적인 개성의 발현을 중시하게 될 미래 사회를 맞는 적극적인 준비로서도 중요하다.

통일을 앞당기는 가치 체계는 주민들이 가치의 다원성을 수용하고, 가치와 가치를 교통 정리하며, 새로운 가치에 대한 개방성을 제대로 갖춘 상태라고 할 수 있다(문용린 1993). 국민들에게 자신이 추구하는 가치를 타인들과의 조화로운 관계 속에서 균형 있게 확보할 줄 아는 가치 판단 능력을 고양시키고, 서로의 감정 상태를 이해하고 읽어 주는 감정 이입 능력과 상대방의 입장이 되어서 생각해 보는 관점 채택 능력을 성숙시키며, 오류가 없이 논리적으로 추론하는 비판적 사고 능력을 육성해야 한다는 것이다. 가치 판단 능력을 고양시키는 프로그램들은 앞서 언급한 문화 이해지와 마찬가지로 가상적인 가치 갈등 상황을 토론 자료로 제시한 후 가치 판단의 연습을 해보게 한다. 현실에서 벌어질 듯한 가치 갈등 사례들을 연습시킴으로써, 실제로 부딪쳤을 때 합리적이고 균형을 갖춘 판단을 할 수 있도록 유도하는 것이다.

맺는 말

서로 다른 문화에서 살던 사람들이 만나서 같이 지내려면 그 다름을 이해하고 받아들여 공존하는 능력이 필요하다. 남쪽도 북쪽도 현재로서는 그 능력이 성숙되어 있지 못하다. 다행히도 그 능력은 훈련으로 키워 나갈 수 있다. 지금부터 프로그램을 마련하고 연습을 해나가자. 학교에서도 도덕 시간의 구시대적 반공 교육을 이러한 통일 연습으로 대치하고, 시민 단체에서도 통일 교육을 일방적인 강연 대신에 참여적인 연습 프로그램으로 대치하자. 언론에서도 이러한 시각을 프로그램에 도입하여 '북조선은 이렇게 낙후되어 있다' 는 것을 보여 주는 데 치중하는 대신, 다른 점들을 어떻게 이해할 수 있을 것인가에 초점을 맞추어 보자.

그런 연습을 하는 것이 통일을 이루는 데 과연 무슨 도움이 될까, 계란으로 바위 치기 하는 것은 아닐까 하는 느낌이 들 수도 있지만, 나는 이것이 일반 시민으로서 우리가 지금부터라도 할 수 있는 아주 효과적인 통일 사업이라고 생각한다. 이 연습은 통일 이전에도 이미 우리 주변에 와 있는 연변 동포나 방글라데시 노동자를 비롯한 이웃들을 대하는 우리의 태도를 돌아보게 하고 성숙시켜 줄 것이며, 점점 더 국경을 넘나들며 살게 되는 국제화 시대에 세계 시민으로서의 자질을 향상시켜 줄 것이다. 통일이 되어 우리가 연습한 것을 북쪽 사람들과 만나 실제로 써 볼 때는 또 얼마나 보람이 있을 것인가.

도움받은 글

문용린, 1993, 「통일 지향적 가치 체계 형성 방안 모색」, 『통일 한국의 삶의 양식과 가치 체계 탐색』, 한국 정신 문화 연구원.

성영신·서정희·심진섭, 1993, 「남북한의 경제 심리 비교: 귀순자의 심층 면접을 토대로」, 『남북의 장벽을 넘어서: 통일과 심리적 화합』, 한국 심리학회.

이장호, 1993, 「남북 통일의 문화 심리적 장애 요인」, 『남북의 장벽을 넘어서: 통일과 심리적 화합』, 한국 심리학회.

차재호, 1993, 「남북한 통일에 대한 심리학적 조망」, 『남북의 장벽을 넘어서: 통일과 심리적 화합』, 한국 심리학회.

최현·김지영, 1993, 「청소년의 동질성 회복을 위한 예비 연구」, 『남북의 장벽을 넘어서: 통일과 심리적 화합』, 한국 심리학회.

코어, 1993, 「독일 통일에서의 심리학적 문제」, 『남북의 장벽을 넘어서: 통일과 심리적 화합』, 한국 심리학회.

Fiedler, F. E., Mitchell, T. & Triandis, H. C., 1971, "The Culture Assimilator: An Approach to Cross-cultural Training," *Journal of Applied Psychology*, Vol. 55, No. 2, pp.95-102.

● 정진경은 충북대에서 사회 심리학을 가르치고 있으며, 집단간 편견과 차별의 문제에 관심을 가지고 있다. 우리 사회 내의 소수 집단에 대한 차별 현상들을 보면서, 남북 사람들의 화합을 위해 지금부터 미리 연습하는 프로그램을 학생들과 함께 만들어 보고 있다.

다름에 대한 이해

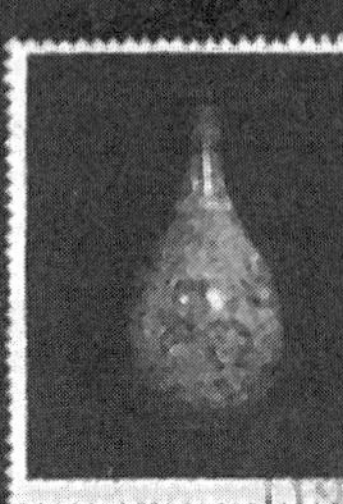

이하영 작품

다
름
에
대
한
이
해

통일을 이야기하면서 왜 우리는

'다름에 대한 이해'를 장황하게 거론하는가?

남과 북이 다르지 않다고 주장하면서도

서로를 보는 시선은 '다름'에 맞추어지고,

'다름'을 못 참아 내는 닮은꼴

우리들의 모습을 비춰 보기 위해서이다.

비단 여기에 실린 글에만 한정되지는 않을 성싶지만,

우리가 얼마나 '다름'을 참지 못하는가를

반성할 수 있게 해주는 사례를 보기로 한다.

문화적 상대주의의 위험을 무릅쓰고

우리는 지금까지의 옹고집식 자기 중심적 사고의 전환이

반드시 필요한 일이라고 주장한다.

"북을 보는 우리의 눈이 변해서

좀더 적극적으로 이해하고 포용할 수는 없을까?"

(조광동, 『더디가도 사람 생각하지요』, 19쪽에서)

라는 작가의 희망 사항에서 한걸음 더 디뎌 보려는 뜻에서.

외국인 노동자: 편견과 저항

이욱정

들어가는 말

얼마 전 개그맨들이 진행하는 한 오락 프로였는데 초대 손님으로 젊은 여자 가수 한 명이 나왔다. 그 가수의 외모에 대하여 진행자들이 한마디씩 하는 과정에서 이런 대화가 이루어졌다.

진행자: (가수에게) ○○○ 씨 참 이국적으로 생겼어요.
가수: 고맙습니다.
진행자: 아니, 방글라데시 사람처럼 생겼다고요.
청중: (터져 나오는 웃음)

코미디의 소재라고 하는 것이 사회적 가치의 일면을 반영한다고 볼 때 이같은 웃음은 한국인들이 일반적으로 다른 인종적 특색과 문화를 가진 사람에 대하여 대체로 어떤 인식을 갖고 있는지를 간접적으로 보여 준다. 아름다움의 가치마저도 철저하게 서구 지향적인 것이 되어 버린 것이다.

이
욱
정

우리는 국민 총생산(GNP)의 순위에 따라 타민족들을 층층이 위계 짓는 일에 익숙하다. 그런 의미에서 한국 사회에는 아주 상반된 범주에 속하는 두 종류의 '외국인'이 존재하는 듯하다. 그 하나는 '손님'으로서의 외국인이고 나머지 하나는 '인력'으로서의 외국인이다. 얼마 전까지만 해도 우리 사회에서 '외국인'이라는 말에 습관적으로 따라붙던 어휘들―외국인 관광객, 바이어, 투자가―은 주로 전자의 범주에 해당하는 사람들을 지칭했다. 십중 팔구 백인으로 묘사되는 이러한 범주의 외국인들은 우리가 열심히 본받아야 할 '선진 문화권'에서 온 '손님들'이다. 우리는 외화 획득의 목적에서든 한국의 좋은 인상을 심어 주기 위한 이유에서든지 그 손님들을 성심 성의껏 대접하지 않으면 안된다고 배워 왔다.

그러나 우리 사회에는 언제부터인가 외국인이라는 점에서는 이들과 다름없지만 손님 대접은 고사하고 기본적인 인간 대접도 제대로 받지 못하고 있는 이방인들이 존재하기 시작했다. 내국인이 기피하는 3D 업종에 주로 종사하고 있는 아시아 빈국 출신의 외국인 노동자들. 알려진 바대로 이들 중 상당 수가 출입국 관리법상의 '불법 취업자'들이며 또 적지 않은 수가 최소한의 법적 보호조차 받지 못한 채 '현대판 노예 노동'의 사슬 속에 고통받고 있다.

나는 1993년에 약 8개월간 국내에 불법 취업중인 방글라데시 노동자의 생활 실태를 조사하였고 장기간의 임금 체불과 폭력적인 노동 통제가 광범위하게 벌어지고 있음을 확인할 수 있었다. 그러나 시간이 가면서 문제가 단순히 근로 조건이나 비인간적인 노동 통제에 그치는 것이 아니라는 사실을 깨닫게 되었다. 임금 체불이나 구타가 없는 공장에서도 외국인 노동자들과 한국인 동료들, 관리자들 사이에 갈등이 심각한 사례들을 종종 관찰할 수 있었다. 그리고 이 같은 갈등은 많은 경우 상대방의 문화에 대한 이해의 부족에서 비롯됐다. 내가 머물렀던 공장이 바로 그런 경우였다.

1992년 7월 법무부가 발표한 '불법 체류 외국인 자진 신고' 결과에 따르면 국내의 방글라데시 노동자는 전체 불법 체류 외국인 61,126명 중에서 8,950명(14.3%)을 차지하여 중국과 필리핀 다음으로 많은 수였다.

방글라데시 노동자들의 국내 입국 추이를 보면 1986년부터 증가하기 시작하여 1991년에 접어들면서 매우 큰 폭으로 증가하였다. 이와 같이 1991년 이후 입국자 수가 급증했던 배경을 살펴보면 하나는 1989년 1월 이후 일본과 방글라데시 사이의 사증 면제 협정이 폐기되어 일본으로의 입국이 힘들어졌고 반대로 일본 정부에 의해 강제 출국당하는 방글라데시 노동자들의 수가 크게 늘어났다는 점, 1990년 초 걸프전으로 인하여 중동에 취업중이던 약 50만 명의 방글라데시 노동자 중에 대부분이 귀국하게 된 결과 송금 수입이 끊긴 방글라데시의 국내 경기는 큰 타격을 받게 되었고 유휴 노동력이 급격히 증가하게 되었다는 점 등을 꼽을 수 있다.

방글라데시 노동자들의 유입 경로를 살펴보면 대부분이 자국인 브로커를 통하여 취업하였다. 10여 명 내외의 일행이 본국 브로커 인솔하에 입국한 후 공항이나 이태원 등의 모텔에서 한국인 브로커에게 인계되어 수 명씩 나누어져 공장으로 가게 되는 것이 일반적인 형태이다.

표 1. 방글라데시 입국자의 증가 추이

시기	1985	1986	1987	1988	1989	1990	1991	1992
입국자수	673	1121	1037	1252	1220	1060	4999	10727

▼ 출입국 관리소 통계 연보 1993 참조

그들의 본국에서의 사회적 배경을 살펴보면 대개 2,30대 중반의 남성으로 중급 교육 이상을 마친 사람이 대부분이다. 거주지는 수도 다카, 그밖에 대도시와 그 인근 지역 출신인 사람들이 많다. 직업 배경을 보면 본국에서 실업 상태였던 사람이 많고 일자리를 가졌던 경우는 주로 상업이나 무역 또는 전문직에 종사했던 사람이다. 그렇기 때문에 한국에 오기 전에는 공장 노동 또는 힘든 육체 노동을 해본 경험이 없는 사람들이 대다수이다.

조사 대상이 되었던 방글라데시 노동자들은 대부분이 수도권 지역에 있는 섬유, 의류, 전자, 금속, 피혁, 가구 목재, 플라스틱 제조 공장들에 취업하고 있었다. 임금은 월 35~40만 원 사이가 많고 보너스, 의료비 혜택은 받지 못하는 경우가 훨씬 많다. 그들은 주로 운반, 포장, 단순 조립, 재단, 염색 등의 일을 맡아 하며 하루 평균 10~11시간 정도를 일한다. 이들은 노동 과정에서 자주 한국인 관리자와 근로자들로부터 욕설이나 폭행을 당하고 있으며 임금을 장기간 체불당한 사례도 빈번히 일어나고 있었다.

포천읍에서 만났던 술딴(22세, 고졸, 미혼, 모슬렘)은 한국어에 매우 능숙한 영리한 친구였다. 그의 경험담은 많은 방글라데시 불법 취업자들의 일반적인 사례들을 잘 보여 주고 있다.

나는 문쉬건 주(구 빅람풀)에서 태어났다. 현재 가족들은 다카에서 버스로 45분 정도 거리의 마을에서 살고 있다. 어머니는 내가 일곱 살 때 죽고 아버지는 재혼하여 새어머니 밑에서 자랐다. 학교를 졸업하고 아버지의 권유로 한국에 일하러 오게 되었다. 88 서울 올림픽을 TV에서 보고 한국이 잘사는 나라라는 사실은 알고 있었다. 한국에 오기 위해 동네의 브로커에게 220만 원을 주고 아버지 친구의 동생(29세)과 함께 브로커를 따라 1992년 3월 서울로 왔다. 입국한 후 이태원에서 3일 머무르는 동안 모스크에 가보았다. 3개월이 지난 후 다시 모스크를 방문했고 그곳에서 방글라데시 친구들을 많이 만날 수 있었다. 이태원에서 3일 묵은 후 경기도에 어딘지 모르는 공장으로 갔다. 그러나 사장이 술 먹고 밤에 때리고 못 살게 굴어 13일 동안만 일하고 현재의 공장으로 오게 되었다. 지금 일하고 있는 공장은 유리 제품을 만드는 공장인데 방글라데시인 12명과 한국인 5명이 일하고 있다. 월급은 37만 원을 받고 있다. 처음에는 한국말을 못 알아듣고 일도 잘 못한다고 한국 사람들이 욕을 하며 나를 싫어했다. 지금은 한국말을 잘하게 되고 일도 잘하게 되어 전보다 관계가 괜찮아졌다.

이태원 이슬람 사원에서의 초기 조사

포천읍에서의 본격적인 현지 조사를 시작하기 전 5개월의 가까운 시간을 이태원의 이슬람 사원에서 조사하는 데 보냈다. 초기 조사지였던 이태원 이슬람 사원은 방글라데시 불법 취업자들에게 접근할 수 있는 얼마 안되는 '대집합점' 중의 하나로 광범위한 지역으로부터 모여든 다양한 상황 속의 노동자들을 면접할 수 있었다는 장점을 가졌다. 이슬람의 주일인 금요일이 공휴일이거나 이슬람의 큰 명절에는 천 명을 훨씬 넘는 외국인 노동자들이 이곳에 모여 다 함께 예배를 보는 적도 있었다. 모슬렘에게는 우리로 치면 추석과 성탄절을 합해 놓은 만큼의 큰 의미를 갖는 '이둘피두르'(단식 종료제)에는 방글라데시, 파키스탄, 인도네시아 노동자들로 사원의 넓은 마당이 꽉 메워졌다.

1993년의 '이둘피두르'는 평일이었다. 그래서 많은 노동자들이 아까운 하루 임금을 손해 보거나 절대로 결근을 허용치 않으려는 사장과의 충돌까지 감수하면서 이태원 사원을 찾아왔다. 다양한 국적의 모슬렘 노동자들이 함께 어깨를 맞대고 기도를 드리는 그날은 이곳이 정말 서울 한복판인지 아니면 메카나 다카의 한 장소인지 구별하기 어려운 광경이 연출되었다. 불과 5~6년 전만 해도 50명 내외의 외교관 가족들과 몇 안되는 한국인 모슬렘들이 모여 조촐한 예배를 보았던 것과 비교할 때 큰 변화였다.

그러나 동시에 이슬람 사원은 한계도 지니고 있었다. 우선 예상과 달리 많은 수의 방글라데시인들과의 정기적 접촉이 어려웠고 잠시 들렀다가 회사로 다시 돌아가야 하는 노동자들의 사정 때문에 오랜 시간 동안 면접하기가 불가능했다. 그리고 더 중요한 한계는 짧은 시간 동안 친밀감을 형성하는 데 문제가 있었으며 무엇보다 성소라는 공간적 특성 때문에 피조사자의 삶과 의식의 한 측면밖에는 접근할 수 없었다는 점이었다. 예를 들어 나중에 공장에서의 현지 조사를 하면서 알게 된 사실이었지만 많은 수의 모슬렘 노동자들이 한국 생활이 길어지면서 매일의 기도 의무를 지키지 않고 있었으며 어떤 이들은 금주(禁酒) 같은 이슬람의 계율도 충실히 따르지 않고 있었다. 그러나 이러한 중요한 행위의 변화도 이슬람 사원에서의 단발적 면접에서는 결코 알아낼 수 없었다. 오랜만에 신성한 사원에 와서 더구나 처음 본 한국인에게 자신의 '타락'에 대하여 쉽게 털어놓을 사람은 없었다.

조사의 더 큰 어려움은 방글라데시인들의 지역적 분산이나 경계심보다도 그들을 고용하고 있는 한국인 업주들의 비협조에서 비롯되었다. 불법 취업자는 물론이고 합법적인 연수생을 고용하고 있는 공장에서도 조사를 허용하지 않았다. 또한 많은 경우 외국인 노동자들 자신이 회사측으로부터 가해질 불이익을 두려워하여 조사자가 공장으로 찾아오는 것을 반대하였다. 조건이 열악한 공장의 노동자일수록 그러한 두려움은 더 컸다.

이태원 사원에서 설문 조사로 시간을 보내던 중 제대로 현지 조사를 할 수 있는 절호의 기회가 찾아왔다. 자기 회사의 방글라데시 직원들에게 이태원 사원을 구경시켜 주기 위하여 찾아온 포천의 한 합섬사 업체의 사장을 우연히 만나 조사 허락을 받을 수 있었던 것이다. 한국인 사장과 방글라데시 노동자들을 함께 처음 만나 얼굴을 익힐 수 있었던 점은 이후 조사에 큰 이점이 되었다. 만약 내가 어느 한쪽의 연줄만으로 공장에 들어갔더라면 다른 한쪽으로부터 신뢰를 얻기가 정말 어려웠을 것이다.

포천 공장에서의 생활

포천 공장에 머무르면서 내가 특히 흥미를 갖고 보고자 했던 문제는 방글라데시인 노동자들과 한국인 사용자와 노동자들이 공장의 일상 생활에서 어떤 식의 사회적 관계를 맺어 나가고 있으며 또 서로 어떻게 인식하고 있는가의 측면이었다. 다시 말하면, 첫째 매우 이질적 문화적 특성을 지닌 방글라데시인들과 한국인들은 상대방 집단에 대하여 어떠한 이미지를 갖고 있는가, 둘째 이들이 만들어 내는 상대방 또는 자기 집단에 대한 고정 관념화된 이미지들은 현실의 사회 경제적 맥락, 그리고 그 속에서 이들의 생존 전략과 어떠한 연관을 맺고 있는가 하는 의문으로 정리될 수 있었다.

포천 공장에는 모두 24명의 생산직 직원들이 있었는데 그 절반인 12명이 방글라데시 노동자들이었다. 모두 '불법 취업자' 들로, 20대가 대부분이었고 대도시 출신이 많았고 또 교육 수준이 높았다. 12명 중에 6명이 2년제 대학 출신이었고 고졸이 5명, 중졸이 1명이었다. 방글라데시의 연간 200불 수준의, 낮은 일인당 국민 소득과 35.5%라는 문자 해독 인구 비율을 감안할 때 그들은 본국에서 중류 이상의 사회 경제적 지위를 가진 사람들이었다. '표준 영어' 는 아니었으나 영어로 자기 의사를 표현하는 데 큰 문제가 없었다.

포천 공장에서 생활하면서 나는 이태원 사원에서의 설문 조사 과정에서는 좀처럼 갖기 어려웠던 친밀한 인간 관계를 방글라데시 노동자들과 맺을 수 있었다. 특히 다카 국립대에서 미술을 전공했고 방글라데시 노동당원이었던 슈만, 치타공 출신으로 학생 운동 단체에서 활동하다가 수배를 피해서 한국에 취업한 안와르, 다카 대학에서 정치학을 전공했던 라스카르 등은 정말 헌신적으로 나의 조사를 도왔던 친구들이었다. 그들은 정이 많고 활기가 넘쳤으며 지적 욕구 또한 왕성했다. 그들은 나에게 한국에서의 자신들의 경험 이외에도 방글라데시의 문화와 역사, 정치 상황에 대해서도 상세히 설명해 주었고 반대로 내가 한국의 문화와 사회 상황에 대하여 이야기할 때면 큰 관심을 갖고 경청했다. 그들은 영어로 의사 소통이 원활히 안되는 경우 통역자의 역할을 맡아 주었고 일부러 시간을 내어 인천, 부천 등지의 공장들로 나를 안내하여 그곳 공장의 여러 방글라데시 노동자들을 소개해 주었다. 그러나 그들의 역할은 이것에 그치지 않았다. 논문이 완성돼 가는 과정에서도 나는 논문의 각 장의 내용과 요점에 대하여 지속적으로 이들의 자문을 구했고 그때마다 그들은 날카로운 지적과 조언을 잊지 않았다. 한마디로 그들은 이상적인 주요 정보 제공자였다.

정보 제공자들의 이러한 적극적인 참여는 자신들의 인식에도 영향을 끼쳤던 듯하다. 슈만이 후에 나에게 이야기한 바와 같이 현지 조사 과정에 적극적으로 참여하는 과정을 거치면서 다른 지역 다른 공장의 노동자들의 다양한 사례들을 접할 수 있었고 이를 통하여 동료 방글라데시 노동자들의 절박한 상황에 대하여 자신들의 개인적 경험을 넘어선 보다 깊은 이해를 가질 수 있었다.

방글라데시 노동자들은 본국에 있을 때 학생이었거나 졸업 후 실업 상태였던 사람들이 대부분이었고 직업을 가진 경우 주로 소상인이나 해외 취업 유경험자들였다. 그들은 한국의 일자리를 본국에서 만난 브로커를 통하여 소개받았으며 이 과정에서 소요된 취업 비용은 주로 친족원들에게 의존했다. 그래서 노동자들은 한국으로의 취업 자금을 흔히 '패밀리 머니'(Family Money)라고 불렀는데 '패밀리 머니'의 과중한 부담은 그들의 발목을 잡는 족쇄로 작용하기도 했다. 일반적으로 이러한 재정적 부담으로 인해 많은 외국인 불법 취업자들은 단기간 내에 많은 소득을 올려야 한다는 심리적 중압감에 시달리며 또 이 때문에 고용 조건이 나쁘더라도 자주 공장을 옮겨 다닐 수 없는 경우가 많다.

포천 공장의 방글라데시 노동자들이 처음 만나자마자 나에게 물어 본 질문은 "Are you a Muslim?"(이슬람교 신자십니까?)였다. 그때 나는 이슬람교 신자는 아니지만 많은 관심을 많이 가지고 있고 이슬람교를 매우 훌륭한 종교라고 생각한다고 대답해 주었는데 그것만으로도 그들은 매우 반가워하였다. 이슬람 사원에서 나를 처음 만났다는 점과 내가 이슬람을 존중하는 마음을 가지고 배우려 한다는 사실은 방글라데시 노동자들이 나를 믿고 곧 자신들의 속마음을 터놓을 수 있게 해준 가장 중요한 이유가 되었다. 그들은 공장의 한국인 직원들에게나 인근 공장의 방글라데시 동료들에게 나를 소개할 때마다 이 사실을 언제나 강조했다. 그들 중 몇몇 친구들은 더 나아가 한국인 직원들에게 나를 이슬람 신자라고 자랑하는 바람에 번번히 나는 신자가 아니라고 다시 밝혀야만 했다. 이슬람교를 미개한 종교로 여기는 한국인 직원들에게 한국인이고 '대학원까지 다니는' 내가 이슬람에 호의와 관심을 가지고 있다는 사실을 재차 강조하는 것은 어쩌면 당연한 일이었다.

시간이 지나면서 알게 된 사실이지만 노동자들 모두가 실제 생활에서 이슬람의 모든 계율을 충실히 지키는 독실한 모슬렘은 아니었다. 매일 기도의 의무를 충실히 지키는 사람은 12명 중 2명밖에 없었고 몇몇 친구들은 술을 마시는 일을 즐기기까지 하였다. 하지만 이슬람은 그들의 문화적 자부심과 정체성에 중요한 근거였다. 이슬람에 관련된 주제라면 내가 아무리 귀찮을 정도로 질문을 하더라도 철야 작업을 마치고 난 후의 피곤한 오전 시간을 꼬박 넘기는 열의를 갖고 대답해 주었다. 노동 실태나 한국인 직원들에게 받는 불평등한 대우 같은 문제를 이야기할 때와는 달리 이슬람에 대하여 설명해 주는 그들에게서는 항상 당당함과 자부심 같은 것을 느낄 수 있었다. 그래서 오히려 우리들의 사이가 가까워지면 질수록 그들은 자신들이 한국인 직원에게 무시당한 경험, 자신의 무력한 모습을 친구인 나에게 자꾸 내보이는 것을 피하고 싶어했다. 반면에 이슬람에 대한 주제는 언제나 대환영이었다.

흔히 불법 취업자들은 단속이 겁나서 은둔 고립된 채 생활하고 있으리라 생각하기 쉽지만 실제는 그렇지 않았다. 포천 공장의 방글라데시 노동자들은 불법 취업자의 신분이었지만 인근 지역은 물론이고 멀리 떨어진 다른 도시의 친구들을 만나러 주말이면 바삐 돌아다녔다. 그들은 공장 인근의 소집합점에서의 정기적인 접촉과 친구 공장의 상호 방문 등을 통하여 서로 활발히 교류했고 이렇게 해서 만들어진 다양한 연줄망을 통하여 생존에 필요한 여러 가지 정보들, 예를 들어 여건이 좋은 직장으로의 이직에 필수적인 새로운 일자리의 정보가 교환되었다. 그리고 이 과정에서 혈연, 지연, 기존의 친구 관계를 넘어선 보다 광범위한 협력 관계가 생겨났다.

공장의 일상 생활에서의 사회적 관계를 간략히 살펴보면 방글라데시 노동자들은 한국인 노동자와 임금 수준뿐 아니라 공장 내의 일상적 사회 관계에서도 차별적 대우를 받고 있었다. 한국인들의 위계에 영향을 주는 요소를 연령, 근무 연수, 직급 등으로 나누어 볼 때 방글라데시 노동자들은 연령, 근무 연수에 상관없이 위계의 밑바닥에 위치하고 있었다. 한국인 직원들은 연령에 상관없이 방글라데시 노동자들에게 반말을 사용하며 근무 연한이 더 짧고 나이가 어린 한국인 직원들까지도 연장자인 방글라데시 노동자를 지시 감독의 대상으로 여기는 경우가 자주 눈에 띄었다. 방글라데시인들은 일상적 관계에서 이러한 차별의 존재를 예민하게 느끼고 있지만 자신이 외국인이고 불법 취업자라는 생각 때문에 적극적으로 대항하지 못했다. 이렇게 한국인으로부터 차별받고 있다는 의식은 일과 후 한국인과의 생활을 분리시키는 한 요인으로 작용했다.

반 사회적 집단

언론 매체에서 외국인 노동자는 언제 무슨 일을 저지를지 모르는 잠재적 범죄 집단으로 자주 묘사된다. 이러한 반사회적 집단의 부정적인 이미지는 사회 비판적 성향이 강한 '진보적인' 매체에서도 보인다.

〈마피아 뺨치는 조직 범행… 각계 각층 사칭 여권 위조 등 수법 지능화… 원정 절도단 극성… 세력 다툼 살인극까지〉
외국인 불법 체류자들의 범죄가 심각한 수준에 이르고 있다. 과거 외국인 범죄는 단순 절도, 폭행 등 뜨내기 범행에 그쳤으나 최근에는 지능화, 광역화하며 조직 범죄로까지 발전하고 있다. 이러한 외국인 범죄의 변화 양상은 불법 체류 외국인이 지난해를 기점으로 10만 명을 넘어서면서 우리 사회에서 일정한 집단 세력화하고 범죄 조직이 양산되는 데 따라 나타나고 있다… 자본주의 사회 범죄에 덜 오염된 사회주의권의 중국 동포의 경우 조직 범죄가 아직 '맹아기' 수준에 머물고 있지만 동남아인 불법 체류자 사회에서는 이미 조직 범죄단 사이에 세력 다툼까지 벌어지고 있다… 외국인 불법 취업자들은 일정한 지역에 정기적으로 모이고 있어 이들 외국인 범죄 조직의 무대를 제공하고 있다. 주로 이슬람권 나라 출신인 동남아인들은 이태원 이슬람 사원 근처에 취업 정보 교환과 유흥을 위하여 주말이면 1천여 명씩 모이고 있으며… (『한겨레신문』, 1993. 2. 4).

위의 특집 기사는 마치 무시무시한 외국인 조직 범죄단이 한국 사회 안에 우후 죽순 격으로 생겨나는 듯한 인상을 읽는 이에게 준다. 그러면서 우리가 더 경계해야 할 대상은 중국 동포가 아닌 '검은 얼굴의 동남아인들'임을 강조한다. 이어서 동남아 출신의 불법 체류자들이 정기적 모임과 이러한 조직 범죄단의 활동을 연관시키고 있다. 이 기사의 내용에서도 나타나듯 이들 범죄단은 입국 당시부터 범죄를 계획하고 있던 사람들임을 알 수 있다. 그럼에도 불구하고 기사 내용에는 이들 3개의 전문 범죄 집단과 나머지 절대 다수의 외국인 취업자들이 뚜렷이 구분되지 않는다. 오히려 이태원 사원을 중심으로 한 지역에는 주말마다 천여 명씩 동남아인들의 '무리'가 쏟아져 나오며 그 때문에 이 지역에서 강절도 사건이 빈발하다는 언급을 통해 불법 체류자들 전체를 잠재적 범죄자로 묘사하고 있다. 이러한 부정적 이미지에 따르면 우리 사회는 이질적인 반사회적 집단의 침입 앞에 위협받고 있으며 따라서 우리 사회는 항상 이들에 대한 감시와 감독을 소홀히해서는 안된다는 점을 시사하고 있다.

은둔자 또는 무력한 희생자

언론 매체 속에서 외국인 노동자는 경찰이나 출입국 관리소 직원의 눈을 피하여 공장 안 숙소에서 숨어 사는 은둔자처럼 묘사된다. 다음은 한 월간지에 나온 필리핀 여성 노동자에 대한 기사의 일부다.

한 달에 네 번 일요일을 맞아도 물 설고 낯선 땅에서 불법 체류자의 불안을 안고 살아야 했던 터라 함부로 문 밖에 나갈 수 없다. 6명이 함께 쓰는 공장 부근의 한 평 반 남짓한 헛간 같은 숙소에 박혀 밀린 잠을 자거나 부칠 길조차 막연한 편지를 쓰거나 본국에서 가져온 몇 권의 잡지를 읽는 것이 전부였다. 그래서 한국 생활이 2년이 다 된 지금도 공장과 숙소 이외에는 아는 곳이 없다(「인권의 사각 지대: 불법 체류 외국인 노동자」, 『월간 말』, 74호, 172-77쪽).

서울에서 벌어진 외국인 노동자들의 시위

    이러한 은둔자의 이미지는 외국인 노동자들이 '불법적 행위'로 인하여 두려움에 사로잡혀 있으며 그 때문에 서로 점점 고립되어 있는 것이란 느낌을 준다.

    다음은 1993년 4월 안산의 한 영세 동판업체에서 일하다가 재해를 당하여 40일 후 사망한 파키스탄 노동자에 대한 『한겨레신문』의 작은 박스 기사이다.

    〈파키스탄 노동자의 서러운 죽음〉

    …숨진 동료의 주검 앞에 모여 앉은 노동자들의 서툴지만 흥분된 목소리에는 외국인으로서 겪어야 하는 서러움이 짙게 배어 있다. …아버지 후세인은 "불쌍한 아들의 주검을 고국으로 옮기고 장례나마 후하게 치를 수 있도록 한국인들이 선처해 달라"고 호소했다(『한겨레신문』, 1993. 4. 9).

이러한 무력한 희생자의 이미지는 은둔자의 이미지와 마찬가지로 그들은 현재 상황을 스스로 헤쳐 나갈 수 있는 자구적 대응 능력이 없는 것으로 가정하도록 만든다. 그들은 따라서 우리들의 동정의 대상이고 보살핌의 대상이 된다.

그렇다면 반사회적 집단으로, 은둔자나 무력한 희생자로 외국인 노동자들이 그려질 때 얻어지는 효과는 무엇인가? 언론 매체 속에서 반복되는 외국인 노동자에 대한 고정 관념화된 부정적인 이미지들은 외국인 노동자에 대한 한국 사회의 비인간적 관리를 정당화하는 이데올로기적 효과를 생산해 낸다. 이러한 이미지들은, 외국인 노동자 집단은 범죄와 전염병 또는 '혼혈아'를 퍼뜨리는, 사회에 위협적인 요소라는 편견을 일반 대중들에게 심어 줌으로써 결과적으로 외국인 노동자들에 대한 국가 기구의 항시적 감시와 관리를 합리화한다.

노임이 싼 극빈국 출신이다

한국인 관리자들과 노동자들은 방글라데시인들에 대하여 가난하고 미개한 민족이라는 이미지를 갖고 있다. 그러한 이미지 속에서 방글라데시는 언제나 기아와 홍수에 허덕이고 일당이 고작 1,500원도 안되는 가난한 나라로 그려진다. '미래합섬'의 한 관리자는 방글라데시 노동자가 보여 주었던 가족 사진을 예로 들면서 "가족 사진을 보니 집벽은 신문지로 도배하고 바닥은 아예 땅바닥이었다"고 전한다.

한국인 관리자들은 곧잘 방글라데시 노동자들의 저임금을 본국의 임금 수준과 비교함으로써 정당화한다. 이러한 정당화는 회사가 주는 임금이 설령 한국에서는 보잘것없는 액수라도 방글라데시 본국에서는 '엄청난' 돈이라는 점을 강조하고 있다.

한국인들 사이에서 방글라데시는 경제적으로 가난할 뿐 아니라 문화적으로도 미개한 나라로 인식된다. 한국인들의 방글라데시인에 대한 담론에서 자주 등장하는 부정적인 묘사들은 다음과 같은 것들이다. "방글라데시는 미신 같은 알라신을 믿으며 돈으로 여자를 사서 결혼하는 풍습이 있는 나라다. 화장지와 함께 물을 사용하고 남자도 앉아서 오줌 누는 화장실 관습이 있는데 이 또한 그들의 미개성을 드러내는 것이다."

특히 손으로 밥을 먹는 방글라데시의 관습은 이들이 불결하고 미개한 민족임을 표현해 주는 분명한 '상징'으로 이해되었다.

> 수저를 안 쓰고 손으로 먹길래 코리아 사람은 수저로 먹어라, 손으로 먹으면 더럽다고 자꾸 얘기해 주었다. 그래서 마지 못해 수저로 먹는데 흘리는 것도 많고 먹고 난 숟가락에 밥풀이 그대로 눌어붙어 있어 설거지할 때 혼났다. 수저로 먹는 것이 힘드니까 나한테 "아줌마 수저로 먹으면 신경 쓰느라고 골치 아파요" 하고 말하였다. 얼마 지난 후부터는 따로 자기들 숙소에서 밥을 해먹게 해주었다. 어떻게 해먹나 궁금해서 가보면 손으로 먹고 있다가 손을 뒤로 감추고… 머리가 나빠서 그런지 나라가 가난해서 그런지 하는 것 보면 참으로 지저분하다(미래합섬의 식당 아줌마).

한국인 직원들에 의해 만들어지는 방글라데시인들에 대한 부정적 이미지들은 한국인 자신에게 어떤 이미지를 가져다 주는가? 바로 그들과 대조되는 습관을 가지고 있기에 한국인 자신들은 긍정적 이미지들을 암묵적으로 재생산한다. 즉 '그들은 게으르고 미개하지만 우리는 근면하고 문명화된 사람들'이라고 생각하는 것이다.

한국인 직원들은 자신들의 방글라데시인 사이의 종교, 혼인, 풍속, 화장실 관습, 음식과 먹는 법, 의복 등의 일상의 문화적 차이들을 정상-비정상, 문명-미개, 청결-불결의 차이로 이해했다. 불결하다는 인식은 한국인 직원들이 방글라데시인의 일상의 문화적 특성을 묘사하는 과정에서 그들의 미개함의 이미지와 깊이 연관되어졌다. 이러한 이미지 속에서 문화적 차이는 단순히 '그들과 우리는 다르다' 는 의미가 아니라 '그들은 미개하고 불결하지만 우리는 문명화되고 청결하다' 는 도덕적 우열의 차이로 해석되고 있다.

겉과 속이 다르다

한국인 직원들은 방글라데시 노동자들이 한편으로 어린아이같이 순박한 것 같지만 또 한편으로는 계산이 빠른 사람들이라고 말한다. 한국인들 중에는 방글라데시인들이 겉으로는 순박한 척, 지시에 따르는 척하지만 실제는 눈치가 빠르고 한국인의 '머리 위에 올라앉아 있을 때' 가 많다고 느끼는 사람들이 많다. 한국인들은 방글라데시인들이 미개하고 가난한 민족이라고 생각하면서도 그들 중 다수가 영어를 할 줄 알고 대학을 나왔다는 점을 의식하고 있었다. 이러한 상반된 감정은 자주 경계심으로 표현된다. 이것은 방글라데시인들이 겉으로는 아무 말 못하고 있지만 속으로는 한국인 자신들을 은근히 깔보고 있다는 생각이었다.

개인 대 개인으로 보면 얘네들이 더 똑똑하다. 같이 이야기하고 있으면 내 머리 위에 올라 앉아 있다. 단지 우리 나라가 돈이 많기 때문에 기가 죽어 있는 것이다(경천읍의 한 가구 공장 사장).

한국인 직원들이 느끼는 '개인적 열등감' 은 방글라데시아인에 대한 경계심을 자극하는 구실을 하였으며 그러한 열등감을 '민족적 우월감' 으로 보상

받고자 하는 욕구를 일으켰다.

게으른 '열대 지방' 출신이다

한국인 관리자들과 근로자들은 방글라데시인이 '열대 지방' 출신이어서 천성적으로 게으른 성격을 가졌고 '체력이 약하며 악착같이 일하지 않는다' 고 주장한다. 그 때문에 항상 감독하고 '조여 주어야' 할 필요성이 있다고 믿는다. 그러나 막상 방글라데시 노동자의 생산성에 대해서 질문을 하면 한국인 근로자와 별 차이가 없다고 대답하거나 방글라데시 노동자 개개인에 따라 평가가 달랐다. 다시 말하면 방글라데시 직원들 전체에 대한 이미지에서는 행동이 느리고 태만하다는 부정적인 특성이 부각되었지만 정작 구체적인 개인의 평가에 들어가면 그러한 특성에 꼭 들어맞는 개인은 소수였다. '방글라데시 노동자들이 게으르다' 는 한국인들의 편견 속에서는 방글라데시 노동자들이 힘든 공장 노동의 경험이 없는 사람들이고 현재 내국인 근로자들이 기피하는 어려운 작업들을 절반 정도의 임금만을 받고 하고 있다는 점은 고려되지 않았다.

결국 '미개한 민족' '열대 지방 출신' 의 이미지는 방글라데시 노동자들의 작업 시간에서 또는 작업 외 시간의 일상 생활에서 항시적 감시와 관리를 정당화할 수 있다. '열대 지방 출신' 이라는 담론은 노동 생산성이라는 합리적 목표를 위해 작업장에서 방글라데시인들에 대한 차별적인 노동 통제를 정당화했다면 '미개한 민족' 의 담론은 위생상의 목적, 즉 '전염병으로부터 그들을 보호하기 위하여' 손으로 밥을 먹는 '불결한 관습' 의 금지를 정당화하였다.

이러한 통제에 대하여 방글라데시 노동자들은 어떻게 대응하는가? 식당 아줌마가 들어왔을 때 방글라데시인들이 밥을 먹던 손을 등 뒤로 숨겼던 일이나 한국인 직원 앞에서는 손을 사용하지 않는 행동에서 드러나듯 표면적으

로는 사장의 금지 조치에 순응하는 듯한 태도를 취했다. 그러나 한국인 관리
자들의 눈길이 잘 미치지 않을 때 그들은 여전히 손을 사용함으로써 이 같은
통제에 저항하였다.

이러한 은밀한 저항은 담론적 저항에 의해 지탱되었다. 즉 방글라데시인들
은 한국인 관리자들의 위생/비위생의 과학적 담론에 의례적 청결/불결의 종교
적 담론을 통하여 대항하였다. 한 노동자는 손으로 밥을 먹는 관습에 대하여
"손으로 먹는 것은 더럽지 않다. 방글라데시에서는 거의 손으로 먹는다. 중동
에서도 손으로 먹는다"고 이야기했다. 방글라데시인들은 손을 사용하여 식사
를 할 때 반드시 오른손만 사용한다. 이것은 이슬람의 '오른쪽=청결', '왼쪽
=불결'의 상징 체계에 의한 것이다. 따라서 오른손은 식사할 때 코란을 만질
때 등에 사용되고 반대로 왼손은 화장실에서의 용무 같은 일에 사용된다.

그러나 어떤 방글라데시 노동자들은 위생/비위생 담론을 수용하였고 이에
따라 식사에 손을 사용하는 자신의 문화적 관습을 불결한 것이라고 느끼기
시작했다. 그래서 방글라데시인들 사이에서는 손으로 먹는 것은 이슬람의
'순나(Sunna)'라는 견해와 '순나가 아니다'는 견해가 대립하였다(순나는
사도 마호멧의 언행을 일컫는 것으로 알라의 계시를 원형 그대로 전한 코란
과 더불어 모슬렘에게 가장 중요한 지침이다). 이와 같이 그들의 해석이 항상
일치된 목소리를 내는 것은 아니었다. 그들 모두가 손으로 식사하는 관습이
반드시 따라야 할 종교적 규범인 '순나'라는 견해에 찬성하지는 않지만 이
같은 습관이 종교적 의미를 담고 있는 것에는 대체로 동의하였다.

방글라데시 노동자들의 한국인에 대한 이미지

인간성이 없고 외국인에게 무례하다

방글라데시인들은 한국인들이 자신을 사람이 아닌 '동물'이나 '기계' 또는

'노예'로 취급한다고 느끼고 있었다. 그들은 한국인은 돈만 알며 인간성이 없다고 생각한다. 경천군의 한 노동자는 한국인들이 돈을 아끼지 않는 것은 술 마실 때밖에 없다고 말한다. 노동자들이 일을 한 만큼의 보수를 받는 것은 당연한데도 한국인들은 이것을 특별한 호의를 베푸는 것으로 생각하거나 때로는 자기 마음에 따라 임금을 주지 않을 수도 있다고 믿는다고 비판하였다.

한국인 노동자들의 월급은 다 올랐는데 내 월급만 오르지 않았다. 보너스도 나만 주지 않았다. 그래서 사장님한테 가서 나도 월급 올려 달라고 말했다. 그랬더니 사장님은 "너는 외국인이니까 월급을 안 주어도 되는데 주는 것이다"라고 화를 냈다(28세, 고졸, 경천군).

노동자들은 한국이 경제적으로 급속히 성장했고 아시아 다른 나라들의 부러움을 사고 있다고 말한다. 그러나 한국인의 물질적 성공은 그들의 언설 속에서 내면의 부도덕성과 대조된다. 그들은 곧잘 "한국 사람은 돈은 많지만 마음은 오염되었다"는 대조를 통하여 한국인들의 부도덕성을 이미지화한다.

한국인의 물질적 부는 외부로부터 왔다

또한 방글라데시인들은 한국인들은 한국이 세계에서 가장 잘사는 나라인 것으로 착각하고 있다고 비판한다. 그러나 그들은 한국인들이 자랑하는 물질적 성공도 실은 외부로부터 온 것이라고 여긴다. 가장 많이 언급된 설명은 한국의 경제적 성공은 자신들과 마찬가지로 한국인들이 중동이나 미국, 일본에서 일하여 번 돈으로 이룩된 것이라고 생각한다. 또 한 가지 경제적 성공의 배경은 미국의 도움이었다고 말한다. '미래합섬'의 한 노동자는 "미국의 도움 없이는 한국은 이렇게 잘살 수 없었을 것이다. 지금이라도 미국이 도와주지 않으면 한국 경제는 금방 무너질 것이다"라고 주장했다.

이기적이다

노동자들은 한국인들이 회사, 마을, 또는 가족의 이익보다도 자기 이익을 더 중요시한다고 비판한다. 성남의 한 노동자는 길거리에서 목격했던 싸움 장면을 이야기하면서 길거리에서 두 사람이 싸우는데도 한국 사람들은 구경만 하고 말리지 않는 것이 이상했다고 말했다.

성적으로 타락했다

성은 술, 개고기와 함께 한국인들에 대한 이미지에서 가장 많이 등장하는 상징 중의 하나이다. 방글라데시 노동자들은 한국인들은 자신의 신체를 남에게 내보이는 것을 부끄러워하지 않으며 도덕적으로 타락한 성생활을 하고 있다고 생각한다. 이러한 한국인의 성도덕에 대한 부정적인 인식은 이슬람의 교리에 따르는 방글라데시의 긍정적인 성도덕과 대조된다.

방글라데시 노동자들은 한국인들이 남자건 여자건 자유롭게 섹스를 즐긴다고 믿었다. 한국인 직원들이 여럿이 '미아리' (사창가)에 몰려가는 일, 젊은 한국 여성들의 노출이 심한 옷차림은 한국인들이 문란한 성생활을 한다는 분명한 증거로 자주 언급되었다.

지난 여름 하루는 저녁 8시쯤 되었는데 공장 옆에 누가 차를 세워 두었다. 위에서 차 안을 내려다보니까 한국 남자와 여자가 차 안에서 섹스를 하고 있었다. 한국 사람들은 동물처럼 섹스를 즐긴다(23세, 고졸, 김포군).

개고기와 관련된 몇 가지 '소문'들

한 가지 흥미로운 사실은 방글라데시 노동자들 사이에서 떠도는 한국인과 관련된 갖가지 소문들의 내용이다. 방글라데시인들의 교육 수준이 비교적 높은 편임에도 불구하고 그 내용은 때때로 기괴하기까지 했다. 그러한 소문들 중에 자주 들을 수 있었던 것은 개고기에 관련된 것이었다. 그 내용인즉, 한국인들은 남녀 노소 할 것 없이 개고기를 상시적으로 먹고 있으며 개를 먹음으로써 더 사나워지고 야만적이 된다는 것이었다.

세계에서 개를 먹는 사람은 한국 사람뿐이다. 60%의 한국인의 눈을 보면 아래 흰자위가 보일 정도로 눈동자가 위로 부릅뜬 눈을 하고 있다. 방글라데시 사람들 눈을 보면 그런 눈이 없다. 한국인이 그런 눈을 갖게 된 것은 그들이 개고기를 먹고 술을 매일 마시기 때문이다. 한국 사람은 옛날에는 사람 고기도 먹었다고 들었다(34세, 1년 7개월, 모슬렘, 고졸).

한국인들이 무례하고 거친 것은 그들이 개고기를 먹기 때문일 것이다. 개고기를 먹는 나라는 세계에서 한국뿐이다. 과거 한국이 가난했을 때는 사람 고기까지 먹었다고 들었다. 한국인들은 돈은 많지만 문명화가 덜 된 사람들이다.(26세, 고졸, 대구)

이처럼 방글라데시 노동자들이 한국인에 대한 일반적 이미지를 만들어 나가는 과정에서 이슬람의 음식 금기 개념은 중요한 역할을 한다. 이슬람에서 '하람'(금지된 것)의 개념은 불결함의 의미와 깊이 연관된다. 이들 노동자들이 모두 경건한 모슬렘인 것은 아니다. 그럼에도 불구하고 종교적 세계관은 일상의 행동 속에 깊은 영향을 미치고 있다. 하람의 항목 중에 음식 금기는 방글라데시 노동자들의 일상에서 매우 중요한 부분을 차지한다. 술, 돼지, 개고기가 모두 '하람'이지만 실제 생활을 보면 어떤 금기는 잘 지켜지지 않은 반면 어떤 금기는 철저히 지켜진다. 예를 들어 술의 금기는 잘 지켜지지 않은 반면에 돼지고기의 금기는 철저히 지켜진다. 특히 개고기는 돼지고기보다 더 불결한 것으로 분류된다. 방글라데시인들은 개를 '가장 더러운 동물' '똥을 먹는 동물' '시체를 먹는 동물'로 이야기한다. 이러한 혐오감은 모슬렘 노동자뿐 아니라 힌두 노동자도 공유한다.

술과 돼지고기는 코란에도 '명시된' 금기임에도 불구하고 개고기에 비하여 한국인에 대한 이미지 속에서 오히려 주변에 머무른다. 한국인의 야만성에 대한 담론에서 돼지고기와 술을 먹는 것보다 개고기를 먹는다는 점이 유난히 강조되는 중요한 이유는 개고기를 먹는 것이 한국인과 그들을 가장 분명히 경계 지을 수 있는 특성이기 때문이다. 술은 그들 중에서도 먹는 사람들이 있고 돼지고기는 힌두인들에게는 불결함의 의미를 갖지 못하며 다른 민족들도 먹고 있지만 개고기는 오직 한국인만이 먹는다고 믿기 때문이다.

그들에게 개고기에 대한 상징은 어떤 기능을 하는 것일까? 우리들은 '하람'을 먹고 동물처럼 섹스를 즐기는 한국인들과는 다른, 청결한 존재라는 집단적 자기 이미지는 이러한 유혹들로부터 방글라데시인들의 '육체'와 '돈'을 지켜 주는 도덕적 강제의 기능을 한다.

맺음말

이 글에 등장하는 방글라데시인들과 한국인들은 복잡한 기계를 다룰 줄 알거나 회계 정리를 할 줄 아는 높은 계산적 합리성을 지닌 '현대인'들이다. 그러나 이들이 상대방 민족 집단을 묘사하는 이미지와 내용을 보면 온통 기괴하고 비합리적인 이야기들로 가득 차 있다. 우리는 이러한 기괴한 이미지들이 생겨나고 '합리적' 목적을 위하여 동원되고 있는 사회 경제적 맥락에 주목할 필요가 있다.

한국인들이 생산해 내는 방글라데시 노동자들에 대한 담론은 방글라데시 노동자들에 대한 차별적 통제와 저임금을 정당화하는 기능을 수행한다. 먼저 노임이 싼 '극빈국' 출신이라는 인식은 그들에게 내국인의 절반 수준의 저임금을 지불하는 것이 결코 비도덕적 행위가 아님을 암시한다. 비록 내국인 근로자의 절반 수준의 저임금을 지불하더라도 그들의 기준으로 볼 때 합당한 액수이기 때문이다. 또 한국인 직원들은 '열대 지방 출신' '미개한 민족' 의 이미지를 만들어 냄으로써 노동자들을 작업 시간과 일상 생활에서의 항시적 감시와 관리를 정당화할 수 있다.

이 같은 관념은 그들을 직접 고용하고 관리하는 개인 차원뿐 아니라 한국 사회 전체에서도 마찬가지 역할을 한다. 한국 사회는 외국인 노동자들을 불결하고 위험스러운 반사회적 존재로 낙인찍음으로써 이들에 대한 비인간적 인력 관리와 법적 차별 대우를 은연중에 정당화하는 기능을 한다.

방글라데시 노동자들이 한국인과 자신들의 집단적 이미지를 만들어 가는 과정은 한국의 영세 자본과 국가 기구에 의하여 착취당하고 위협받는 인간적 존엄성을 지키기 위한 상징적 차원의 대응 과정이다. 이러한 의미 차원의 대응 과정은 '자본주의' '계급' 과 같은 의식적인 '과학 언어' 에 의존하기보다는 방글라데시인들의 종교적, 문화적 상징의 재해석을 통하여 이루어지며 이견 없는 만장 일치의 형태라기보다 다양한 목소리들 사이의 불협화음과 논쟁을 통하여 이루어진다. 방글라데시 노동자들에게 그들의 상상력은 위협받는 문화적 정체성을 보존하는 힘이자 현실적 저항을 가능케 하는 자원으로 이용된다. 이것은 상대 집단을 규정함으로써 자신의 집단적 자아 정체성을 재정립해 가는 과정이다. 그들의 대립적 범주화 체계 속에서 한국인들은 오염된 것을 먹고 마시고 동물처럼 섹스를 즐기는 비정상적인 존재인 반면 방글라데시인들은 오직 청결한 것만을 먹고 섹스를 부끄러워할 줄 아는 정상적인 존재들로 양분된다. 따라서 겉으로는 문명화된 척하고 자신들의 문화적 특성을 미개한 것으로 조롱하는 한국인들이야말로 가장 미개하고 오염되어 있는 사람들이다. 그들은 경제적 이득을 위하여 그들을 비인간적으로 취급하려는 한국인들을 자신들의 문화적 상징들을 동원하여 야만적이고 비도덕적 존재들로 범주화함으로써 자신의 문화적 정체성의 우월함을 스스로 확인할 수 있었으며 이러한 과정을 통하여 도덕적 우위에서 그들 내부의 연대를 강화할 수 있었다. 다시 말하면, 이와 같이 그들이 한국인에 대한 부정적인 이미지를 만들어 내는 과정은 위협받는 차신의 문화적 정체성에 대한 의미 차원의 저항인 셈이다.

◑ 이욱정은 연세대를 졸업하고 서울대 대학원에서 인류학을 전공하였으며 현재 KBS TV PD로 있다. 석사 논문으로 「국내 방글라데시 노동자들의 생활 실태와 적응 전략에 관한 사례 연구」(1994)가 있다.

다름 속에서 찾은 같음

— 연변 체류 경험

박 혜 란

빨리 단 쇠가 빨리 식는다

중국이 본격적인 개방 정책을 실시하기 전인 70년대 말까지만 해도 연변은 우리에게 '말 달리던 선구자' 의 땅으로, 일종의 과거 시제로서만 존재하고 있었다. 간도, 일송정, 용정, 토지 등의 낱말들을 떠올릴 때마다 우리는 아스라히 멀어져 간 조상들의 숨결을 되살리며 가슴이 촉촉하게 젖어드는 것을 느끼곤 했다.

꿈 같던 그 연변은 그러나 어느새 현실태로 우리 앞에 모습을 드러냈다. 정식으로 한중 수교가 체결되기 이전이었던 80년대 초부터 어렵게 어렵게 중국 땅을 밟았던 한국인들은 '민족의 성산' 인 백두산 등정을 빼놓을 수 없는 필수 코스로 잡으면서 그 길목에 현재 시제로 버티고 있는 연변을 만나게 된 것이다. 말로 들었던 것 이상으로 끔찍하게 넓고 상상했던 것보다 훨씬 더 우리와 판이한 문화를 지닌 중국 대륙에 약간은 질려 있던 한국인들은 그 대륙의 동북부 한 지역에 퍼져 살면서 우리말과 우리글을 고스란히 지키고 있는 동포들을 만났다.

그리고 불과 십 년 남짓. 오늘날 한국 사회와 연변 동포들의 관계는 첫만남이 불러일으켰던 감격의 찌꺼기조차 찾을 수 없을 만큼 시들하고 복잡해졌다. 대학에서 거리에서 식당에서 공사장에서 북쪽 말씨를 쓰는 연변 동포들을 쉽게 마주치게 되었으며 매스컴에서는 하루가 멀다 하고 불법 입국, 불법 체류, 임금 착취, 사기 결혼, 추방 등의 단어가 등장하고 있다. 그런가 하면 연변을 찾는 한국인들의 숫자는 폭발적으로 늘어나고 있으며 특히 백두산 등정이 가능한 여름철에는 연길시 거리 어디를 가도 한국인들끼리 어깨를 부딪칠 정도로 초만원을 이룬다.

어느새 한국인과 연변 동포 사이의 시선은 놀라우리만큼 따가워져 버렸다. 한국인은 연변 동포들이 순진함을 가장한 채 자신을 벗겨 먹으려 든다며 고개를 홰홰 젓고 연변 동포들은 한국인들이 돈만 알고 거만한데다 사치스러우며 상스럽다고 흉을 보게끔 되었다. 그러면서도 한국인들은 갈 수 없는 북녘 땅에 가장 가깝게 위치했기 때문이라는 이유를 대며 연변행 비행기에 몸을 싣고, 연변 동포들은 잘만 하면 1년에 일생 먹을 걸 벌 수 있는 기회의 나라라며 한국에 가기 위해 온갖 수단을 다 동원하고 있다.

빨리 달군 쇠가 빨리 식는다는 말이 이처럼 잘 어울리는 관계도 없을 듯하다. 상황이 이쯤 된 데에는 무엇보다 정부가 다른 해외 동포들에 대한 정책도 그러했듯이 연변 동포에 대한 정책을 제대로 세우지 못한 것이 가장 큰 이유라고 할 수 있다. 한마디로 감정에 겨워 갈팡질팡한 것이 정책의 전부였다고 하면 과장일까. 하긴 정부만 탓할 수도 없다. 감정 일변도의 접근에서 빼놓을 수 있는 국민이 과연 몇 명이나 될는지.

연변에서 한 해를 보내는 동안 나는 우리가 얼마나 감정적이며 비이성적인 사람들인가를 싫도록 확인할 수 있었다. 그리고 우리 민족의 특성이라고 어렸을 때 교과서에서 배운 은근과 끈기, 그것들이 과연 존재했었는지, 그렇다면 과연 어디로 사라졌는지 안타깝기 그지없었다.

연길시의 식당에서 마주친 일이다. 한 한국인 관광객이 계속 '더러운 뙤놈들'(중국은 한마디로 더럽다. 거리도 집안도 식기도 더럽다. 조선족들이 모여 사는 곳은 상대적으로 깨끗한 편이다)이라며 욕을 해대자 십대 후반의 조선족 여자 종업원이 듣기 싫었는지 대들었다. 왜 '우리 나라'를 욕하냐고. 마흔이 넘었음직한 이 관광객은 대뜸 '넌 민족 의식도 없느냐, 중국이 왜 너의 나라냐'면서 큰 소리로 호통을 쳤다. 종업원은 '난 중화 인민 공화국의 공민'이라면서 맞받았고, 관광객은 이런 '매국노'가 다 있냐면서 흥분했다. 주위의 만류로 폭력 사태까지 일어나진 않고 끝났지만 이와 비슷한 일을 종종 목격할 수 있었다.

본인으로서는 인정하고 싶지 않겠지만 한마디로 무지와 오만에서 비롯된 사건이다. 우리말과 글을 쓴다는 사실에 감격한 나머지 많은 한국인들은 연변 동포들이 중국 국적을 가진 중국 국민이라는 사실을 너무 쉽게 잊어버린다. 아니 잊어버리는 것이 아니라 아예 받아들이려고조차 하지 않는다. 고구려나 발해의 옛 성터를 찾은 한국인들이 만주를 우리 땅으로 착각하듯이. 그리고 이런 착각은 너무도 당연하게 민족 의식이나 애국심으로 치환된다.

'우리의 조국은 중국이요, 모국은 조선 땅입니다'라는 것이 연변 동포들, 아니 2백만 중국 조선족의 분명한 정체성 선언이다. 상당한 식자층에 드는 한국인들 중에서도 처음 연변 동포들과 만나 대화를 나누는 과정에 그들이 '우리 나라도 빨리 잘살게 되어야 되는데…' 등의 이야기를 할 때 혼돈을 일으켰다고 말하는 사람들이 많다. 또는 어린아이들이 중국을 우리 나라라고 말할 때는 그러려니 했는데 노인층에 드는 사람들이 그렇게 말할 때는 배신감까지 느꼈다고 고백하기도 한다. 그러나 내 경험에 따르면 이민 1세대로 아흔 살이 된 할머니조차도 '우리 중국'이라고 부르고 있었다.

어떤 사람들은 이런 현상에 대해 그들의 조상들이 피흘리며 일제에 대항했던 전력에 빗대어 후손들의 민족 의식에 문제가 있다는 식으로 해석하는 것 같다. 그러나 민족 의식과 국민 의식은 분명히 다른 것이다. 중국으로 건너간 동포들 중에는 조선 땅에서 항일 운동을 하다가 쫓겨간 사람들보다 가난을 벗어 보려고 건너간 사람들이 훨씬 많았다. 그들은 자신이 애써 일궈 놓은 땅을 지키기 위해서 일본군과 싸웠으며, 일본군을 물리친 다음에는 공산당 편에서 국민당에 대항해서 싸웠다. 그들은 자신의 피로 지킨 땅의 백성들이었으며 그 땅은 중국에 속해 있었다. 연변 조선족 자치주에는 한 집 걸러 열사가 난다는 말이 있을 정도로 연변 동포들은 중국 국민의 몫을 몸으로 치러 낸 것이다.

중국 국민으로 살아왔기 때문에 그들은 한국 역사에 대해서도 거의 백지 상태이다. 이순신이나 유관순 같은 인물은 이름도 들어 보지 못했다. 발해에 대해서도 중국 입장에서 당나라의 한 지방 정부라는 식의 지식밖에 배우지 못한 그들이다. 이러한 상황을 이해하려는 노력 없이 무조건 역사 의식이 없다는 식으로 몰아붙이는 행태야말로 무식한 소치가 아닐 수 없다.

한번은 발해의 옛성터인 동경성을 관광하던 한국의 대학 교수들이 그곳 안

연변 동포들의 정체성 선언, '우리의 조국은 중국이요, 모국은 조선땅입니다. '

내판에 그려진 지도를 보고 흥분했다. 마땅히 동해라고 표기되어야 할 곳에 일본해라는 글자가 씌어 있었던 것이다. 애국심에 불타 오른 교수 한 사람이 볼펜으로 일본해라는 글자를 빡빡 지우고 그 위에 동해라고 써 넣자 안내를 맡은 회족 여성이 불같이 화를 냈다. 말하자면 공공 기물을 훼손했다는 것이다. 그때 동행한 조선족 교수들의 얼굴에 떠오른 난감한 표정을 나는 두고두고 잊을 수 없다.

우월감의 정체는 돈밖에 없다

연변 동포들이 한국인들에게 대해 느끼는 가장 큰 불만은 단지 가난하다는 이유만으로 업신여기려 드는 오만함이다. 사실 사람을 겉모습만으로 평가하는 관습은 꽤 뿌리가 깊은 것이다. 옷차림이나 자동차만 보고 사람을 대하는 태도가 달라지는 건 호텔 경비원만이 아니다. 우스갯소리로 갈비집에서도 좋은 차(큰 차)를 타고 가야 큰 갈비를 먹을 수 있다는 말이 있을 정도이니까.

우리는 자신보다 잘사는 사람 앞에서는 까닭없이 주눅이 들고 못사는 사람 앞에서는 공연히 우쭐하면서, 그것을 인지상정이란 말로 간단하게 설명하는 버릇이 있다. 그러면서도 겉으로는 부를 추구하는 사람들에 대해서 경멸하는 태도를 보인다. 인간이란 모름지기 정신적인 것에 가치를 두어야 한다면서.

중국이 우리 앞에 문을 열었을 때 솔직히 한국인이라면 누구나 5천 년 동안 자신을 짓눌러 왔던 열등감으로부터 벗어나는 기분을 느꼈을 것이다. 유사 이래 한번도 그 앞에서 고개를 들어 보지 못한 나라, 그 중국이 놀랍게도 가난하고 더러운, 초라한 몰골을 드러냈기 때문이었다. 그리고 달러를 벌기 위해서라면 그 무엇도 팔 태세가 되어 있다는 듯한 자세 앞에서 우리는 자신도 모르게 우쭐해지지 않을 수 없었다. 북경의 거지들, 진시황릉 앞에서 '십

원, 십 원'을 외치는 장사치들, 팁을 기다리는 말끔한 호텔 종업원들에게 십원짜리를 호기있게 뿌리면서 돈맛의 위력을 새삼 절감한 우리들이었다.

그런 우월감은 연변의 동포들 앞에서 훨씬 증폭되는 것 같았다. 그들의 한 달 봉급이 우리 돈으로 2만 원 내지 3만 원에 불과하다는 사실을 알게 된 순간부터 갑자기 한국인들은 졸부처럼 행동하기 시작했다. 어이, 이백 달러짜리 한 장이면 너네들 몇 달 봉급이지? 워낙 주먹구구 셈에 익숙한 한국인들은 그들의 물가 수준이나 생활 수준에 대한 개념 없이 그저 산수 놀음만을 즐기기로 결심한 것 같았다.

조선족에 대한 우월감은 같은 민족인데 나는 너보다 더 잘산다는 판단에서 한술 더 뜨게 되는 모양이다. 조선족들 사이에서는 한국인들의 교만한 태도를 비꼬는 사례들이 수없이 많다. 예를 들어 조선족들은 한국인들을 안내하면서 환경이 더러운 데 대해서 아주 미안해 한다. 어떤 조선족이 한국인을 집에 초대했단다. 집이 좁고 우중충한데도 호의를 베풀어서 초대한 것이다. 그는 인사치레로 한국인에게 "집이 너무 누추해서 안됐습니다" 했는데, 한국인이 덥석 받아서, 한다는 말이, "예, 아닌게 아니라 정말 더럽군요" 했다는 것이다. 딴에는 스스럼없이 속말을 했으니 어떠냐고 하겠지만, 듣는 사람은 얼마나 황당했을까. 그 사람은 다음에는 절대로 한국인을 집에 초대하지 않기로 결심했다고 한다. 우리도 불과 20년 전에는 그렇게 살았다. 그리고 현재도 그렇게 사는 사람들이 아직 우리 사회에 남아 있다. 이 건망증을 어이할까.

누가 상승 욕구를 비웃으랴

사회주의 국가들이 무너진 후 사람들은 흔히 맑스와 레닌의 자리를 마니(돈)가 빼앗았다고 말한다. 이것은 사실이다. 중국 역시 돈을 벌기 위해 전국가가 총동원되고 있다. 원래 상업에 밝았던 중국인들의 솜씨가 단기간에 유

감없이 발휘되면서 중국의 경제 성장률은 무서울 정도의 속도로 높아지고 있다. 원래 연변은 중국이 개발에 중점을 둔 지역으로부터 멀리 벗어나 있던 벽지였다. 만일 한국과의 특수 관계가 아니었다면 연변은 중국의 내륙 지방처럼 개혁 개방 정책으로부터 철저하게 소외된 지역으로 남았을 것이다. 그러나 행인지 불행인지 개방은 연변에 뜻하지 않던 큰 바람, 즉 한국 바람을 몰고 왔다. 그것은 돈 바람이었다.

88올림픽 개막식을 텔레비전에서 보았던 40대 후반의 한 공산당 간부는 그때의 충격을 죽을 때까지 못 잊을 거라고 되풀이 되풀이 곱씹었다. 어떻게 같은 동족이 그처럼 휘황한 발전을 이룰 수 있었는지 믿을 수 없었다고 했다. 그리고는 우리도 곧 저만큼 잘살 수 있을 거라는 희망을 갖게 되었다고 한다. 북조선만 보았을 때는 꿈도 꾸지 못했던 희망이었다.

그리고 바로 주위에서 한국에 갔다 오는 동포들이 생기기 시작했는데 그들은 거의 어김없이 약을 팔아 온 돈으로 집을 샀다고 했다. 똑같이 가난하게 살던 이웃들이 한국에만 갔다 오면 하루 아침에 부자가 되는 신기한 일이 눈 앞에서 벌어지기 시작한 것이다. 한국으로부터의 요청신(초청장)을 받아 낼 수만 있다면 누구나 부자가 될 수 있었다.

문화 대혁명 때는 남한에 친척이 있다는 이유만으로 특무(간첩)로 몰려 박해를 당했는데 이제 상황은 역전되었다. 처음에는 성만 같아도 초청장을 받을 수 있었는데 한국 정부가 까다롭게 굴기 시작해서 지금은 55세가 되어야 친척 방문으로 한국에 갈 수 있게 되었다. 운(빽) 좋은 사람들은 유학이니 취업이니 연수니 해서 1년에 서너 차례 남의 돈으로 한국을 방문해서 큰돈을 벌어 오지만 로백성(서민)들은 로무 수출(해외 취업)도 쉽지 않아 거액의 수속비를 낸 채 목이 빠지게 기다리고 있어야 한다.

일단 한국에 들어오면 무슨 수를 써서라도 빠른 시일 안에 목돈을 만들어야 하기 때문에 다른 체면을 살필 겨를이 없다. 누가 몇 푼만 더 준다면 일자리를 옮기는 일이 비일 비재하다. 한국인들은 연변 동포들이 최소한의 계약에 대한 개념도 없다면서 비난한다. 그런가 하면 연변 동포들은 한국인들이 동포를 따뜻이 감싸 안지 않고 그저 싸구려 노동력으로만 본다고 불만을 터뜨린다.

연변을 찾은 한국인들은 연변 사람들이 생각 이상으로 금전 지향적인 데 깜짝 놀란다. 두 달 동안 연변에 머무르는 동안 그들의 입에서 돈 이야기 이외의 내용이 나오는 것을 들어 본 적이 없다고 단언한 소설가도 있다. 대학생 때 꽤 과격한 운동권에 속했던 한 관광객은 사회주의가 어떻게 이런 인간상들을 만들어 놓을 수 있느냐면서 울분을 토했다.

인간이란 묘한 존재인지라 자기는 돈이 없으면 못살면서 그 누군가는 돈이 없이도 잘살아 주기를 바라게 마련이다. 자신은 인삼 뿌리도 질러서 뱉으면서 그 누군가는 일생 무 뿌리를 맛있게 씹더라는 이야기를 듣고 싶어하는 것이다. 문제는 그러면서 동시에 그 누군가를 비웃어 주어야 속이 시원한 이 역설.

연변 동포들이 가난하다는 이유로 우월감에 빠진 바로 그 한국인들이 이번에는 그들이 상승 욕구를 숨기지 않는다고 지겨워하면서 비웃는다. 게다가 그들의 상승 욕구를 자극하는 직·간접적인 인자를 제공한 사람은 다름 아닌 바로 우리들 자신이다. 아무리 너그럽게 봐주려 해도 우리는 너무 이중적이고 편협한 사람들 같다.

'역지 사지'의 지혜를 쌓아야

한국을 방문하고 돌아간 동포들의 수가 늘어나면서 한국에 대한 나쁜 인상도 점점 넓게 퍼져 가고 있다. 믿고 싶지 않지만 그중에서도 가장 듣기에 괴로운 이야기는 그들이 북조선 동포들에게 만약 통일이 되면 남한 사람들이 그들을 노예처럼 부릴 것이라고 경고한다는 것이다. 한국인의 입장에서는 연변 동포들이 통일에 어떤 식으로든지 기여해 주기를 바라고 있는데 만약 이것이 사실이라면 오히려 정반대 결과를 초래한 셈이다.

물론 연변 동포들이 그런 말을 하는 데는 여러 가지 요인이 작용하고 있음을 짐작할 수 있다. 그들이 흔히 말하듯, '한국은 잘사는 시집 같고, 북조선은 못사는 친정 같기 때문'이기도 하지만 한편으로 그들이 우리와 같은 민족이지만 중국 국민이라는 사실도 무시할 수 없다.

연변 동포들이 한국인을 비난하는 내용들을 살펴보면 무조건 이쪽 잘못이라고 하기에는 어려운 것들도 많다. 예를 들어, 한국인들은 조선족과 말이 통한다는 데서 마음이 편해져서 아무데서나 농담을 잘하곤 하는데 대개의 경우 그들의 마음을 상하게 하는 경우가 많다. 친한 사이의 농담으로 받아들이기보다 허튼 소리를 잘한다고 생각하는 것이다. 그러나 농담이란 서로를 속속들이 이해할 수 있는 사회에서나 가능한 법이 아닌가. 사회주의 국가에서 많은 정변을 겪어 오는 동안 연변 동포들은 극도로 말을 조심하는 태도가 체화된 것 같다.

또 한국 여성들의 경우 지나치게 '틀을 낸다'는 게 일반적인 평인데, 조선족 여성들의 활달함에 비해 한국 여성들은 너무 조신스럽게 구는 것이 껄끄럽게 여겨지는 데서 이렇게 말하는 것이다. 입술 연지를 지우지 않고도 밥을 먹을 수 있는 한국 여성들과 치마를 입고도 아무데서나 다리를 쫙 벌리고 앉아서 마음대로 하품을 해대는 연변 여성들 사이에 놓인 골은 생각보다 훨씬 깊다.

아주 활달하고 명랑한 연변 대학 여대생은 연변에 의료 봉사차 온 한국 여학생들이 너무 내성적이라 처음에는 오해도 많이 했다고 털어놓았다. 자기네가 너무 못산다고 업신여겨서 그러는 줄 알았다는 것이다. 그리고 조선말을 잘못 쓸 경우 한국 여학생들이 거침없이 웃어 대는 것도 참기 어려웠다고 한다. 조선족 청년 중에는 어렸을 때 한족 학교를 다녀서 우리말이 서툰 이들이 많다. 특히 한어에는 존칭이 없기 때문에 어른들도 '내가 말씀하시기를…'

하는 식으로 말할 때가 많다.

이와 같이 한국인의 무의식적인 행동에 대해서도 조선족들은 상상도 하지 못할 오해와 열등감을 느끼는 경우가 많은 것을 볼 수 있다. 물론 오래 함께 생활하다 보면 이런 것들은 문젯거리도 안될 성질의 오해이지만 대개의 만남은 몇 시간 내지는 길어야 며칠 정도에 지나지 않는다. 따라서 우리는 그들을 만나기 전에 적어도 그들의 입장을 헤아려 보아야 한다. 하긴 해외 여행을 해도 그 나라 문화에 대한 공부를 전혀 하지 않고 떠나는 한국인이 같은 말을 쓰는 같은 민족에 대한 공부를 생각이나 하리오마는.

그러나 우리는 닮은꼴

다른 나라, 다른 체제에서 떨어져 살아온 연변 동포들, 그래서 언뜻 생각하기엔 굉장히 달라야 할 것 같은데 실제로 그 차이는 아주 미미하다. 우리의 일상 대화에 영어 단어가 끼어들듯이 그들의 말에는 한어가 끼어든 정도의 차이라고 하면 정확할 듯하다. 연변에서 지낸 1년 동안 나는 시시 때때로 '피는 물보다 진하다' 는 말을 떠올리곤 미소를 지었다. 아니, 솔직히 말하면 미소보다 쓴 웃음을 지을 때가 더 많았다.

우습게도 나는 연변 사람들에게서 우리의 고질 같은 것을 발견할 때마다 오히려 통일에 대한 두려움이 사라져 갔다. 그토록 다른 체제에서 오래 떨어져 살았어도 둘이는 어쩌면 그리도 쌍둥이 같은지. 가장 놀랐던 점은 비교적 남녀 평등이 이루어졌다는 중국 사회에서 조선족들은 한족에 비해 턱없이 남성 우월적인 문화를 고집하고 있다는 사실이었다. 농촌에서는 아직도 남아 선호 사상이 뿌리 깊이 남아 있어 딸만 낳은 며느리에 대한 시어머니의 구박이 끊이지 않고, 도시에서는 똑같이 직장을 가졌어도 가사 노동은 전적으로 여성의 몫이었다. 한족 남성들은 요리나 장보기를 자기 일로 당연하게 생각하는 반면, 조선족 남성들은 젊은이들조차 부엌에 들어가는 게 남자 위신을 떨군다고 믿고 있었다.

그리고 우리들의 그 막을 수 없는 교육열. 조선족은 중국 쉰여섯 개 소수 민족 중에서 가장 교육열이 높은 민족, 출산율이 가장 낮은 민족으로 공인받고 있었다. 바로 이러한 특성들이 조선족들의 생활 수준을 다른 소수 민족에 비해 높일 수 있었던 원동력이라는 점은 분명하다. 그러나 요즈음 연변 사회의 교육 풍토는 사회주의 국가라고는 믿을 수 없을 만큼 서울을 빼닮아가고 있다. 돈봉투, 과외, 치맛바람 등 한족 학교에서는 볼 수 없는 풍경들이 조선족 학교에서는 일상사로 벌어지고 있다.

또 하나 빼 놓을 수 없는 닮은꼴은 술문화이다. 연변 사람들은 간질환과 위장 질환을 많이 앓고 있었다. 어렸을 때부터 영양 상태가 좋지 않은데다가 마셨다 하면 고주 망태가 되어야 끝내는 술문화가 특히 남성들의 얼굴색에서 건강미를 앗아갔다. 연변에 사는 조선족들은 역시 연변에 사는 한족들보다 평균 수명이 다섯 살 내지 일곱 살 짧다고 하는데 식사와 술 문화의 차이가 이런 결과를 초래한 것이다.

내가 이런 문제들을 지적하면 연변 사람들은 '북조선은 더하다' 면서 쉽게 승복하려 들지 않는다. 그들은 여자 알기를 발뒤꿈치의 때만큼도 여기지 않으며, 교육 비리 역시 연변을 뺨치는 수준으로 아무리 공부를 잘해도 돈이나 빽이 없으면 대학 들어가기는 아예 남의 일이며, 독한 술이라면 사족을 못쓰는 게 북조선 남자들이라는 것이다.

이러고 보면 남의 칭찬에 인색하다는 점도 동질성으로 꼽아야 할 것 같다. 연변 대학에서 펴낸『조선족의 우월성과 열등성』이라는 책을 보면 남 끌어내리기, 얼렁뚱땅하기, 허영과 사치 등에 대해서 스스로 반성하는 글이 많다. 그것은 곧 우리들의 일그러진 자화상이었다.

물론 우리가 단점만 지닌 민족일 리는 없다. 이 책에는 조선족의 장점으로 머리가 좋은 점, 교육열이 높은 점, 진취적이며 낙관적인 점 등을 내세우고 있다. 이쯤 되면 이른바 세계화 시대에도 낙오되지 않고 충분히 살아 남을 자격이 충분한 민족이 아닌가.

50년 동안의 분단은 우리 민족의 동질성을 파괴시키기에는 너무 짧은 기간인지도 모른다. 언어의 이질화도 별문제가 되지 않을 것이다. 요즘 한국 텔레비전에서 비쳐 주는 북조선 방송에서 우리가 정말 못 알아듣는 말이 과연 몇 마디나 되는지 차분하게 따져 볼 필요가 있다. 그 정도의 이질성은 오히려 표현의 다양성이라는 측면에서 환영할 만한 일이다. 그런 의미에서 통일은 우리 민족을 한껏 풍부하게 만들어 줄 수 있는 최고의 기회가 될 것이다.

❷ 박혜란은 해방 전 함경북도 명천에서 월남한 실향민 부부의 여섯 남매 중 맏딸로 1946년 경기도 수원에서 태어났다. 부모님 생전에 통일이 되리라고 믿어 왔으나 최근 부모님 건강 상태로 보아 희망을 버려야 할 듯. 1993년 여름부터 1년간 이화여대 한국 여성 연구소 연구원 자격으로 중국 길림성 연변 대학의 초빙 교수로 떠나기 직전, 아버지는 떨리는 손으로 당신의 여섯 형님과 누이 한 분의 이름을 적어 주셨으나, 연길에서 그분들의 소식을 더듬는 데 실패하고 돌아왔다.

화교가 발 붙이지 못한 땅
─ 나와 남: 한국인의 비공존 등급 의식

박은경

한반도에 살고 있는 사람들은 거의 한국인이다. 생김새와 말씨가 비슷해 의사 소통이 쉽게 이루어진다. 또 대부분의 한국인들은 이러한 사실 ─ 한 지역 안에 세운 국가가 한민족 집단으로만 구성되어 있는 ─ 을 당연하게 여기며, '단일 민족'임을 자랑스럽게 내세우기까지 한다. 그러나 이 지구상에 존재하는 대부분의 사람들은 다수 종족 사회에서 살고 있다. 같은 공간에 살면서 피부 빛깔이나 생김새가 달라도, 심지어는 말이 통하지 않아도 국가라는 단일 정치 체제 속에서 살고 있다. 그래서 다양한 문화 속에서 어우러져 사는 것을 자연스럽게 받아들이고 있다. 그런데 한국인들에게 이런 상황은 무척이나 낯설게 느껴진다.

한국 사회의 외부인, 화교들의 삶

단일 민족으로 이루어진 한국 사회 속에서 비교적 오랫동안 외부인으로 살아온 집단도 없지 않다. 화교가 바로 그들이다. 중국은 한국과 공존해온 역사적, 지리적 이웃이다. 공통의 시간과 공간 속에서 양국의 문화가 서로 만나면서 만들어진 유사성은 한국인들의 삶 곳곳에 베어 있다. 한국과 중국은 오랜 역사 속에서 조공을 통한 관무역과 사무역으로 서로 왕래하였고, 1882년 폐지된 북도개시제(北道開市制)를 통해 한국과 중국은 250년 동안 일 년에 두 차례씩 두만강변, 의주, 회령, 경원 등 국경 지역에서 물품 교역을 하였다. 이 때 양국 관리들이 수백 명의 부하와 상인들을 거느리고 만났는데 그 기간은 약 20일에 그쳤다고 한다.

이처럼 일시적인 접촉이 아니라 중국인들이 직접 한국에 들어와 오랜 기간 한국 사회에 머물게 되면서 한국인들이 중국인과 가까이 살게 된 것은 19세기 말에 이르러서이다. 임오 군란(1882) 이후 대원군과 민비 사이의 정치적 갈등이 심화되면서 원병 요청으로 한국에 온 청나라 군사 4천여 명과 40여 명의 교역 상인이 한국 화교 사회의 시작인 셈이다. 파병 군대들은 3년 뒤 천진 조약(1885)이 체결된 후 철수하였으나 일본과 청나라가 한국 내에서 세력을 확장하려 다투는 사이에 청국 정부의 힘을 입은 화교들의 수는 계속 증가하였다. 1894년에 발표한 청상 보호 규칙(淸商保護規則)으로 화교의 거주 지역을 개항장인 인천, 부산, 원산에 제한하려는 조선 측의 의도가 수포로 돌아가면서, 화교들이 내륙에 들어와 장사를 했고 조선의 지방 관리들은 중국 밀무역상으로부터 세금을 징수하였다는 기록도 있다.

한국인들은 점차 전국 방방 곡곡에서 장사를 하고 일을 하는 화교들을 접하게 되었다. 중국과 무역을 통하여 들여 온 마포 · 견포 · 조 · 땅콩 · 소금 · 고추 · 마늘 같은 농산품뿐 아니라 약품 · 잡화 · 외국 연초 같은 구미 제품까지도 화교 상인들에 의하여 한국 사회에 전해졌다. 전국에 퍼져 있는 포목상을 통하여 들어온 지나(支那) 삼베는 한국인들 사이에 인기가 대단했다. 한국인들은 상술이 뛰어난 화교들을 가까이에서 보면서 중국인을 대국인이라고 우러르며 중국 문화를 접하게 되었다.

1926년 『동아일보』의 독자 투고란 「자유종」에 "촌읍의 우자들은 중국 상인은 대국인이라, 정직하고 신용이 유하여 물품도 가격이 렴(廉)하고 품질이 호(好)하다 하여 막 사는 바람에… 여하한 촌읍에라도…, 중국인의 포목점이 없는 곳이 없도다"(2월 15일자) 하여 당시 중국인들의 위력을 알 수 있고, 읍내에도 반드시 많은 곳은 10여 호, 적은 곳은 3, 4호의 상인의 잡화상이나 요리점을 경영하고 있는 것을 본다고 하였다. 화교들은 상업 외에도 '꿀리' 라고 불리우는 노동자, 도시 주변의 야채 재배 농민, 야채 상인 등의 일을 하며 한국 사회에 터전을 만들어 갔다.

'중국집' 과 화교

한국인들은 화교들을 생각과 행동이 무척 다르며, 수준이 높은 부류의 사람들이라고 인식했다. 적어도 대국이라는 중국의 배경 속에 있는 존재로 받아들였다. 이러한 터전은 제2차 세계 대전의 종말(1945), 한국 정부 수립(1948), 중국의 공산화(1949) 등 연이은 역사적 변화로 바뀌기 시작했다.

무역업이 주종이던 화교들이 음식업으로 전향한 후 화교에 대한 한국인의 대국인 의식은 약화되었다. 요리점 · 대중 음식점 · 만두점 · 면점 · 과자점 등으로 다양하게 중국 음식을 만들어 파는 화교들은 음식을 통해 한국인들과 가까운 관계를 형성하게 된다. 한국인들은 음식을 주문하고 기다려 음식을 먹는 동안 화교를 가까이 관찰할 수 있었다. 일제 시대의 화교들은 자기 종족끼리 계를 조직하여 지내거나, 야채 재배 농민과 야채 상인들도 자신들의 재배, 판매망을 통해 화교들만의 유대를 강화하였다. 그래서 한국인들은 주로 잡화상에서 물건을 사거나 주문하는 짧은 시간 동안만 화교와 접할 수 있었다. 음식업으로 업종을 바꾸면서 화교들이 한국인들의 삶에 성큼 다가서게 되었다. 그러나 독립 정부가 수립된 한국 사회에서 외국인인 화교는 더 이상 지위가 높은 부류로 인식되지 않았다.

　화교들의 음식업 전향은 여러 요인으로 설명될 수 있지만 그중의 가장 큰 요인은 한국 정부가 화교 사회에 가한 정책적인 규제다. 특히 외환 거래 규정, 무역 규정, 토지 소유 규정 등의 경제적인 제재는 강압에 가까웠다.

　첫째, 화교들은 외환 거래에서 공식 환율을 적용받지 못하고 서너 배 비싼 암시장을 통한 거래만을 할 수 있게 되었다. 이러한 불공평한 대우로 화교 무역상들은 무역 실적 면에서 한국인 무역업자와 같은 정도의 실적을 올렸다고 해도 실제로는 1/3, 1/4의 실적을 올린 결과가 되었다. 또한 외화 배당도 수출 실적을 근거로 하기 때문에 화교들의 무역업은 날로 약화되었다. 둘째, 1950년의 창고 봉쇄령으로, 한국인 무역업자들보다 물건 보유량이 현저하게 많던 화교들은 치명적인 손해를 입었다. 셋째, 외국인이 한국에서 경제 활동을 하려면 무역법 제8조에 의하여 상공부 장관의 허가를 받아야 하는 까다로운 조건 때문에 화교들은 한국인을 사장으로 영입하는 한중 합자 회사를 세워 무역을 지속해야 했다. 1954년에 서울에 있는 19개 화교 무역상 중 2개만이 화교들만의 회사이고 17개는 한중 합자 회사였다. 기업 외에도 공장과 화교 언론 기관을 등록할 때에도 한국인의 명의를 빌어야 했다.

　1949년 화교 무역의 원천지인 중국이 공산화된 이후 화교들이 한국에 올 수 없게 된 사실도 중요한 이유 중의 하나다. 화교들은 자신들의 능력을 발휘했던 무역업에서 다른 업종으로 바꿀 수밖에 없는 처지가 되었다. 대다수 화교가 화교 무역상에게 가해지는 외화 사용 규제책과 창고 봉쇄령 같은 한국 정부의 차별 정책도 없고, 직업적인 훈련이 없어도 시작할 수 있는 음식업으로 전업하였다.

　그러나 한국에 있는 화교 사회에 가장 크게 불어닥친 규제는 5·16 이후의 토지 규제법이다. 외국인의 토지 소유를 전면 금지시키는 토지법이 1961년 9월에 제정됨에 따라 화교들은 2, 3대째 살아온 집과 토지를 하루 아침에 빼앗기게 되었다. 보상도 제대로 받지 못한 채 집과 토지를 소유할 수 없게 된 이들은 생업 기반마저 위협받게 되었다. 그 대안이 소유물을 한국인 명의로 바꾸는 일이었다. 그 와중에 한국인들이 자신의 이름으로 된 화교의 재산을 임의로 처분해 이득을 취하는 사례가 상당수 있었다.

외국인 토지법은 1968년 7월에 개정되어 "1세대, 1주택에 한하여 자기 주거의 용(用)에 공(供)하기 위한 660㎡ 이하의 토지에 관한 권리의 취득은 대통령이 정하는 바에 의하여 사전 신고만으로써(제5조 2항)" 가능하게 됨에 따라 화교들도 주거를 목적으로 하는 2백 평 이하의 토지를 소유할 수 있게 되었지만, 한국 땅에서 서너 세대 살아온 화교들이 방금 김포 공항에 내린 외국인과 동일한 토지 소유의 권리와 규제를 받게 된 셈이다.

화교들은 이러한 정책적인 규제와 함께 이를 실행하는 수속 절차를 밟는 과정에서 한국인 관리와의 마찰 때문에 더욱 어려움을 겪었다. 화교 음식업자가 영업을 위하여 접촉해야 하는 세무서, 보건소, 동회, 경찰서, 소방서, 구청 직원들와 갈등이 형성되기 쉬웠다. 중과세 제도 때문에 한 지역에 오랜 기간 영업을 해온 화교들에게는 새로이 시작한 동일 업종의 상인보다 과중하게 세금이 부과되었다. 이 과정에서 한국인 관리와 화교 상인 간의 불신에서 비롯된 분쟁이 빈번했다. 한국 관리들은 '남의 나라에 와서 벌어 먹는 주제에' 하며 큰소리 쳤고 화교들은 세금은 다 내는데도 은행 대출도 받을 수 없는 서너 세대를 살아온 땅에서의 외국인의 신세를 한탄하였다.

경제적인 규제와 대조적으로 화교에 대한 한국 정부의 교육 정책은 유연하였다. 화교 학교의 설립, 중국식 교과 과정, 중국인 교사 채용 등에 거의 규제가 없었다. 전국에 40여 개의 화교 소학교와 5개의 중·고등학교에서 화교들은 중국인으로 격리되어 중국 문화 속에서 자랄 수 있었으나, 화교 중·고등학교는 한국의 정규 중·고교 과정으로 인정받지 못했다. 한국 대학에 정식으로 입학할 기회가 주어진다 해도 일부 대학을 제외한 곳에서는 화교 학생들의 졸업은 흔치 않았다. 자유 방임적 화교 교육 제도는 화교들이 한국 사회에 적응하는 통로를 차단하고 있다.

화교들은 한국인들이 일제 시대와 달리 낮은 사회적 지위로 취급하면서 가하는 정책적, 개인적 차별에 적응해야 했다. 중국인으로 살도록 유도하는 교육 정책과 경제적으로 살기 어렵게 하는 규제는 결국 화교들을 대만으로 이동시켰다. 1975년 이후에는 미국의 동양계 이민 쿼터의 증가로 한국의 화교들도 미국으로 이동하기 시작했다. 결국 한국 정부와 한국인들이 화교들을 한국 땅에서 살아가기 힘들게 하자 화교들은 이 땅을 떠나갔다. 한국 사회에 유일한 소수 종족 집단인 화교 사회는 점점 약화되어 갔다. 일제 시대 때 10만 명에 가깝던 화교 인구가 한국 전쟁 직후인 1950년에는 1만 7천여 명이었다가 1960년대 초에는 2만 3천 명, 1970년대 초에는 3만 2천 명에 이르렀다. 그러나 1976년 이후 화교 인구는 다시 감소세로 돌아섰고 1980년대 초에는 2만 9천 명, 1990년대 초에는 2만 명도 되지 않는 적은 수의 소수민 집단으로 전락하였다.

한국 사람들의 등급 의식

화교들은 세계 어느 지역에 머물든지 자신들의 경제적 능력을 발휘하며 살고 있다. 그런데 한국 사회는 지구상에서 유일하게 화교들이 발 붙이고 살 수 없는 지역으로 학계와 전세계 화교들에게 알려져 있다. 한국인에게 어떠한 문화적 속성이 있어 화교로 대표되는 외부인과의 공존을 방해하는 것일까?

한국인들에게는 상대방을 서로 차별하여 등급을 매기는 경향이 있다. 자신이 아닌 다른 사람을 대할 때 상대방을 나와 동등한 입장에 두는 경우가 드물다. 상대방의 나이, 집안, 출신 지역, 출신 학교를 알아낸 후에야 특정 상대와 관계를 맺는 공식이 성립된다. 상대방의 귀속적 속성을 파악해야 그 속성을 기준으로 상대방을 어떻게 대해야 하는가에 대한 답인 차별화가 가능해지기 때문이다. 한 개인의 귀속적인 배경을 모르는 상태에서 상대를 대하는 동안은 상당히 불안하고 실제로 대화가 거의 이루어지지 못한다. 버스 속이나 놀이터에서 만난 사람들끼리 오랜 시간을 같이 있어도 서로 눈치를 보고 선뜻 대화를 나누지 못한다. 이들이 바로 한국 문화 속에 살고 있는 우리들이다.

한국인들의 이러한 대인 관계는 서비스(E. Service)가 정치 발달 정도를 기준으로 구분해 놓은 네 종류의 사회, ① 수렵 채집의 밴드 사회, ② 초기 농경과 목축민의 부족 사회, ③ 농경과 초기 도시의 추장 사회 ④ 국가 사회 등으로 구분할 때, 두번째 사회인 부족 사회의 특성 속에서 유사성을 찾을 수 있다. 상대방이 누구냐에 따라 사회 관계의 내용이 달라진다. 이러한 사회에서는 사람을 죽이면, 때로는 살인으로 간주되기도 하지만 많은 경우 '공동 복수'의 개념으로 칭찬받는 경우가 많다. 다시 말하자면 상대방이 누구냐에 따라 행동의 기준이 현저하게 차이가 나는 것이 당연한 사회가 부족 사회이다.

지난(1995년) 3월 둘째주에 각 신문에 실린 기사와 사설 내용을 보면 우리 사회가 지극히 부족적 사회라는 사실을 깨닫게 한다. 어느 검사가 두 변호사들이 요구한 보석을 거절했으나 자신의 동창인 변호사가 다시 세번째 신청을 하자 허가해 준 사건이 보도되었다. 이 경우는 바로 한국 사회의 '부족적' 성향을 잘 보여 주고 있다. 판, 검사 출신이 변호사 개업 후 2년 안에 치부하는 현실도 이러한 부족적 사고가 중요시되는 사회에서나 가능한 일이다. 가장 합리적이고 논리적인 가치가 우선되어야 하는 법조계에서 이러한 일이 일어나고 있음을 감안할 때 한국 사회의 다른 영역에서 이루어지는 이러한 부족적 관계를 통한 사회 활동은 쉽게 찾을 수 있을 것이다.

한 20대 일본 여인의 관찰에서도 한국인의 부족성이 잘 드러난다. 어느 여성 잡지에 실린 이 글에는 한국에서 어느 음악회에 갔다가 중간 휴식 시간에 간식을 사려고 줄을 섰다가 사람들이 자신의 친구들 몫까지 몇 접시씩 사 가는 바람에 줄 뒷쪽에 섰던 사람들은 결국 아무것도 먹지 못한 경우를 상세히 기록하고 있다. 이 글을 읽는 사람들 중 대부분은 그게 뭐가 잘못인가 하고 의아해 하는 이도 있을 것이다. 외부인의 눈에는 이상해 보이는데 우리 눈에는 지극히 정상일 때는 그 양상이 바로 우리 문화의 진수이기 때문일 것이다. 대부분의 한국인들의 사고에는 먹을 것을 사려고 줄을 서지 않아도 다른 이의 수고로 간식을 먹게 되는 소위 '친구, 친척'이라는 사회 관계가 무척 중요하다. 반면 오랜 시간 줄을 서서 수고를 하고도 간식을 먹지 못하는 줄 뒤에 서 있는, 나와 아무 관계가 없는 사람의 삶은 전혀 관심의 대상이 되지 않는다. 그러나 일본 여인의 눈에는 이 사실이 분명히 이상하게 비치고 있다. 이는 상황에 따라 사고와 행동의 기준이 달라지는 한국 문화의 '부족'적 성향을 그대로 잘 반영해 주는 예이다.

잘나도 내 새끼, 못나도 내 새끼

한국 문화의 이러한 부족적 성향을 '관계' 중심 문화라고도 설명할 수 있다. 한국인들은 나와 상대방이 혈연으로 맺어졌다거나 지역적인 연계가 있거나, 학교 동창인 경우에는 각별한 사회 관계가 형성된다. 한국인들은 현재 자신이 속한 조직의 지위로 살아가지만 과거의 지위 — 혈연, 지연, 학연 — 를 통한 사회적 관계도 평생 지속적으로 이어진다.

가족 제도를 여러 측면에서 논할 수 있으나 여기에서는 관계 문화와 관련하여 상속 제도를 부각시켜서 문화를 설명하려고 한다. 상속은 주로 가장권, 재산권, 제사권 등의 상속으로 구분된다. 이 상속의 원리가 한 사회를 설명하는 틀로 작용할 수 있다.

한국 사회는 전통적으로 아버지의 혈연 관계를 기준으로 친족 집단이 형성되어 사회 관계를 맺으며 살아가고, 상속도 남자 중심으로 행해진다. 맏아들의 지위는 확고해서 가정과 재산의 상속에서 절대적인 우대를 받는다. 먼저 태어났다는 귀속적 지위만으로 능력에 상관없이 가장권과 재산권은 물론 제사권까지도 상속받아서 조상인들을 보살피는 중책을 맡게 된다. 혈연상의 지위가 한국인들의 전통적인 삶에 절대적인 영향을 미쳐 왔던 것이다. 작은아들들은 큰형의 귀속적 지위에 따른 경제적 불평등에 순응하며 사는 것이 한국 문화의 도리였다. 능력과 상관없이 장자라는 이유만으로 권위적, 경제적 및 제사를 통한 종교적인 지위를 누린다. '잘나도 내 새끼, 못나도 내 새끼'는 한번 맺어진 관계를 중시하는 한국 사회에 아주 적합한 표현이다.

한국 가족 관계에서 이렇게 장자냐 아니냐 하는 등급 중심의 관계는 일반적인 사회 관계에도 영향을 미친다. 서로간의 동등한 유대보다는 등급적인 유대를 더 자연스럽게 받아들이는 사회를 낳았다. 항상 큰형님을 모시며 사는 전통적인 가족 유대가 일반 사회 생활에서 동등한 대인 관계를 맺기 어렵게 만든다. 전통적인 가족 제도로 한국 문화의 주축인 '관계 문화'와 '등급 문화'를 설명할 수 있다. 한국인들이 전통 가족 생활에서 배운 원칙인 '관계 중심'의 삶은 출신 지역, 출신 학교, 종중 등이 관계의 축으로서 등급적으로 작용하는 사회를 만들었다.

이러한 한국적인 관계 문화 속에서 외국인인 화교의 존재는 사회적으로 전무하다고 볼 수 있다. 어떠한 관계를 맺는 데에 서로 다른 점이 많다. 귀속적인 지위인 혈연 관계가 없다는 것은 말할 것도 없고 출신지에 따른 지역적 연계가 있을 수 있으나 외국인이라는 이유로 거의 연계되지 않는다. 또한 한국 정부의 화교 교육 방임책으로 인하여 화교들이 중국인 학교에서 한국인들과 분리되어 교육을 받고 이들 교육 기관을 정규 교육 기관으로 인정하지 않아, 한국 대학에 소수의 화교만이 '정원외'로밖에 입학할 수 없는 탓에 비교적 관계 맺기가 용이한 학연을 형성하기도 어렵다.

한국 문화같이 관계를 중시하는 문화 속에서 외부인이 적응하며 살기란 매우 힘든 노릇이다. 한국인끼리도 관계에 따라 사회적 유대가 달라지는 '부족적' 양상이 나타나므로 외국인인 화교에 대한 한국 정부와 한국인들의 태도는 부정적일 수밖에 없다. 나와 남을 연결지을 때 서로를 동등한 위치에서 보지 않고 이런 '관계'라는 기준의 옷을 입혀서 보기 때문에 다양한 성격과 배경을 가진 이들이 모여 공존하는 공동체 의식이 희박하다. 이러한 사회에서 화교는 관계 형성이 가능하지 않아 3,4대째 살아온 땅인 한국을 떠났던 것이다.

도움받은 글

고승제, 1972, 「화교 대한(對韓) 이민의 사회사적 연구」, 『백산 학보』.

담영성, 1976, 「조선 말기의 청국 상인에 관한 연구」, 단국 대학교 석사학위 논문.

박은경, 1986, 『한국 화교의 종족성』, 한국 연구원.

이광규, 1981, 『한국 가족의 구조 분석』, 일지사.

이선근, 1961, 『한국사』, 을유 문화사.

전해종, 1970, 『한중 관계사 연구』, 일조각.

小田內通敏, 1924, 「來住の 支那人」, 『韓國 部落 調査 研究』, 朝鮮 總督府.

______, 1925, 『朝鮮 於ける 支那人 : 經濟的 勢力』, 東洋 硏究會.

Ariga, K., 1956, "Introduction to the Family Systems in Japan, China, and Korea," *Transactions of the Third World Congress of Sociology*, Vol. IV, pp.199–241.

Befu, Harumi, 1962, "Corporate Emphasis and Patterns of Descent in the Japanese Family," in Smith and Beardsley, *Japanese Culture: Its Development and Characteristics*, New York: Wenner-Gren Foundation.

______, 1971, *Japan: an Anthropological Introduction*, San Francisco: Chandler Publishing Company.

Nakane, C., 1966, "Kinship and Economic Organization in Rural Japan," *L. S. E. Monographs on Social Anthropology*, 32, London.

Sahlins, Marshall, 1968, *Tribesmen*, N.J.: Prentice-Hall.

Service, Elman, 1971, *Primitive Social Organization*, second edition, New York: Random House.

◑ 박은경은 1946년 여름 수원에서 태어났다. 이화여대에서 영문학을 전공하고 미국 미시간 대학에서 인류학과 동남 아시아 지역학을 전공하였다. 이화여대, 연세대, 서울대에서 인류학과 가족학에 대한 강의를 해왔다. 석사 논문은 동남 아시아 화교, 박사 논문은 한국 화교에 관한 연구였는데 요사이는 싱가포르 화교를 집중 연구하면서 한국 화교에 대한 단행본을 출판할 준비를 하고 있다. 『한국 화교의 종족성』(1986)을 썼고, 메리 소머스 하이두스의 『동남 아시아의 화교』(1994)를 번역했다.

외국의 경험,우리의 거울

박상의 작품

각 나라의 경험이 반드시 같을 수는 없다.

우리의 통일은 독일과 베트남과는 분명히 다를 것이다.

하지만, 우리의 통일을 생각하면

그들의 통일을 강 건너 먼 산 보듯

무심히 바라볼 수만은 없게 만드는 불안을 느끼게 된다.

어떤 이는 조금, 어떤 이는 아주 많이.

그들의 통일 경험이

우리에게 말해 주는 것은 무엇일까,

그들과 함께 통일 이야기를

만든 이들의 글을 읽어 본다.

외국의 경험 우리의 거울

독일을 보며 우리를 생각한다
— 독일 통일은 '라구요' 구요, 우리 통일은 '어린이 찬가' 래요

정 유 성

들어가며

노래 1. '우리의 소원은 통일' 에서 '라구요' 까지

"…이 겨레 살리는 통일, 이 나라 찾는 데 통일, 통일이여 어서 오라…"
"…죽기 전에 꼭 한번만이라도 가봤으면 좋겠구나, 라구요"

통일 하면 문득 노래들이 떠오른다. 통일처럼 겨레의 중차대한 사안에 고작 노랫가락이나 떠올린다고 야단 맞을지 모르지만 이것이 내 탓만은 아니다. 그 동안 통일이라면 그저 장엄한 구호로 덮씌우려 들거나, 아니면 피끓는 뜨거운 열망을 막무가내로 가슴에 품어야 하는 것으로 강요받아 온 나머지 주눅 들 대로 든 내 상상력으로는 어쩔 수 없는 일일 뿐.

아무튼 통일 하면 가장 먼저 생각나는 노래는 아무래도, 늘 불러와 이젠 적잖이 지겨워지기까지 해, 그 뜨거움과 절실함이 색바랜 '우리의 소원은 통일' 하는 노래다. 그런가 하면 몇 해 전에 나온, 내가 좋아하는 이른바 신세

대 언더그라운드 가수인 강산에의 '라구요' 라는 노래가 있다. 윗세대들의 통일 열망을 이제 제법 거리를 두고 간접 화법으로 노래하고 있다. 또 하나의 문화 통일 소모임을 여는 날, '독일 통일을 바라보며 우리를 생각한다' 는 주제로 첫 발표자로 손들고 나선 나는 이를 흉내 내어, 독일 통일을 그야말로 묘한 참여 관찰자의 입장에서 바라보았던 개인적인 체험으로 풀면서 '…라구요' 하는 이야기 형식으로 운을 뗐다. 그리곤 거듭 '라구요' 라고 간접 화법으로는 담을 수 없는 나 자신의 이야기로 돌아올 수밖에 없었다. 그만큼 독일 통일이라는 사뭇 비현실적인 아니 반현실적인 현실이 우리 통일이라는 현실성, 어쩌면 비현실성과 뒤섞여 어지럽기만 했던 것이다. 이것을 다시 정리해 쓰는 지금도 사정은 조금도 나아지지 않았다. 다만 그나마 조금은 더 이 혼란에 거리를 두고 '라구요' 할 수 있을 뿐.

모든 통일은 좋은가?!?

나의 통일에 대한 생각 변주곡

하기는 이런 혼란은 어제 오늘 일은 아니다. 내 통일에 대한 생각 자체가 시대 변화와 나 스스로의 성장, 혼란에 따라 뒤죽박죽 변주해 온 것을 고백하지 않을 수 없다. 또 나는 사실 지금 당장은 통일 문제 자체에 목을 매고 싶지도 않다. 하지만 나는 엄연히 분단 국가에 태어났고, 내가 바라는 번듯한 세상, 사람 살 만한 세상을 만드는 일과 관련해서 늘 민족, 통일, 지역 이런 문제를 고민하지 않을 수 없었다. 게다가 '피안도' 출신 피난민 집안의 딸과 결혼한 처지에, 후레자식이 아닌 바에야, 냉면이나 쟁반 요리는 맛있다며 노친네들의 가슴 터질 것 같은 향수를 강산에 노래처럼 그냥 흘려 들을 수도 없고, 그렇다고 그 사분 오열된 자의식에서 나오는 맹목적인 반공주의와 적개심을 그저 타파의 대상으로 삼을 수도 없어 적잖이 가슴앓이도 하곤 하는 개인적인 사정도 만만치 않은 처지다. 그럼 너스레는 그만 떨고 이야기를 시작하자. 우선 내 통일관의 변주에 대해서.

일찍이 캄캄한 암흑 시대인 70년대에 통일 운동의 물꼬를 텄던 장준하 선생은 "모든 통일은 좋은가?"라는 화두로 자신의 활동을 끊임없이 밀고 나갔다. 나 스스로도 70년대 학번답게 그저 이념이나 이상으로 또는 아주 천박한 의미의 감상으로 모든 통일은 선한 것이라고 믿었다. 그러나 내가 겪은 다른 통일, 그 하나는 베트남이요, 또 하나는 독일이거니와, 그 경험을 통해서 모든 통일은커녕 '통일' 자체가 좋은가 하고 의심하는 지경에까지 이르렀다. 그리고 그 변화는 다름 아닌 독일에서 10년 넘게 살면서 그들의 통일 잔치에 치이고, 베트남의 망령에 치이고, 무엇보다도 돌아오고 나서 3년 동안 이 땅에서 겪은 고단하기 짝이 없는 삶에서 일어난 것이다.

눈먼 반공주의(승공 통일)에서 외눈스런 통일 지상주의까지

아무튼 이야기를 독일 가기 전의 70년대까지의 우리 땅에서의 삶에서부터 시작하자. 나는 흔히 그렇듯이 6·25 때 풍비 박산이 나고 당신 한 몸 겨우 살아 남으시다시피 한 집안에 태어났다. 아버지, 어머니는 6·25중에 결혼하셨고 아버지는 결혼 직후 당시 이른바 소모품 소위라는 간부 후보생으로 임관하여 전쟁터로 나가셨다. 다행히 살아 남으셨으나 우리는 힘없는 하급 직업 군인의 신분인 아버지를 따라 방방 곡곡을 떠돌며 살 수밖에 없었다. 특히 아버지 제대 직전까지 살았던 휴전선 바로 밑 어느 수복 지구는 지금도 내 기억에 생생하다. 하도 폭격을 맞아 자연이라곤 무성한 갈대숲뿐이었고, 장난감이라곤 양푼에 숟가락말고는 햇빛에 비추면 무지개빛을 찬란하게 내는 탄피뿐이었다. 언젠가는 동생 장난감 주으러 지뢰밭에 들어갔다 구사 일생으로 살아나온 적도 있었다.

또 월남전 당시에 어린 시절을 보낸 탓에 지금도 월남 파병 군가를 "자유 통일 위해서 조국을 지키시다…" 하고 뚜르르 펠 만큼 뿌리 깊은 반공주의, 반북 의식을 자양받고 자랐다. 특히 아버지가 월남에 일하러 가시자 내심 불안했는지, 학교에서 가장 실감나게 우리 군인들의 혁혁한 전과를 부풀려서 이야기로 푸는 아이였다. 간혹 전지 전능한 슈퍼맨이 되어 이북에 가 공산당을 처치하는 꿈을 꾸기도 했다.

그러나 이율 배반적으로 대학 시절 유신 시대를 겪으며 앞서 말한 장준하 선생의 화두처럼, 피해 망상에 대한 과대 망상적 역반응으로 '모든 통일은 좋다' 는 이데올로기에 깊숙이 젖었다. 우리를 이토록 억압하는 비인간적인 체제, 제도가 나쁘다고 가르치는 것은 좋을 수도 있다는 의심이 들었고, 심지어 좋을 수밖에 없다는 강한 유혹에 빠지기도 했다. 그리고 분단 현실이 우리 역사 그리고 우리의 삶을 얼마나 왜곡시켰나 조금씩 알아가면서 더욱 더 통일만이 이런 모순을 해결해 줄 수 있다고 추상적으로 믿고만 싶었다. 그러나 우리는 너무 무지했고 아무런 정보도 없었고, 유신의 어두운 그림자는 우리의 상상력조차 고갈시켜 이런 믿음은 외눈스런 고집과 편견만 먹고 마구 자랐다.

남들의 하나 되어 망가지기: 나의 독일 통일 체험기

그러다가 1980년의 끔찍한 일을 겪고 도망치듯 떠나 독일로 가게 되었다. 독일 가서 처음에는 같은 분단 국가면서도 너무도 잘먹고 잘살고, 심지어 동서가 표피적이나마 교류까지 하고 있는 그곳 현실에 크게 분개해 마지 않았다. 쟤들은 전쟁을 벌인 죄인이면서 이렇구나, 하는 생각에 우리 처지가 억울하고 그들이 미워 처음에는 몰래 나중에는 드러내고 이를 갈곤 했다. 물론 나중에 되짚어 보니 제3세계 출신으로 그나마도 대접 못 받던 처지에서 우러난 전형적인 자기 분열의 결과인 가학-피학성이었지만.

독일식 분단과 통일 논의: 이른바 독일의 '반쪼가리 진실' 론

특히 분단 및 통일 문제와 관련해서는 더욱 그랬다. 실제로 독일은 70년대 초의 '동방 정책(Ostpolitik)'에 따른 양측의 협약 체결 이후 분단 체제를 더는 어째 볼 수 없는 기정 사실로 받아들였다. 여느 사람들은 말할 것도 없고 이른바 비판적인 지식인들은 통일 문제를 거론하는 것조차 꺼려했다. 그도 그럴 것이 통일 운운하는 집단은 대개 난민 집단 등 극우 단체나 아주 보수적인 정치인들이었기 때문이다. 한마디로 그들에겐 통일은 이미 물건너 갔고, 분단 체제는 당연한 것이었다. 오히려 그보다는 환경 문제 같은 산업 사회의 여러 문제들에 골머리를 앓았고, 적당히 동독 체제를 비꼬며 자신들 체제의 우월감에 교만해져만 갔다.

가끔씩은 이곳 저곳에서 돌출된 통일 논의가 있기는 했다. 이를테면 다가올 미래를 예감하듯이 나온 것이 마르틴 발저(Martin Walser)라는 작가가 쓴 『도를레와 볼프』(Dorle und Wolff)라는 책이 그랬다. 이 책에서 동독 출신의 피아니스트 주인공은 독일 분단 상황을 비정상적인 것으로 인식하고 피아노를 연주할 때 한 손으로만 연주하는 사람이다. 그는 서독으로 와서 분단 상황을 극복하고 통일을 앞당기기 위해 동독 정보 기관의 첩보원 노릇을 하면서 서독 정부에서 일하는 부인까지 끌어들인다. 작가는 주인공을 통해 독일의 분단 상황을 '반쪼가리만의 진실'(halbe Wahrheit)이라고 갈파하여 주목을 받았으나, 비판적인 지식인들의 의혹스런 눈초리와 냉소를 사기도 했다.

독일식 통일 과정과 문제: '바빠 가면 사람 생각 못하지요'

나 스스로 오랜 세월 어느 정도 그들의 구석구석까지는 아니더라도 그곳 사는 모습에 익숙해질 때쯤 그야말로 도둑처럼, 아닌 밤중에 홍두깨처럼 통일은 찾아왔다. 나뿐만 아니라 모든 사람이 그랬듯이 믿을 수 없는 일들이 벌어진 것이다. 그리고 마치 파도가 밀려오듯 점점 걷잡을 수 없게 되어 버린 통일이라는 과정에 모두 압도당했다. 동독에서의 데모, 프라하에서의 동독 난민들의 함성, 몰려드는 동독 사람들, 동독 선거, 독일 협약, 통일, 그리고 나누고 가르고 찢기고 망가지는 꼴들을 독일 생활 말년에 착잡하기 짝이 없는 심정으로 지켜 보았다.

무엇보다도 눈에 띈 것은 그토록 굳건해 보이는 체제가 무너지고 합쳐졌지만 사람들 합치기는 얼마나 어려운가 하는 점이었다. 우선 독일 통일 과정의 가장 큰 잘못인 동독 사람들의 맑스주의(Marxismus)를 마르크주의(Marksmus)로 사려 들고, 사람 생각은 하지 않고 바삐만 가려는 태도가 그랬다. 동시에 그나마 독일에 살면서 눈여겨 보고 따랐던 생태주의라든가, 대안적인 삶의 문화 같은 가치 따위는 그 바람에 파묻혀 버렸다. 다른 한편 갑작스런 자본주의 물결에 휩쓸린 동독 사람들의 이해할 만하나 어리석기 짝이 없는 부나비 같은 행동에, 그리고 그만한 인간의 성숙함이나 의지를 기르지 못한 동독 체제에 몹시 화가 나기도 했다. 그 와중에도 점점 고개를 드는 국수주의, 독일 과대 망상병 이런 것들에는 화가 나다 못해 본능적인 두려움조차 일었다. 나는 그럴수록 독일이 싫어졌고, 통일이 미웠고, 거칠어졌다.

10년 남짓 살며 쓴맛 단맛깨나 보고 이젠 미련도 환상도 없다던 내가 어느 정도 다스렸다고 믿었던 공격성을 마지막으로 터뜨린 것은 떠나기 직전이었다. 나도 함께 만들었던 제3세계 카페에서 '독일 통일과 한국의 분단 문제' 라는 주제로 강연을 할 기회가 있었는데, 참석한 독일의 진보적이라는 지식인 몇이 이죽대며 자기네 통일이 우리 상황에 미칠 영향을 묻는 거였다. 잘 대답해 주다가 갑자기 그날 아침 어느 신문 해외 토픽 난쯤에 나온 기사가 기억났다. 베를린을 비롯한 장벽에 경비견으로 일하던 잘 훈련된 독일산 세퍼트들이 실직을 했고 워낙 사나워 다른 데는 쓸모가 없어 그 처리 문제로 고민중이었는데 우리 나라 어느 수입업자가 독일 통일 기념 보신탕 재료로 수입을 신청했다나, 뭐라나… 갑자기 나는 "아마 우리네 야만적인 개고기 입맛이 버려질 정도의 영향은 있겠지" 하고 냉소를 독기처럼 머금고 쏴붙였다.

독일 통일을 보고 우리 통일을 걱정한다

통일 조심주의와 새로운 버릇: '어찌 갈까나, 길은 먼데'

한국에 돌아와선 위악을 떨듯이 애꿎은 개고기나 마구 먹어 대며 입에서 단내가 나도록 한동안 침묵을 지켰다. 무섭고 두려웠고, 자신이 없었다. 독일 통일의 흉한 꼴은 속 그득 얹혀 있고, 통일이 당장이라도 될 것같이 호들갑 떨고 기고 만장한 우리 사회는 대책 없이 버거웠다. 나는 누워서도 쓰러질 만큼 많이 그리고 끊임없이 절망했다. 함부로 쏘아 버린 화살처럼 내다버린 사회주의의 꿈에, 그리고 쪽박처럼 깨어져 버린 온전한 통일의 꿈에….

많은 사람들은 내게 물었다. "독일 통일을 보고 우리 통일을 어떻게 생각하냐"고. 이런 물음에 감히 개고기 운운하고 대답할 수는 없었던 나는 마치 개고기 먹다 얹힌 표정으로 늘 조심스럽게 대답을 피하곤 했다. "독일에서 이렇게 하면 통일이 안된다는 정도는 보고 배웠지요. 그런데 우리요? 글쎄요, 걱정입니다, 갈 길은 먼데…"

우리 사이와 우리 속내의 분단 현실

나는 차츰 비교적 새롭게 다시 보이는 우리 사회의 현실에 거듭 절망했다. 온통 갈라지고 뒤틀리고 찢겨진 꼴들에 절망했다. 잘살아 보겠다고 경제 성장에 눈이 어두운 나머지 사람과 자연은 원수가 되어 있었고, 그토록 오랜 애씀과 희생에도 불구하고 사람들 사이는 늑대들의 그것이 되어 버렸다.

통일이 눈앞에 다가온 듯 들떠 있으면서 통일이 온갖 장밋빛 미래를 약속해줄 것 같은 환상에 빠지면서 우리 사이와 우리 속내의 분단 현실은 더욱 골이 깊어지고 흉한 꼴이 드러나는 것이었다. 이를테면 함께 사는 사람들 사이의 조그마한 다름도 받아들이지 않으려는 가름, 나눔의 문화가 그랬다.

또 벌어진 자연과 인간의 관계, 뒤틀어진 사회 관계, 갈라진 인간 관계, 텅 빈 자기 자신과의 관계가 그랬다. 사람들 모여 사는 꼴이 온통 죽음과 죽임의 문화로 가득차 살림은 겉보기는 넉넉해졌으되 피폐하기 이를 데 없고, 삶은 황폐하기 짝이 없으며 사람들은 속빈 강정처럼 떠도는 것이 더욱 그랬다.

그러다가 조금씩 이곳 저곳에서 옛 동료들, 그리고 새 동료들과 작지만 나누거나 가르지 않고 모으고 아우를 수 있는 일터, 배움터, 놀이터를 만들어 나가면서 차츰 절망을 벗고 나름대로의 앞날을 그리며 살아가게끔 되었다. 또 그런 중에 우리 땅에도 어느 정도 차분한 통일 논의가 이루어지는듯, 아니 이루어져야 할 것 같은 분위기가 생긴 듯도 하여, 이제 나도 한마디 해도 된다면 하고 서투른 얘기라도 조심스럽게 꺼낼 용기를 내게끔 된 것이다.

맺으며: '사람, 삶, 되살림'

나의 생태주의적 (반)통일의 꿈

일찍이 독일이 통일의 소용돌이에 휩싸였을 때 아마 독일 통일 과정에 가장 긍정적으로 기여했을 빌리 브란트는 경고한 적이 있다. "체제는 합하기 쉽다. 문제는 사람들(머리)이다."

우리에게도 통일은 올 것이다. 아니 도둑처럼 내일 새벽 불현듯 찾아올지도 모른다. 그러나 어떻게 사람을 끌어안을 것인가? 이것을 전제하고 고려하고 끊임없는 과정으로 아우르지 않는 모든 통일은 통일이 아니다. 아니 사람뿐 아니라 천천히 세심하게 사람 끌어안고, 우리의 삶을 되살리는 통일만이 유일한 대안이다. 우리네 삶을 되돌아보고, 우리 스스로를 추스르고 모든 것을 되살리는 생태주의적인, 생명에 바탕한 합침이어야지 무엇 하나 나누고 가르고 아프게 해서는 안된다.

이는 오히려 몸을 굳게 하고 머리를 딱딱하게 하는 통일이 아니면 안된다는 억지보다는 왜 통일인가 하는 끊임없는 물음에서 출발해 몸과 마음을 풀고 대들어야 해결할 수 있는 과제이다. 결국 통일은 우리 스스로의, 우리들 사이의 관계의 거듭남의 과정이어야 한다. 이는 결코 언뜻 보기처럼 추상적인 주장이 아니다. 인류학을 하는 김성례 선생에게 들은 용한 무당의 얘기가 생각난다. 그는 한번 굿을 하면 동티가 난 장본인인 사람이나 물건뿐 아니라 그 삶터 주위의 하찮은 미물까지 위무하는 굿을 한단다. 게다가 굿 끝나고 이틀쯤 뒤에 다시 굿을 벌이는데, 그것은 굿이 마을 잔치인 만큼 행여 굿소문 듣고 떡이라도 얻어먹으려 허위허위 달려오던 사람들이 넘어지거나 날이 저물어 제때 오지 못해 한이 맺힐까 그들을 위한 것이란다. 이런 한판 대동의 굿처럼 우리가 통일을 함께 만들어야 한다.

덧붙이며

지난 가을 통일 3년째인 독일에 다시 가서 사람들의 무관심에 놀랐다. 내가 접촉한 사람들의 한계일까, 냉소적이고 강 건너 불 구경하듯 하며, 음습한 곳엔 인종주의와 극렬한 천민 자본주의의 욕심들이 침 흘리며 독버섯처럼 피어나고 있었다. 돌아와서 한동안 나는 통일 이야기가 나올 때마다 그 옛날 하이네를 흉내 내어 "독일을 생각하면 눈물이 나지요" 하고 내 속에 그득 얹힌 독일 통일의 그릇됨, 모자람을 새기면서 우리 통일의 꿈을 키웠다. 그러면서 역설적으로 바로 그 독일의 (반)통일의 꿈을 담은 노래를 부르곤 했다. 다름 아닌 나치를 피해 망명했다 동독으로 돌아와, 만년에는 쓸쓸하게 죽은 20세기 비판 문학의 거장 브레히트의 시에, 20세기 현대 음악의 총아인 비엔나 학파의 수제자였다가 세상을 평등하게 만드는 음악을 하겠다고 역시 동독으로 가 동독 국가를 작곡한 아이슬러가 곡을 쓰고, 아우슈비츠에서 가스로 희생된 유태인의 아들로 태어나 서독에서 동독으로 넘어갔다가 동독 체제를 비판했다고 서독으로 쫓겨나서는 양쪽을 다 비판하는 노래를 만들고 부르는 비어만이 즐겨 불러 퍼뜨린 노래가 그것이다. 통일 과정에서 많은 진보적인 지식인들이 때묻은 독일 국가 대신 국가로 추천했던 노래다. 물론 받아들여지지는 않았지만… 독일 통일을 바라보며 우리 통일을 생각하는 내 서툰 이야기를 이 노래로 맺고자 한다. 우리는 이 '어린이 찬가' (Kinderhymne) 식으로만 통일이 되었으면 하는 마음으로.

노래 2. '어린이 찬가' (브레히트 시, 아이슬러 곡, 비어만 노래)

품위가 있다고 애써 노력하지 않을 이유는 없지요.

정열이 동시에 이성적일 수 있어야 하는 것처럼요.

다른 좋은 나라처럼 좋은 독일이 꽃 핀다면 얼마나 좋을까요.

다른 민족들이 우리 나라를 강도처럼 두려워하는 게 아니라

손을 내밀어 다른 민족들이 내민 손을 마주 잡는다면

얼마나 좋을까요?

저 북해에서 알프스까지 오더에서 라인까지

다른 나라 위에도 그렇다고 밑에도 서지 않는

그런 나라라면 얼마나 좋을까요?

우리가 스스로 소박하게나마

우리 나라를 늘 좋게 만들려고 애쓰고

사랑하고 소중히 여긴다면 얼마나 좋을까요?

다른 여느 나라들처럼요.

● 정유성은 1956년생으로 서강대에서 교육학을 가르치고 있다. 독일 유학 시절의 경험을 통해 잘못된 통일은 어떤 것인가를 뼈저리게 느끼고 있다.

베트남 통일과 우리

전 경 수

도이머이 바람

1986년 12월 제6차 전당 대회에 제출된 쯔엉 친(Troung Chinh)의 정치 보고서는 "당지도부는 국가가 사회 경제적으로 심각한 어려움에 봉착해 있음을 알고 있다. ① 생산은 국민의 욕구를 따라가지 못하고, 3차 5개년 계획의 실패는 경제 활동과 노동자들의 생활에 심각한 영향을 미치고 있다. ② 생산과 투자 효율성이 낮다. 노동 생산성이 감소되고, 생산물의 질이 저급하다. ③ 자연 자원이 효과적으로 개발되지 못하고, 농업 자원과 삼림 자원의 낭비가 심하며, 생태학적 환경이 파괴되고 있다. ④ 상품 유통이 불안정하고 가격은 폭등하여 인민 생활과 사회 전체에 악영향을 미치고 있다. ⑤ 농산물과 생필품 그리고 원자재 등의 수요 공급이 불균형이고, 세출과 세입 그리고 수출과 수입이 비평형적이어서 그 심각성은 점점 증대되고 있다. ⑥ 사회주의적 생산 관계는 느림보 행진을 하고 있고, 국가 경제 부문의 기간이 약화되었다. ⑦ 실업이 늘고, 노동자와 농민들의 생활 수준은 하락하고 있으며, 농촌에서는 생필품뿐만 아니라 의약품까지 부족 상태에 들어갔다. ⑧ 사회 전체에 부정적인 현상이 증대되고, 사회 정의마저 붕괴되고 있다"고 하여 고백적인 자괴감을 노정시킨다.

쯔엉 친의 또 다른 보고서에는 경제적 위기 상황을 지적하고, 계획 생산의 차질과 소련 원조의 중단 상태를 맞고 있음을 고백한다. 그리고 "사회주의 국가를 향하여 쇄신(renovation)의 파도 물결이 밀려들어 오고 있다. 조국을 위해서 개선이 절대적으로 필요하다. 이제는 죽느냐 사느냐의 문제다. 우리의 생각과 행동을 개선함에 의해서만이 현재의 곤경을 극복할 수 있을 것이다"라고 하였다. 유사한 보고가 1986년 8월 정치국에서도 나왔다.

개혁과 실용주의 노선이 선두에 등장하면서, 도이머이(doi moi)의 바람이 불기 시작하였다. 제6차 전당 대회에서는 1986 ~ 1990년 기간을 위한 구체적인 사회 경제적 정강이 마련되었다. ① 소비와 저축을 위한 충분한 생산, ② 국가 경제 구조와 투자 구조의 재조정, ③ 생산력의 성격과 수준에 맞춘 새로운 생산 관계의 구축과 모든 종류의 경제 부문(비사회주의적인 것도 포함)의 발전, ④ 고용과 수익 분배를 포함하는 중요한 부문에 사회 변화의 초래, ⑤ 국방과 국내 안전 강화를 내세웠다.

이러한 목적에 기초하여 1987년 12월에는 당중앙 위원회가 '쇄신' 정책의 일 년 업적을 평가하는 작업을 하였고, 부수상 보 반 키엣(Vo Van Kiet)이 국회에서 다음과 같은 사항을 강조하였다. "첫째, 노동자 인민 대중을 위한 주식과 생필품을 중심으로 하는 기본적인 욕구를 만족시킨다. 수출을 극대화하고, 소련을 포함하는 사회주의권과의 교역뿐만 아니라 비사회주의권과의 교역을 확대한다. 중공업 분야와 교통 및 통신 분야의 발전도 도모한다. 둘째, 생산과 기업 효율을 증대하기 위해서 궁극적으로 모든 경제 활동을 사회주의 경제 모형으로 전환함과 동시에 엄격하게 실용 노선을 취할 것이다. 국민 소득을 합리적으로 분배하고, 소득 분배와 상품 유통을 안정시키며, 노동자 인민 대중의 일상 생활에 필요한 물자의 공급에 우선하며, 인플레를 최소화한다. 셋째, 국가 부문과 집단 부문을 강화한다. 경제 부문의 모든 가능성들을 발전시킴과 동시에 교역의 사회주의적 전환을 지속한다. 넷째, 노동자를 위한 보다 많은 일자리를 창조하고, 부정적인 현상을 극복하기 위해서 사회 관계를 개선한다. 다섯째, 국방과 안전을 강화한다. 여섯째, 1991 ~ 1995년 기간의 사회 경제 발전을 대비한다."

이에 대해서 당이론가인 쯔엉 친은 "개선은 사회주의 영역 한도 내에 머물러야 한다"고 강조함으로써 이념 투쟁의 조짐을 보이기도 한다. 이것이 공산당의 쇄신 정책임과 동시에 쇄신 정책의 한계임을 명심하는 것이 중요하다. 보 반 키엣과 같은 실용주의 노선자들이 공산당을 설득하기 위한 전략에서도 사회주의 궤적을 벗어나지 않는다는 점을 누누히 강조함으로써 공산주의 이념에 위배되지 않으려는 노력을 하고 있다. 즉 비사회주의권과의 교역도 확대하고, 국가 부문과 집단 부문을 강화하고, 경제 활동을 사회주의 경제 모형으로 전환하고, 교역의 사회주의적 전환을 지속한다는 내용이다. 보 반 키엣은 공산당 이론가들이 두려워할 만한 '호랑이 이빨'을 드러내고 있다. 예를 들면 엄격하게 실용주의 노선을 견지하며, 부정적인 현상을 극복하기 위해서 사회 관계를 개선한다는 내용이다. 보수 사회주의와 개혁 사회주의 간의 팽팽한 긴장 관계가 쇄신 정책의 내용에 잘 담겨 있다고 볼 수 있다. 그래서 보수주의자들은 '사회주의의 영역 내에서'를 거듭해서 강조하고 있다.

어떻든 바깥에서 보는 도이머이와, 안에서 보는 도이머이가 다르고, 도시에서 생각하는 도이머이와 농촌에서 듣는 도이머이가 다른 것 같다. 농촌에서도 주민이 생각하고 있는 도이머이와 당서기가 생각하는 도이머이가 다름이 분명하다. 만장 일치제로 움직이는 공산당이 의견 불일치를 가장 두려워하기 때문에, 도이머이의 진행 속도를 늦추고 있다. 의견 조정을 통해서 만장 일치를 이루어 내면서 어떤 방향으로 진행해야 공산당이 살아 남을 수 있을 것이기 때문이다. 그렇지 않으면, 소련처럼 되고 말 것이라는 인식이 있다.

당원이라는 측면에서도 도이머이를 생각해 볼 수가 있다. 현재의 입당 추세는 지극히 미미하고, 특히 젊은이들이 공산당을 외면하는 경향이 강하기 때문에, 새로운 세대에게 매력을 주지 못한 점을 공산당에서는 잘 알고 있다. 따라서 현재의 체제로는 신세대에게 환영받지 못할 뿐만 아니라, 앞으로 더 많이 나타날 신세대들에 의해서 공산당이 배척받을 가능성도 존재한다. 충원이 어려운 상황에서, 공산당의 체질 개선과 강화를 위한 전략이 또한 도이머이라고 생각할 수도 있다.

베트남의 변화 과정에 있어서 역사적인 교훈이 되는 것은 바로 변증법이라는 사회 발전 법칙이라고 생각된다. 북쪽의 공산주의 사회가 무력으로 남쪽의 자본주의 사회를 삼켜서 통일을 이룩하였으나, 이상으로 삼았던 공산주의 사회는 그대로 존속되기가 어렵다는 것을 확인한 베트남은 이제 시장 경제를 도입하게 되었다. 사회주의 사회가 시장 경제를 도입했다는 것 자체가 하나의 변증법적인 모델에 적용될 수 있다. 우리는 그 다음의 실체, 즉 사회주의와 시장 경제가 만난 다음에 나타날 형태를 기다려야 할 것이다. 동구에서 사회주의가 시장 경제를 만난 다음에 사회주의가 무너진 형태를 보인 것과는 다른 형태가 베트남에서는 기대되는 것이다. 그 이유는 아주 오랜 전통을 갖고 있는 국가의 개념이 공동체라는 기반 위에서 의식화되어 왔기 때문이다.

개인이 확실하게 존재하고 개인이 모여서 국가라는 공동체를 구성한 서구 사회의 전통과는 달리, 개인의 존재가 국가라는 공동체의 존재를 위해서만이 의미가 있는 유교적 전통 사회에서의 국가라는 존재의 구성을 위한 사회주의적 사상은 충분히 존재 이유가 있는 것이다. 베트남에서는 이러한 방향으로 움직이지 않을 수 없는 내부적 이유가 있다. 남쪽의 주민들은 이미 몇십 년 동안 확실한 자본주의 체제, 즉 사유 재산이 앞서고 개인이 앞서는 사회의 경험을 하였기 때문에 그 방향으로부터의 욕구가 아직도 강하게 남아 있다. 또한 경제 건설이라는 명제가 주어졌을 때, 베트남을 둘러싸고 있는 환경은 시장 경제라는 흐름이고, 베트남은 이러한 흐름을 거역하지 않고, 시장 경제라는 대세에 적극적으로 편승함으로써, 시장 사회주의라는 새로운 정향을 실험하고 있다.

지역사의 차이와 사유화

현 공산 정권 하에서의 무질서와 심각한 상태의 부패와 불신의 원인은 어디에서 오는가? 현정권이 행사하는 힘으로 보면, 현정권은 과거의 어떤 정부들보다도 강력한 것임에는 틀림없다. 그러나 정치적 억압 하에서 발생하는 사회적 무질서라는 것은 이 사회가 한번 와해되었었고, 그 와해되었던 사회를 재건하려는 노력이 전제되지 않은 상태에서 정치적인 억압이 지속되고 있기 때문에, 정치는 튼튼하고 정권은 강할는지 몰라도, 사회는 그 사회를 이루고 살아가는 사람들에 의해서 내팽겨쳐진 상태가 된 것 같다. 모든 것을 지령으로 통솔해 가는 이 사회에서 통솔을 받아야 할 사람들의 적극적인 참여 의식 없는 상황에서의 통솔은 궁극적으로 정치적 억압이며, 결과적으로 사회적인 무질서를 생산하게 된다. 정치적 억압과 사회적 무질서의 조합은 국가라는 사회의 상황으로서는 최악의 경지다.

베트남이 시장 경제를 도입하고 경제 발전을 최선의 정책으로 선택한 데에는 일종의 음모가 숨어 있다고 볼 수 있다. 왜냐하면, 정치적 억압과 사회적 무질서의 조합 상태가 지속되는 경우에는 베트남의 공산주의는 그 자체에 종말이 올 가능성이 있기 때문에, 베트남 정부는 국민의 관심을 '잘살아 보자' 는 경제적인 방향으로 몰아가 보려는 계산이 있는 것이다. 즉 사상 싸움을 벌이는 것보다는 밥그릇과 살림 싸움을 벌이는 것이 현정권에게는 유리하다는 판단이 섰다. 그렇게 되면, 정치적 억압과 사회적 무질서 사이의 긴장 관계는 경제 발전이라는 정책의 개입에 의해서 직접 충돌을 피할 수 있기 때문이라는 생각을 해본다.

　베트남 공산당이 정치적 안정을 확신하였기 때문에, 경제적인 차원의 개혁을 허용하고 있는 것은 사실이다. 공산당의 수뇌부가 평화적으로 정권을 잘 이양시키고 있는 것으로 보아서 공산당의 조직은 강건하지만, 하부 조직을 구성하는 당원은 과거만큼 강하지 못한 것도 사실이다. 젊은이들의 공산당 참여가 현저하게 떨어짐으로써 공산당 수뇌부는 현재 고민을 하고 있는 것도 사실이다. 따라서 공산당의 조직이 강한 것과 성원이 강한 것과는 분리해서 생각해 보아야 할 점이다.

　확실히 베트남은 기로에 섰다. 현재 내걸은 경제 발전 정책과 시장 경제의 도입이라는 것이 정치적 억압의 편에 서게 될지, 사회적 무질서의 편에 서게 될지에 따라서 베트남의 운명은 진로를 결정당하게 되는 구도가 마련되었다. 그렇다고 해서, 경제 발전이라는 제3의 선택이 없는 경우는 당장 닥치는 사상적인 와해의 봇물을 감당할 수 없는 것 같기도 하다. 즉 경제 발전과 시장 경제의 도입이라는 수단에 의해서 베트남의 운명을 결정지을 기회는 시간상 뒤로 미루어진 상태가 된 것이며, 경제 발전의 과실이 정권쪽에 유리한 결과를 초래할 것인지, 또는 시민쪽에 유리한 결과를 안겨줄 것인지는 지연된 선택의 상황으로 판도가 마련된 셈이다. 물론 이러한 분위기가 극명하게 나타나는 곳은 호지민시를 중심으로 하는 지역이며, 현재 이러한 분위기가 하노이와 민하이 그리고 다른 지역에까지도 확산되는 조짐도 일어나고 있다. 그러나 호지민시는, 어떤 면에서 본다면, 베트남에서도 특수성을 갖고 있는 지역이라는 점을 전제하고 미래를 예측하는 것이 안전할 것이다.

　베트남은 크게 세 가지 지역으로 나뉜다. 하노이 중심의 북부는 가난하지만, 중국식 전통(유교)이 강하게 남아 있고, 후에 중심의 중부는 산악 지대의 험준한 곳으로서 가난하지만 '강인한' 사람들을 배출하는 곳이며, 사이공 중심의 남부는 중국식 전통은 약하지만, 경제적으로는 부유한 편이다. 베트남의 지역적 차이는 일반적으로 여러 부문에서 통용되는 구분이기도 하며, 이러한 지역 구분은 이미 불란서인들이 효율적인 통치를 위해서 구분해 놓은 것(통킹, 안남, 코친차이나)이기도 하며, 지역적인 생활과 인성의 연구에 의한 것이기도 하다. 그래서 베트남의 정치적인 권력 배분에도 이러한 지역적 구분이 기초가 되는 측면이 있다. 현재의 공산장 서기장은 북쪽 출신이고, 인민 대의원회 의장은 중부 출신이며, 수상은 남쪽 출신이다. 최고 정치 권력 기관인 뽈리뜨뷰로 정치국원들의 인원수 배분에도 이러한 경향을 잘 보인다. 즉 베트남의 전통적인 지역성이 최고 정치 권력의 차원에서 균형을 유지함으로써 지역 차이와 지역 감정의 문제를 극복하려는 노력을 보인다.

그러나 남북간의 지역 감정 문제는 대체로 회피되고 있는 주제인 것 같다. 이 주제를 언급하는 것은 금기시되어 있다는 점이 바로 이 문제가 수면 하에서 도사리고 있고, 통일 국가로서의 베트남이 안고 있는 가장 풀기 어려운 문제들 중의 하나라고 생각된다. 북쪽 사람들은 자신들이 전통적으로 가난하지만 정신이 똑바로 박혀 있다고 생각하고 있고, 남쪽 사람들에 대해서 정신이 썩은 사람들이라고 생각해 왔다. 이에 반해서 남쪽 사람들은 북쪽 사람들이 쓸데없이 완고한 사람들이라고 반박해 왔다. 그런데, '정신이 똑바로 박힌 사람' 들이 '썩은 사람들' 을 지배하고 있는 상황이 마련되었고, 남쪽 사람들은 민족이 통일된 국가의 패전 시민이 되었다. 베트남 사회의 현실 상황에 대해서 남쪽 출신 사람은 북쪽 출신 사람보다도 훨씬 더 경직된 것으로 보고 있고, 변화의 정도에 대해서도 상당히 부정적이다. 언제 어디에서 북쪽 사람들의 본성이 드러날지 모르기 때문에, 매사에 조심해야 한다는 언술이다. 피해 의식이 깊이 깊이 뿌리를 내리고 있는 것이다. 남북 지역의 인성 갈등은 한풀 더 접혀진 상태에서 좀처럼 그 실체를 읽는 것 자체가 어려운 상황이다. 이러한 느낌은 술자리에서 더더욱 확연하게 나타난다. 북쪽 사람은 시간이 흐를수록 군림의 자세를 보이고 남쪽 사람은 더더욱 눈치를 보는 자세를 취하는 것은, 상거래를 위한 여흥의 상황에서도 어렵지 않게 포착되는 광경이다.

비당원인 남쪽 출신들의 생존 전략은 당원인 북쪽 출신의 비위를 일단은 건드리지 않는 것이다. 적극적으로 뒤치다꺼리의 일들을 맡아서 하는 것이 하나의 방편이기도 한 것 같다. 남과 북 사이에 놓인 골의 깊이에 대해서 표면적으로는 거의 언급되지 않는 것은 그만큼 그 골의 깊이가 헤아릴 수 없을 만큼 깊다는 것을 반증하는 것이다.

베트남은 심리적으로든 물리적으로든 전쟁의 상처를 치유하는 과정을 밟는 데에 많은 정력을 소모하였다. 지금도 그러한 문제를 안고 있고, 그중에서도 가장 큰 문제는 뿌리 깊은 남북간 지역 감정이다. 점령군인 북쪽 사람들이 모든 기업과 조직의 상층부를, 남쪽 사람들은 테크노크라트로서의 지위만을 점유하고 있다. 모든 조직에서의 결정권은 북쪽 사람들이 행사하고, 남쪽 사람들은 명령에 의해서 움직이는 역할만을 하고 있는 상황이기 때문에, 그리고 남쪽 사람들은 점령 후 10여 년 동안 통제를 받아 왔기 때문에, 아예 북쪽 사람들의 성미를 건드리고 싶은 생각이 없다. 아무쪼록 시장 경제나 잘 도입되어서 잘먹고 잘살면 되지 않겠는가 하는 것이 현재의 묵계 상황이라고 생각된다. 이 묵계 상황이 언제 가시적으로 수면 위에 떠오르겠는가 하는 것은 사회주의와 시장 경제의 접합 실험이 어느 정도 성공적으로 자리를 잡은 시점에서 방향을 잡을 수 있을 것으로 생각된다.

이러한 과정들이 끈기있게 진행될 수 있다는 자신감이 베트남의 권부에서는 감지되고 있기 때문에, 이들은 사상 초유의 외로운 실험을 감행하고 있는 것이다. 사회주의의 기반 자체가 흔들릴 가능성이 있다면, 이들이 왜 그토록 위험한(이미 동구에서 위험한 상황이 전개된 것을 다 보고도) 실험을 하겠는가? 이들은 현재 시장 경제의 완벽한 도입을 위해서 가장 크게 학수 고대하고 있는 것이 미국의 임바고 철회다. 미국의 임바고(통상 금지) 철회라는 시점은 베트남에 시장 경제가 물밀듯이 들어온다는 것을 의미하는데, 베트남은 그것을 지금 학수 고대하고 있다. 동구가 겪은 위험은 오지 않는다는 자신감이 있기 때문에, 베트남식 사회주의 즉 '시장 사회주의'를 추구하고 있는 것이다.

다섯 가지의 결정적인 요인들이 앞으로 베트남 사회의 급속한 변화를 초래할 것으로 생각된다. ① 도이머이는 자유를 향하는 인민들의 요구라는 판도라 상자를 열어 버렸다. 소규모 기업의 수준에서 도입된 사유화 조치는 더 이상 공산당에 의해서 통제될 수 없는 상황이다. ② 농민들은 이미 효과적으로 농업을 탈집단화시켰다. 기록적인 쌀 수확은 베트남으로 하여금 중요한 쌀수출국으로 만들었다. 수년 전만 해도 기아가 있었고 쌀은 수입되었다. 이러한 성공은 당과 국가에 대한 농민들의 정치적 영향을 강화하였다. ③ 정부는 금융상의 어려움에 주목해서 국가 보조를 종결할 것이며, 국가 기업의 사유화를 추진할 계획을 갖고 있다. ④ 전자 정보 기술은 베트남에 현대 세계의 이미지를 불러들였다. 정부도 당도 인민의 열린 귀를 더 이상 봉쇄할 수가 없다. 결과적으로 그들 자신의 국가적인 상황과를 비교할 것이다. ⑤ 중국의 획기적인 경제 개혁이 스스로 고유한 개혁 상표를 개발한 베트남에 심대한 영향을 미치고 있다. 중국의 정치 개혁에 관한 보고서들이 베트남의 일반인들에게 접근될 수 있고 큰 흥미를 불러일으키고 있다.

경제 발전을 위해서 노력하는 베트남 정부와 공산당은 다음과 같은 점을 명심하여야 할 것 같다. 특히 규모와 유교적 전통이라는 유사점을 고려해서 한국형 모델을 생각하는 경우를 상정해 보면 다음과 같은 제안이 가능할 것이다.

첫째, 한국은 경제 성장만을 유일한 목표로 삼았고, 그에 따른 필연적인 사회 문제에 대해서는 도외시하였었다. 그 결과 한국은 현재 사회 문제로 인하여 중병을 앓고 있고, 그 병을 치유하기 위해서 많은 인력과 자본을 들이고 있다. 한국병이란 것도 바로 이런 문제다. 즉 고속 경제 성장 때문에 빚어진

병리적인 사회 문제는 그만한 대가의 지불을 반드시 요구한 것이 한국의 경험이다. 그 대가는 고율의 이자까지 지급하고도 엄청난 상처의 흔적을 남기고 있다. 그 과정에서 사람들의 고통은 말할 수가 없었다. 현재도 그 고통으로 신음하고 있는 사람들이 있는 것이 바로 한국의 고속 경제 성장이 창출한 문제들이다.

사회 문제를 동시에 고려한다면, 아마도 베트남 경제 성장의 속도는 좀 늦어질 것으로 예상된다. 베트남의 공산당은 권력 기반이라는 측면에서 성장의 속도를 일부러 늦추려고 노력하고 있는 것 같다. 그래서 베트남 국민들과 사업하는 사람들로부터 비난의 대상이 되고 있다. 이러한 점들을 고려한다면, 베트남 정부와 공산당에서는 경제 성장과 사회 문제를 동시에 고려하는 정책의 도입에 의해서 자연스럽게 성장 속도를 늦추는 데 성공할 수 있을 것이다. 공산당의 권력 기반 유지 전략과 맞아떨어질 수 있는 것이 바로 경제 성장과 사회 문제 동시 고려라는 전략일 수 있다는 생각이다. 요즈음 베트남의 사회 과학자들이 가장 관심있게 연구를 시도하고 있는 소위 '문화와 발전'이라는 주제는 베트남 정부의 요구 사항과 잘 맞아떨어지는 주제인 것이다.

둘째, 구조적인 문제로서 등장하는 중집화(centralization)의 실체에 관한 논의다. 한국은 전형적으로 중집화된 조직과 구조에 의해서 경제 성장을 달성한 사례다. 그것이 발생시킨 사회적인 문제와 폐해가 상당하였다. 베트남은 기본적인 사회 조직의 측면에서, 상당한 정도의 탈중집화(decentralization) 현상과 그러한 전통이 강한 나라다. 민족 자체가 다수로 구성되어 있고, 지역적으로 역사적 사회적 전통이 상당한 정도로 다르다는 점을 지적할 수 있다. 이러한 점을 고려한다면, 한국식의 중집화된 조직을 근간으로 하는 경제 성장의 모형을 탈피해야 할 것이다.

사회 자체의 탈중집화된 점이 바로 베트남이 갖고 있는 장점이다. 한국보다 나은 점들 중의 하나가 바로 이러한 사회적인 현상이라고 생각된다. 물론 공산당의 권력 기반이라는 차원에서 베트남 정부는 탈중집화의 문제점을 두려워할 수도 있다. 그러나 도이머이가 공산당의 중추에서 출발한 것이라면, 언젠가는 도이머이가 공산당도 쇄신할 것을 예상해야 한다. 그러한 준비를 지금부터 하는 것이 베트남 공산당과 국민을 위해서 좋을 것이다. 그렇지 않으면, 필연적으로 불어오는 쇄신의 바람은 회오리 바람으로 성장할 것이고, 공산당은 위기에 처할 것이다. 항상 위기 상황에서 다치는 것은 약자들이라는 점을 역사는 말한다. 권력을 맛보던 소수의 엘리트들이 다치는 것은 별 문제가 아니지만, 다수의 국민이 다치는 것은 미리 막아야 하는 것이다.

세번째 문제로서, 베트남의 통일 정부는 사회 재편 과정에서 사람을 생각하지 않았다. 단지 사회주의 사회 건설을 위한 경제 재건과 사회주의적 인간형을 만들기 위한 사상 개조에만 매달렸다. 전쟁하느라고, 전쟁 준비하느라고, 그 과정에서 사람을 사람같이 생각하지 않는 경향에 익숙해 있었기 때문에 전쟁이 끝난 후에도 사람을 생각하는 쪽으로는 머리가 잘 돌아가지 않는

호지민시 외곽의 농촌 마을인 항봉 야채 시장

상황이 연출되고 있다. 전쟁에 매달렸던 총력이 이제는 경제와 사상에 매달리고 있는 상황이다. 사람의 삶을 구성하는 그 많은 요인들 중에서 단지 경제와 사상 두 가지 항목만을 목표로 하고, 그 목표를 달성하기 위해서 사람을 수단으로 사용하였다. 사람이란 통합된 삶으로 구현되는 것인데, 그 삶을 구성하는 수많은 조각들 중에서 단지 한 조각 또는 두 조각만으로 삶을 구현하려는 과정이 벌어진 것을 생각하면, 식민지 시대의 삶과 크게 다를 바가 없는 점도 있다. 식민지 시대의 삶이란 것이 파편화된 것이라는 경험을 우리는 알고 있다. 아무리 외부의 압력이 삶을 파편화하려고 하더라도 사람이라는 종(種)은 삶을 통합시키려고 노력하는 특수한 종이다. 그렇지 않으면 살아갈 수 없기 때문이며, 그것이 사람의 본질적인 속성이다.

사람들은 다른 무엇을 위한 수단으로 사용되는 과정에서도 삶을 살아야 하기 때문에, 특수한 전략을 개발한다. 그 다른 무엇을 위한 전략은 국가가 요구하는 공적 부문으로 나타나는 것이어야 하겠지만, 삶을 위한 전략은 그 공적 부문에 가려진 곳에서 소위 사적 부문이라는 이름으로 나타난다. 공적 부문이 메워 주지 못하는 부분을 사적 부문이 메워 주는 방식으로 삶이 꾸려져 나가고 있음을 목격할 수 있다. 그래서 공적 부문과 사적 부문이 한 덩어리를 이루는 형상을 보인다. 일단 삶은 건재하게 되는 것이다. 상당한 정도의 공식 기구와 조직들조차 사유화(privitization)에 의해서 지탱되고 있다. 학교에서 나오는 월급으로는 생계가 막연하기 때문에, 선생님이 야간에 시클로를 운전하고 다닌다. 그의 진술에 의하면, 적지 않은 시클로 운전수들이 학교 선생님들이라고 한다. 많은 시클로 운전수들이 인텔리들이다. 왜 이런 현상이 일어나느냐고? 그는 학교의 교원이라는 공식적인 업무를 좋아하고, 또한 어린 학생들을 좋아하기 때문에, 교원이라는 직업을 포기할 수가 없다. 그 직업을 유지하기 위해서 야간에는 시클로를 몰아서 돈을 번다. 즉 사적 부문이 없으면, 공적 부문이 유지될 수 없는 현실을 직시할 수가 있다. 낮에 정규 직업인 선생님 노릇을 계속하기 위해서는 밤에 시클로를 운전해야 하는 것이다. 강한 성취 동기가 작동하고 있다. 이것이 바로 베트남을 변화하게 하고 유지시키는 힘의 원동력이라는 생각이 든다.

기억의 정치학

한반도의 통일 상황은 베트남 모형을 따르건 독일 모형을 따르건 또는 제3의 모형을 창조하건 간에, 이질적인 남과 북이 통합이라는 모양새를 그려 내게 된다. 그 과정에서 피할 수 없는 것이 분단 상황이 창조해 낸 사상 투쟁의 문제다. 분단 상황의 역사는 사실이기 때문에 부딪쳐야 할 부분인데, 이것을 어떤 형태로 일상적인 삶 속에 수용할 수 있을 것인가 하는 문제가 예상된다. 베트남의 모형에서 본 것처럼, 이 부분은 개조 학습이라는 과정에 의해서 접근되었다. 그 학습 과정을 통해서 '새로운 사회주의 인간형'은 겁을 먹은 상태에서 무기력하게 되거나 이상 상태의 눈치보기가 발달한다는 점에서 문제의 심각성이 내재한다. 이들은 겁에 질려 있기 때문에, 겁이라는 것이 메커니즘이 되어서 통제하기는 쉬운 인간으로 개조되었지만, 창의적인 인간으로서는 전혀 가치가 없는 인간형으로 만들어졌다. 남베트남의 공산화 과정에 개입된 가장 중요한 방법과 수단으로 지적될 수 있는 것이 바로 집단 무의식적으로 주입된 공포다. 이것이 바로 기억의 정치학이다.

사람들은 기억이라는 메커니즘에 의해서 과거의 경험을 현재에도 미래에도 머리 속에 저장하고 있다. 그 사실들은 항상 과거의 사실들이지만, 그 기억을 갖고 있는 사람에게는 그 기억된 사실들이 항상 현재형으로 존재한다. 기억이라는 메커니즘에 의해서, 폭력과 고문에 대한 기억을 갖고 있는 사람은 항상 그 폭력과 고문의 분위기 속에서 살아간다. 지금 당장 그러한 폭력과 고문을 당하고 있지 않기 때문에, 순간적으로 또는 오랫동안 잊어버릴 수는 있지만, 과거의 사실들을 항상 현재화시키는 것이 인간의 기억이라는 메커니즘이다. 과거에 당했던 폭력과 고문이 현재에는 없지만, 그것이 기억으로 되살아나는 공포도 또한 현재의 문제다. 공포의 기억만이 문제가 되는 것이 아니라 기억의 공포도 또한 문제가 된다. 무력에 의한 정치적 통일은 가능했으나, 교육에 의한 사상적 통일은 그리 쉽지 않은 것이다. 백년 대계의 교육이란 과정에 비하면, 약 20년이 채 못되는 사상 교육은 조족지혈에 지나지 않는다. 이러한 문제는 사상 교육을 하는 측에서 더 잘 알기 때문에, 사상 교육의 방법과 결과는 더더욱 심각해진다.

베트남의 권력층이 시장 경제를 도입하면서 가장 두렵게 생각하는 것이 바로 이 부분과의 관련성일 것이다. 이미 저질러 놓은 부분이기 때문에, 공포라는 실재의 상태로 남아 있는 기억이 어떤 메커니즘에 의해서 정반대의 방향으로 화살을 돌릴 수도 있고, 또한 그 기억을 보관하고 있는 것이 인간이다. 시장 경제에 의해서 동반되어 수입될 수 있는 자유의 개념이 다시 자리를 잡고 뿌리를 내리게 되면, 공포의 기억은 현정권에 대한 저항의 불씨로 변화될 수 있다. 현재 해외에는 베트남 정권에 반대하는 반정부 세력이 여러 가지의 형태로 존재한다. 각종 선전물들을 인쇄하여 베트남 내부로 보내고 사사 건건 베트남 정부를 공격하고 있는 이들과 베트남 내부의 지식인들이 연결되어 있다. 이러한 메커니즘들이 유기적으로 연결되어 활동이 가능할 때 현정권이 현실적으로 가장 두려워하는 부분은 사회주의 자체의 붕괴가 아니라 바로 개조 학습으로 공포의 기억을 갖고 있는 사람들이 이 공포의 기억을 반정부 활동의 원동력으로 활용할 수 있다는 점이다.

베트남 통일과 우리

동양 사회에서 사회주의의 붕괴는 동구에서처럼 그리 쉽사리 나타나지도 않을 것이며, 사회주의라는 이데올로기의 붕괴를 염려하기보다는 현재의 빈곤을 극복하는 것이 더 시급한 과제이기 때문에, 시장 경제를 앞세운 사회주의는 오히려 정착 가능성이 크다. 이러한 점에서 본다면 북조선은 이제 베트남의 변화 과정에 대해서 지대한 관심을 갖게 될 것이다. 규모 면에서, 역사적 과정이라는 차원에서 볼 때, 북조선이 따라갈 수 있는 모델은 중국이라기보다는 베트남에 더 가깝다. 시장 경제로의 전환 또는 도입이 사회주의의 안위에 위험한 요인이 아니라는 확신이 베트남에서 확인되면, 북조선은 시장 경제를 적극적으로 받아들일 것으로 생각해도 좋을 것이다.

베트남과 북조선의 사정은 역사적인 경험과 이데올로기의 공유라는 차원에서 상당히 유사한 점이 있다. 다만, 한반도의 반쪽이 아직도 자본주의 사회의 모습으로 건재하게 대립적인 존재로 남아 있다는 점이 다르다. 이 조건이 위험한 것이 아니라고 전제할 때, 북조선은 베트남이 밟은 길을 따를 가능성이 커진다. 남한이 이러한 조건을 가시적으로 만들어 주려는 노력을 국제적으로 하고 있기 때문에, 북조선은 베트남을 모델로 쫓아갈 가능성이 있다. 그러나 여기에는 위험이 도사리고 있다는 점을 한반도의 양쪽은 공통적으로 인식해야 한다. 즉 아주 다른 조건이 한 가지 존재한다는 문제 의식을 갖지 않으면, 북조선은 진행하는 방향의 길을 잃게 된다. 그 조건이라는 것은 바로 베트남인들이 갖고 있는 끈질김이다. 실험 과정에서 가장 필요한 것이 바로 내부적으로 감당해 내야 하는 끈기라는 것인데, 그 끈기라는 것이 동작 메커니즘으로 작동하지 않으면, 실험은 중도 포기되든지, 실험이라는 자체의 힘에 의해서 주체가 흔들릴 가능성도 커지는 것이다. 그런데, 남한이든 북조선이든, 베트남인들에 비해서 끈질김이라는 것이 절대적으로 모자라는 것 같다. 성급하고 다혈질인 ‘조선인’들이 베트남인들이 진행하고 있는 지극히 점진적인 실험이라는 과정을 끈기있게 따라갈 수 있을 것인가가 문제의 핵심일 수 있다.

독일의 통일 조약 협상은 1990년 8월 31일 극적인 서명으로 이루어졌다. 그 서명 문안은 시민에 의해서 작성된 것도 아니고 시민에 의해서 비준된 것도 아니었다. 헌법 146조에 의하면, 국민이 그 과정을 다 해야 함에도 불구하고 단지 정치적 학문적인 엘리트들에 의해서만 결행되었다. 베트남의 경우에는 정치-군사적 엘리트들에 의해서 모든 과정이 이루어졌으며, 그 결과는 독일과 마찬가지로 통일에 귀착되었다. 베트남과 독일의 경우를 비추어 볼 때, 통일이라는 사업은 어떤 형태의 엘리트들의 역할이 가장 중요함에는 분명한 것 같다. 그 엘리트의 대열에 정치인이 포함되는 것은 당연하고, 지식인이 포함될 것인가 또는 군인이 포함될 것인가는 과정에 의해서 결정나는 것이다. 따라서 한반도의 통일이라는 문제를 목전에 두고 생각해 보아야 할 문제는 그 엘리트의 대열에 누가 참가할 것인가 하는 질문이다. 민중이 참가하는 문제를 생각하려면 우리는 또 다른 제3의 모형을 상정해야 한다. 선행의 경우들을 참고할 때라는 전제를 두고 생각하면, 민중은 그 직무을 담당하는 것이 아니라는 점을 확인해야 한다. 그러나 통일에 대한 민중의 열망이 큰 점을 감안하여, 엘리트의 범주 속에 민중도 포함시킬 수 있을 것이다. 통일 업무를 기획하고 집행할 엘리트 집단의 구성이라는 문제를 생각할 때, 민중에게도 '한 구좌'를 할양하는 방법이 있을 수 있다. 왜냐하면, 그 동안 민중(시민) 쪽의 통일 열망이 엄청난 에너지로 표현되었고, 지금도 표현되고 있다는 현실을 직시할 필요가 있기 때문이다. 또 다른 한편에서는 통일 이후에 발생할 사회의 재편과 통일 국가의 재건이라는 문제에 있어서 통일 국가를 구성하는 국민의 적극적인 자발적 참여의 상황과 그렇지 못한 상황을 상정해 볼 때, 이 문제는 좀더 심각하게 고려되어야 한다. 재편 과정에 참여할 사람은 통일 과정에도 참여하는 것이 참여의 연속성이라는 점에서도 바람직할 것이다. 국민 스스로가 통일을 위하여 무엇을 어떻게 할 것인가를 요구할 수 있는 근거를 마련한다는 점에서도 이 문제는 긍정적으로 검토되어야 할 부분이다. 최소한도 이 시점에서는 엘리트 중심으로 진행할 경우, 그 과정과 결과가 생산할 장단점에 대해서 공평하게 숙고해 볼 필요가 있다.

점령과 통일이라는 사건들은 한시적인 모습으로 나타나는 것이지만 그러한 사건은 시간적인 연속선상에서 만들어져 가는 과정의 일부분일 뿐이다. 그래서 통일이라는 사건은 시간 경계가 없는 것은 아니고 흐릿하다고 인식하는 수도 있다. 엄밀하게 말한다면 통일이라는 사건은 시간적인 경계를 전제로 하는 것이 아니라 경계의 개념이 흐릿한 과정이라는 틀로 인식해야 할 것 같다. 베트남의 통일 이후 통일 사회의 재편 과정이라는 것은 역사적 과정임이 자명하게 드러난다. 따라서 통일이란 정치적 결단에 의해서 달성되는 것이 아니라 역사적 과정이 만들어 가는 것이라는 결론을 내릴 수 있다. 그 역사적 과정에서 부침하는 주인공들이 있을 뿐이다.

◑ 전경수는 1949년생으로, 서울대에서 인류학을 가르치고 있다. 베트남 사례 연구를 위해 1992년과 1994년 사이에 두 차례에 걸쳐 베트남에서 현지 연구의 기회를 가졌다. 이 때의 경험과 연구를 바탕으로 『베트남 일기』(1993), 『통일 사회의 재편 과정』(1995)을 썼다.

북조선 청소년 축구단의 짐을 북측 차에서 남측 차로 옮겨 싣고 있다. 1991. 5. 6 (김녕만 사진).

북조선 기업과의 비즈니스 18계*

북조선 기업과의 접촉이 늘어나고 있다. 과연 그들과는 어떻게 접촉해야 할 것인가는 경제면에서 가장 관건이 되는 문제이다. 역시 초점은 북조선식 사회주의 틀에서 생성된 '기업 문화'와 자본주의 방식에 익숙한 외국 기업들 간의 현격한 사고의 차이를 중심으로 할 수밖에 없다. 그것은 달걀을 조심스럽게 가슴에 안고 뜀박질을 해야 하는 어려움과도 같다는 것이 대부분 경험자들의 중론이다.

이른바 축구장, 야구장 이론이 적용된다. 축구장에서 아무리 잘 뛰던 센터 포드도 야구장에 가면 그에 맞는 포지션을 찾아야 하고 그 룰이 몸에 배는 데 시간이 걸린다는 것이다. 사회주의와 자본주의의 틀은 이처럼 커다란 둘의 차이를 가지고 있음을 간과할 수 없는 것이다.

북조선 기업들과의 비즈니스는 여러 면에서 조심해야 할 요소들이 많다. 아직도 미완성된, 엄밀히는 완숙되지 못한 비즈니스의 기교나 습관에서 비롯되는 차이가 크다. 한국 기업의 경우는 특히 이념적인 분쟁 현상이란 과제를

---

* 대한 무역 진흥 공사, 1994, 『북한 뉴스 레터』 6월호, 26-28쪽을 재수록한 것이다. 이 글은 원래 LA 소재 국제 경영 연구원에서 발표한 내용을 대한 무역 진흥 공사 LA 무역관이 입수한 것임.

안고 있으므로 더욱 심하다.

아직은 어떤 나라, 어느 기업이라 해도 북조선 기업과 익숙하게 비즈니스를 풀어 갈 능력이 있는 대상은 많지 않다. 설혹 가까운 중국이라 해도 이미 다양한 비즈니스 상의 분쟁들이 야기되고 있는 상황이다. 이 현상은 앞으로 북조선과의 비즈니스가 확대되면 될수록 빈발할 것이다. 왜냐하면 북조선 기업들도 눈앞에 닥친 현상들에 대해 대단히 민감하게 대응하고 변화할 것이 자명하기 때문이다. 그 변화가 좋은 방향으로 갈 것인지 아니면 나쁜 면만을 배울 것인지는 아무도 모를 일이다.

북조선 비즈니스에 적용될 수 있는 사항들은 간략히 18계란 이름으로 정리해 본다. 이것은 특히 한국 기업에게 해당되는 큰 면이 많지만 그렇다고 외국 기업 혹은 교포 기업이라 해도 이 범주를 크게 벗어나지 않을 것으로 믿는다.

1. 몸짓이 다르다

그들이 취하는 모습들을 우리가 익숙한 모습으로 상상하거나 추측하지 않는 것이 좋다. 그들 나름의 이유를 파악하는 것이 가장 중요하다. 비단 사회주의 구조라는 측면말고도 북조선 사회가 가진 독특한 면에 기인한 여러 모습들이 투영된다. 이를테면 하나의 제스처도 이유 없는 것이 없듯이 그들 나름의 곤혹스러움이나 기쁨의 표현 방법, 거부감 등을 잘 파악하는 것이 필요하다. 그렇지 못하면 그들과 사고를 공유한다는 것 자체가 불가능하다.

2. 해외 활동하는 기업은 사회주의 골수 분자

북조선은 성분을 중요시하는 나라다. 해외에서 만날 수 있는 북조선 기업인은 북조선식 사회주의 골수 분자로 인식하는 것이 마땅하다. 그들에게 사회주의 장단점을 설명하는 어리석음은 필요치 않다. 외화벌이 일꾼, 무역 일꾼들에게는 경제라는 목표가 주어져 있다. 경제 행위만이 그들이 가진 노하

우다. 적어도 북조선 내에서는 그들이 분명 엘리트다. 비록 국제적인 무역 관행 등에 익숙하지 못한 측면이 있다손 치더라도 개개인이 가진 능력, 혹은 그 이면의 것을 놓쳐서는 안된다.

3. 섣부르게 과장된 행동은 서로에게 불리하다

북조선 기업과의 접촉은 여러 면에서 '이슈'로 생성된다. 특히 섣부른 행동들은 더욱 그렇다. 종교적인 측면이 앞서 있다면 그에 맞는 행동만 하면 그만이지만 그 영역을 벗어나는 행동은 과장으로밖에 치부될 수 없다. 특히 공적 지위를 가진 사람의 경우는 '비즈니스의 성사를 위해서라면' 혹은 '계획대로 될 수 있다면' 같은 레토릭을 가슴에 품고 과장된 제스처를 보일 필요가 없다. 그들의 판단은 오히려 정확도가 높다. 불필요한 행동은 경제나 혹은 해당 목적을 떠나 정치적인 면의 이용도만 높일 뿐이다.

4. 말리는 시누이가 더 미울 때가 많다

북조선 비즈니스는 중재자가 많다. 중국 기업이나 조선족 교포, 혹은 미주 교포나 제3국의 교포군들이 있다. 그러나 실상 중재자에 대한 생각은 매우 민감하다는 점을 중개자 본인이나 쌍방 기업들이 모두 가지고 있음을 잊어서는 안된다. 괜스레 미움을 함께 사게 된다. 왜냐하면 해당 사업이 어느 한쪽의 실망 혹은 배신으로 이어지면 성사될 확률이 그만큼 낮아지기 때문이다. 말리는 시누이가 되지 않으려는 노력은 3자가 공히 가져야 한다.

5. 자신을 고수라 여기지 말라

북조선과 한두 번의 업무를 해본 사람이면 너나 할 것 없이 자신을 고수라 여긴다. 그러나 불행히도 북조선 비즈니스에 고수는 없다. 환경이 변하고 있다. 그때의 상황에 적용하는 변화의 진폭이 큰 비즈니스가 바로 북조선 비즈니스다. 그러므로 섣불리 '내가 아니면' 혹은 '우리가 아니면' 하는 식의 자존심을 더 높이면 그것은 바로 실패로 이어진다. 겸허한 자세로 상황에 따라 충분히 검토하는 자세가 바람직하다.

6. 지키지 못할 약속은 하지 말라

북조선 기업에게 괜한 약속을 하는 것은 성사되지 못했을 경우 바로 연계 사업의 불가를 의미하게 된다. 입을 함부로 하는 경우의 대가로 볼 수 있다. 되지 않을 약속은 아예 않는 것이 좋다. 물론 북조선 기업들도 허언을 많이 한다. 그러나 그들이 그렇게 한다고 해서 상대가 그보다 더한 허언을 한다면 아예 장난감 병정 놀이를 하는 편이 낫다. 어린애들의 과장된 놀이들과 다를 바가 없다. 절대적으로 있는 그대로의 상황대로 자신의 능력에 맞게, 상황에 맞게 이야기를 풀어 가는 것이 필요하다.

7. 상대를 안심시키는 데 시간이 필요하다

성격이 급한 사람들은 북조선 비즈니스를 못한다. 북조선 기업이 상대를 믿는 데는 상당한 시간이 요한다. 자본주의적인 신용의 거래 방식은 절대 불가하다. 오랜 시간, 적어도 우리가 알고 있는 것의 2~3배 이상의 시간과 노력이 투입되어야만 서로간의 신뢰가 쌓인다. 그럴 정도의 인내심이 없는 사람은 애초부터 시작하지 않는 것이 좋다. 괜스레 한묶음으로 평가되는 사태를 만들어 낸다. 이미 많은 사람들이 그 길을 걸었다.

8. 10배 어렵다

모든 비즈니스의 진행이 자본주의 국가간의 거래에 비해 10배는 어렵다는 생각을 해야 한다. 실제 그만큼 어렵기도 하다. 그것은 아직도 비즈니스의 메커니즘이 자리 잡지 못하고 있기 때문이다. 어느 만큼 그 어려움을 줄여 나갈 것인가가 관건이다. 실행하면서 그 어려움을 맛보겠다는 사람이라면 마음으로 20배 어렵다는 것을 상기하면 된다. 그러면 현실은 조금 쉽게 느껴질 수도 있다. 어찌되었던 어려움은 10배를 전후한다.

9. 괜스런 영웅 심리는 실패의 지름길이다

북조선 사회가 오래도록 폐쇄되어 있다 보니 그 일을 하는 사람들은 괜스런 영웅 심리를 발휘하는 경우가 많다. 교포들 중에도 내가 누구를 알고 누구를 안다는 식으로 이야기를 하는 사람치고 제대로 된 사람이 없다. 북조선 비즈니스는 영웅 심리보다는 실질적인 일의 추진이 더 중요하다. 정작 조용히 일을 하는 사람들은 성사 후에 영웅이 되지만 그렇지 못한 사람은 이미 실패로 보아도 무관하다.

10. 철저히 적법에 따르는 것이 좋다

편법을 시작하면 잠깐은 재미있지만 시간이 지나면 오히려 부담이 된다. 적법한 절차를 따르는 것이 필요하다. 한국 기업의 경우 무턱대고 일을 벌이고 수습하려는 사람이 많다. 악법도 법임에 분명하다면 결국 그 틀에서 일을 하는 지혜가 필요하다. 비판을 할 수 있지만 그렇다고 법을 어기는 위법의 과정으로 가면 문제는 더 복잡해진다.

11. 유심히 대하라

북조선 기업들과의 상담은 그들을 이해하는 마음에서 출발해야 한다. 그들의 몸짓이나 행동 하나하나도 유심히 대하라. 그런 과정에서 그들을 이해할 수 있는 계기가 마련된다. 서두르지 말고 오랜 시간을 떨어져 지낸 사람을 대하듯 조심스럽게 대응하는 것이 바람직하다. 서두르다 보면 서로가 이해하는 시간이 짧아지게 된다.

12. 자존심을 건드리지 말자

비굴한 것도 좋지 않지만 상대를 너무 긁어 대는 말이나 행동도 문제다. 해외에서 흔히 보는 한국인 특유의 말과 행동들은 너무나도 상대를 자극시킨다. 북조선 사회의 약점이나 혹은 그들 비즈니스의 관행, 행동, 외모 등의 단점만을 이야기하거나 그것을 은연중 내보이는 행동은 그야말로 실패하기 위한 '쥐약'에 속한다. 적대감을 비추거나 하는 것은 더욱 어리석다. 비즈니스라면 그에 맞게 행동하는 것이 최고의 매너라고 볼 수 있다.

13. 북조선인들은 대체로 도덕적 품성이 남아 있다

북조선 사회는 사회주의 + 북조선식 사회주의 + 유교적인 고유 습성 등으로 형성되어 있다. 그중에서도 저변에 깔린 유교적 습성은 매우 중요하다. 예의 있는 행동은 손해 볼 일이 없다. 깨끗한 매너는 항상 어느 사회나 존경받는다.

14. 경계를 풀지 말라

마음속에서 너무 해이해진 자세로 북조선 비즈니스를 할 수는 없다. 항상 경계를 하는 자세가 바람직하다. 그렇다고 해서 긴장하라는 이야기는 아니다. 말이나 행동까지도 조심하는 자세만이 철저한 성공을 보장할 수 있다. 몸에 익숙하게 만드는 데는 시간이 걸릴 수 있지만 그렇다고 하지 않을 경우는 실수 투성이가 될 수밖에 없다.

15. 사전 준비를 하라

주먹 구구식 비즈니스는 북조선 비즈니스를 한 단계 발전시키지 못한다. 북조선 비즈니스맨들은 사전 준비가 치밀한 상대방에 대해 신뢰감을 가진다. 그들도 마찬가지인 것이다. 닥치면 그에 따라 케이스 바이 케이스 식으로 처리하기보다는 사전에 충분히 그들의 요구나 우리의 요구를 서로 비교 검토하고 서류들을 준비하는 작업이 필요하다.

16. 오해의 소지를 만들지 말라

직접 대화를 하지 않고 중개자를 통해 일을 하다 보면 서로간에 오해를 살 소지가 무궁 무진하다. 정확하게 확인할 사항은 일정한 기간마다 다시 체크하는 지혜가 필요하다. 그렇지 못할 경우 상호 작은 오해가 더 큰 오해를 불러일으켜 일을 가로막는 장애로 대두된다. 이것을 방지하는 방법은 '확인' 이외에는 없다.

17. 능력을 파악하라

자신의 능력도 중요하다. 그러나 상대를 볼 때, 그들의 말을 액면 그대로 받아들이지 말아야 한다. 특히 모두 할 수 있다는 사람은 아무것도 못하는 사람이다. 어려운 비즈니스일수록 일을 성사시키는 사람에게 높은 점수가 간다. 분명한 것은 상대에 대한 세심한 능력 파악이 가장 먼저 선행되어야만 한다는 사실이다.

18. 비밀 지키기

18계의 마무리는 조용한 진행이다. 현재의 북조선 사회가 비즈니스의 경우에도 공개에는 매우 민감하다는 사실 때문에 더욱 중요도를 가진다. 공개할 요량이라면 북조선측의 동의를 받은 후 하는 것이 좋다. 광고나 홍보를 위해 북조선 비즈니스를 추진하는 기업이나 개인이 있다면 시작하지 말기를 권유한다. 그것은 현재 상황을 오히려 나쁘게 몰고 가는 최악의 수임이 분명하기 때문이다.

북조선 비즈니스가 진행되면 될수록 18계는 20, 30, 100계로 늘어나게 될 것이다. 우리는 북조선이 완전한 개방을 하지 않는 상황에서 수도 없이 많은 이러한 숫자나 개념들, 현실의 일들을 받아들일 필요가 있다. 이러한 과정을 통해 서로가 실수를 줄여 나가는 작업들이 조용히 결실을 맺을 수 있을 것이라는 생각을 해본다.

북조선을 보는 남한 읽기

신용순 작품

요즈음 남한 사람들의

북조선과 통일을 바라보는 눈은

조금씩 변해 가고 있다.

그러나 어려서부터 배워 온 교과서와 6 · 25 체험담이

큰 줄거리가 되고 있는 것은 아닌지?

대학생들이 털어 놓는 솔직한 신세대 통일관,

그리고 외국인의 눈에 비친

남한 사람들의 분단관과 통일관을 분석한 글을 통해

우리 자신을 되돌아보기로 한다.

대학 동아리, 강의실에서 오가는 통일 이야기

김 현 경

들어가는 말

언제부터인가 우리 곁에 새로운 화두가 떠오르기 시작했다. '국제 경쟁력 강화'라는 말이 그것이다. 누가 조합해 냈는지 모를 이 말은 우리를 불안하게 만든다. 우루과이 라운드와 세계 무역 기구(WTO)로 일별되는 새로운 세계 질서의 재편은 우리를 '세계화, 국제화, 지구촌화'라는 범주 속에 들어가 사고하며 행동하기를 요구하고 있다. 이러한 맥락과는 전혀 다른 것처럼 보이는 또 하나의 화두가 우리를 기다리고 있다. 그것은 다름 아닌 '지역주의/지역화'이다. 서서히 이루어질 것 같은 동아시아 경제권의 블럭화, 이미 이루어진 유럽 공동체, 유고 내전 등이 그 보기이다. 이러한 재지역화는 근대 국가가 낳았던 민족주의를 그 배면에 깔고 있다. 우리 사회의 새로운 '지역화(주의)'의 보기로 전통 찾기의 열기, 종친회 강화 등을 들 수 있다. 신문의 같은 지면에서 '세계화'와 '신토불이'를 한꺼번에 만난 우리는 매우 혼란스러워하고 있는 것이다.

1994년 몇 달간 신문 지상을 장식했던 남북 관계를 따라가 보면, 우리는

'통일'에 대한 담론이 얼마나 추상화되어 있고 혼란스러우며, 그 속에서 사람들은 얼마나 소외되고 있는지 만날 수 있을 것이다.

1994년 봄 어느 날, 회담을 하던 중, 북쪽 어느 장관이 '불바다' 선언을 한다. 남한의 언론은 일제히 이를 보도하고, 그 보도를 들은 국민들은 슈퍼에 가서 라면을 사재기하는 등의 위기 소동을 벌인다. 그렇게 한동안 전쟁 위기설이 돌다 북미 핵협상이 순조로워지자, 남북 정상 회담이 준비된다. 그러나 뜻하지 않은 김일성 주석의 죽음은 또 한차례 한반도를 긴장에 휩싸이게 한다. 조문 논쟁에서 색깔 논쟁으로, 때를 맞추어 일어난 박홍 총장의 주사파 발언으로 언제 화해 분위기로 돌아섰느냐는 듯 남한 분위기는 험악해진다. 어린애들 장난도 아닌데, 손바닥 뒤집듯이 변하는 상황에서 통일에 관해 구체적으로 무엇을 말할 수 있을까? 이런 틈을 타 남북 통일 가상 소설이라는 레테르가 붙은 책들이 쏟아져 나온다.

한편 길 가는 사람 아무에게나 통일이 되기를 원하느냐고 조금 어조를 달리해 물어 본다면 금세 질문 같지도 않은 질문을 한다는 표정과 만날 수 있다. 그러면 한마디 더 묻자. 통일이 언제쯤 되겠냐고. 한 5~10년 사이에 될 것 같냐고 하면 아까보다 반응은 다양할 것이다. 그러면 여기서 한걸음만 더 전진해 보자. 무엇 때문에 통일을 원하는가와 요새 준비를 하고 있는가를. 앞의 질문에는 대부분 한 민족이기 때문이라고 답할 것이다. 그것도 같은 민족이라고? 하지만 뒤의 질문에는 고개를 갸우뚱할 것이다.

나는 이 글에서 통일이라는 담론이 얼마나 분열적이며 파편적인지 보이려고 한다. 통일에 대한 담론도 우리 사회에서의 전통에 대한 담론과 마찬가지이다. 인류학자 김성례와 조혜정은 각각 그들의 논문을 통해서 전통이란 본질적인 것도 정형화된 어떤 것도 아니라고 말하고 있다. 오히려 전통은 필요에 의해 창안되는 것이라고 주장한다. 통일을 해야 한다는 '당위론'과 일상에서는 거의 준비하는 일이 없는 현상 사이의 간격이 넓은 것도 문제지만 더 큰 문제는 통일을 바라보는 관점이다.

이 글을 통해 나는 우리 사회가 점점 복합 사회로 가고 있는데, 왜 통일 담론에 관한 한 '전산업 사회적'이어야 하는가를 묻고 있다. 단일한 단합체가 있어야 한다는 것이 더 이상 미덕일 수 없는 시대, 대량 생산에서 다품종 소량 생산 체제로 치닫고 있는 지금, 획일적인 통일 담론은 해체되어야 한다. 상품만이 다양화 추세로 가는 것이 아니라, 하나의 사회 현상도 여러 시각에서 규정되고, 그렇게 다양한 의견들이 경합을 벌여야 사물을 제대로 볼 수 있게 된다고 생각한다.

우선 공식적인 장소라고 볼 수 있는 한 강의실에서 대학생들이 어떤 언어로 통일에 대해 이야기하는지 살펴보았다(여기서 공적 장소라고 한 이유는 동아리에서 하는 말과 강의실에서 하는 말이 다를 것이라 여겼기 때문이다. 그 기준은 강의실은 동아리방에 비해 학생들에게 권위적이라는 데 있다. 또한 통일에 대한 담론을 언급할 때에는 한번 더 자신의 말이 정답과 일치하는지 생각하고 말할 것이라 여겨진다. 동아리방은 상대적으로 학교라는 공간 안에서 1차 집단과 비슷한 성격을 가지고 있음을 상기해 보자). 일상에서 어떻게 통일이라는 담론을 받아들이고 있는지, 통일의 당위성을 어디서 찾고 있는지, 이런 것들과 자신의 정체성은 어떤 관련이 있는지에 초점을 맞추었다. 결국 통일 담론을 재생산하는 문화적 주체(조혜정 1994)들에 대한 모색이라 말할 수 있다. 그들의 생각을 따라가다 보니 민족주의라는 것이 통일 담론과 깊이 연루됨을 알 수 있었다. 그래서 민족주의에 대한 생각들을 연결해 보았다. 공식적인 관계에서 참여 관찰하는 것이 부족하여 보다 비공식적인 장소라 볼 수 있는 한 동아리를 찾았다. 세미나를 하면서 통일에 관한 담론을 분석해 보기도 하였다.

공식적 장소와 비공식적 장소에서 현장 조사를 하는 동안 별 다른 차이점을 찾지는 못하였다. 차라리 공통점을 찾았다. 왜 일상적 차원으로 논의를 낮

김
현
경

추어야 하는지를 이번 현장 조사를 통해 알 수 있었다. 한 공간에서, 한 개인에게서 벌어지는 충돌과 갈등을 가능한 한 깊이 있게 기술해 보려 한다.

연구의 범위는 나로부터 '또 하나의 문화 통일 소모임', 연세 대학교 '문화 이론' 수업 사람들, 동아리 '씨알', 글쓰기 모임 '조목조목', 연세 대학교 학생회 선거 자료집 등이다. 길을 가다가 정부의 공식 입장이 담긴 목소리를 만나기도 할 것이고, 지하철의 스티커도 만날 것이다. 기간은 1994년 3월 문화 이론 수업 시간부터 1994년 12월 인류학 특강 끝 시간까지이다. 참고로 이 글에 쓰인 이름은 모두 가명임을 밝힌다. 그러면 하고 싶은 말을 시작해 보도록 하자.

비공식적 장소에서의 통일 담론 (동아리 씨알을 중심으로)

오랜만에 동아리방에 들렀다. '씨알'이라는 이 동아리는 1992년 교육 운동 동아리로 만들어졌다가 필요에 의해 1993년 신문 비평 동아리로 바뀌었다. 학생 회관 4층 오락실 뒷편에 자리 잡고 있다. 문을 열고 들어갔을 때 94학번 2명(중간에 1명 더 옴)과 92학번 1명이 토론을 하고 있었고, 93학번 1명은 구석에서 신문 스크랩을 하고 있었다. 무슨 세미나를 하나 보니 다름 아닌 '독일 통일에 관한 교훈'이란 세미나였다. 관심이 가는 것이라 양해를 구하고 끼어 들었다. 자료는 『헤이, 오씨 안녕, 베씨』가 주가 되었다. 이 책은 독일 통일 후 구동독과 구서독의 학생들이 쓴 통일 소감문을 엮은 것이다. 그들은 서로를 좋게 부르지 않는다. '오씨'는 서독 사람이 동독 사람을 깔보며 부르는 말에 다름 아니고 '베씨'는 그 반대다. 오랜 기간 서로 교류한 끝에 제도적 통합을 이루었는데도 혼란과 갈등이 있음을 아이들의 글에서 읽을 수 있다.

다음은 동아리방에서 오간 대화이다. 동아리원들끼리는 모두 별명을 부르

느데 둥글은 글쓴이를 지칭하는 것이다.

나리: 동독과 서독의 통일 이후 문제점에 비추어 우리의 경우를 말해 보죠.

들: 의사 소통이 어려울 것 같습니다. 특히 사투리 때문에.

다미: (그것만이 문제가 아니라는 듯) 동독의 경우 통일 후 직장이 폐쇄되어 대량 실업이 일어났습니다. 대량 축출도. 한쪽이 다른 한쪽을 무너뜨렸기 때문에 일어난 일이라고 생각됩니다. 흡수 통일이 되면 문제가 엄청 심각해진다는 거지요. 한데 우리 나라에서도 흡수 통일에 대한 말들이 '보수 세력'들에 의해 나오는 것이 걱정입니다.

둥글: 보수 세력이라고 말씀하셨는데, 그 경계가 모호한 것 같아요. 집안 어른들이나 회사원들도 일상을 살면서 실천할 수 없다면 다미가 말한 보수 세력에 포함될 수 있고.

다미: (얼굴이 붉으락푸르락해졌다. 그리고는 자신의 주장을 계속했다.) 자본 때문에 그런 거 아닌가요? 소비할 물건은 많은데 소비할 능력이 없다면 어떻게 될까 상상해 보세요. 거대한 자본이 밀려온다면 이제껏 교육시킨 주체 사상에 앞서 자기 이기심을 드러내겠지요. 그러면 그걸 보고 자본주의는 다시 한번 승리했다고 회심의 미소를 띄겠군요.

둥글: 제 말은 혹시 추상적인 논의만을 하고 있지 않은지 생각해 보자는 것이지요. 교류가 이루어지는 상태에서 자본의 침투를 막을 수 없다고 봐요. 차라리 어떤 자본이 들어가냐의 문제 아닐까요?

나리: 어쨌든 지금 통일이 되는 것은 좋지 않지만, 장기적으로 보아 같은 민족이니 통일하는 게 좋다고 봐요.

둥글: 그런데 같은 민족은 꼭 같이 살아야 하나요? 같은 집 식구도 요즘 세상에는 사정이 있으면 따로 살기도 하는데, 왜 그런 생각을 하는지 다시 생각해 보는 것도 의미가 있을 텐데.

나리: (당황하며) 그런 생각을 해본 적 없어요. 그저 그렇다고 여기고 있을 뿐인데, 다시 생각해 봐야겠군요.

이때 한 명의 94학번이 들어온다.

한결: 경제적 문제보다 중요한 건 서로 한 나라 사람으로 인식하지 않는다는 거예요. 이질감 극복을 어떻게 해야 할지가 문제라고 생각해요. 독일은 서로 개방적이었는데도 서로 동화되기가 힘들어 '헤이 오씨' '헤이 베씨' 라는 말이 나오기까지 했어요. 서로 한나라 사람으로 느끼지 못한다는 거죠. 하지만 우리 경우는 그래도 조금 나을 거라 생각해요. 세금 많이 거두어도 한 민족에 대한 의식이 워낙 강하니….

(**둥글**: 정말 그럴까요? 같은 민족이라면서 호남 사람, 어디 사람 하는 이유는 무엇이지? 세금도 잘 낼 것 같지 않은데.)

다미: 20대건 30대건 살아온 게 다르면 의사 소통이 힘든 것은 사실이죠. 언어가 같더라도. 그것을 어느 정도 인정하는 의미에서 '연방제' 가 매력적인데요.

들: 통일이 되면 사회 수준이 높아질 것 같다, 그러니 북쪽 경제도 살릴 수 있다고들 하지만 자립 능력이 생겨야 연방제 통일이든 뭐든 하죠.

나리: 글쎄, 중앙 체제의 북쪽이 변경할 의사가 얼마나 될지? 우선 못사니까 통일을 하겠다고 하겠지만, 실제로 자유 왕래가 시작되면 두 체제가 그대로 있는 상태에서 통일이 된다는 게 가능한가 하는 생각이 드는데요.

둥글: 사람이 섞인다는 말인가? 실제로 자유 의사에 따라 가서 살려는 사람이 얼마나 있을까? 경협하려는 기업가들 빼면… 간다면 누가 가야 좋을까? 누가 왜 갈까? 무엇이 갈까? 포르노? 독일에도 마약이 벌써 들

어갔다고 하던데….

다미: 서독이 동독 땅을 빼앗았다. 어쩜 그럴 수 있는가? 이것이 자본의 속성 아닐까?

둥글: 나도 『시사저널』(1994. 9. 15, 6-7쪽)에서 북쪽 땅문서가 돌고 있다는 것을 읽은 적이 있다. 도대체 남한 사람들은 무얼 생각하고 있는 걸까?

나리: 그럼, 통일 후 문제점은 그만 이야기하고, 통일되어 좋은 점이나, 통일 되기 전 장점을 동독의 입장에서 말해 보지요.

들: 『헤이, 오씨 안녕, 베씨』를 보면 통일 후 여행을 자유롭게 다닐 수 있어 좋다더군요. 이사도.

(**둥글**: 하지만 실제로는 여행을 할 수 없다고 하던데, 돈이 없으면)

나리: 경쟁에 부적응하는 동독 사람들이 안타깝다. 통일 전 동독은 노동이 당연한 의무이자 권리였는데.

한결: 또 안 좋아진 건 탁아 제도를 폐지했다는 거야. 여성 문제는 더 심각해진 셈이지. 왜 그렇게 했을까?

들: 아까 나리 말에 덧붙인다면 예순 된 할아버지는 이제 일자리가 없어. 노인 실업도 하나의 사회 문제가 되어 가고 있는 셈이야.

둥글: 그렇다면 통일되어 실질적으로는 좋아진 게 없네. 통독 전 서독이 겪고 있었을 문제가 사라졌나? 그대로 통일이 된 후 동독에게 떠 넘겨진 거 아냐? 서로가 낮추어 부리기를 꺼리지 않고, 극우파 파시스트인 스킨헤드족이 인종 차별주의까지 조장하고 있으니… 통일을 가장한 내부 식민지 만들기가 지금 독일에서 나타나고 있는 현상 같아. 우리가 그러지 않으리란 법도 없지. 지금 외국인 노동자 대하는 태도만 봐도. 요새 서태지와 아이들 3집에 실린 '발해를 꿈꾸며'도 같은 맥락에서 걱정스러운데. 너희들 생각은 어때?

나리: 난 그 노래가 참 맘에 들어. 우리 세대는 진짜 통일에 대해 생각해 보지 않는데, 생각하게 만들잖아.

둥글: 하지만 왜 굳이 발해를 택했을까? 혹 땅덩어리가 우리 역사에서 가장 컸기 때문 아닐까? 그런 생각에서 통일을 꿈꾼다면 문제가 있다고 생각해. 한마디로 제국주의적 발상이잖아. 또 하나 문제는 어느 학술 대회에서 그렇게 말했다면 문제가 다르지. 하지만 서태지는 10대와 20대의 우상이니 더 큰 파급력이 있다고 생각해. 실제로『길』(1994.10)지에 관련 기사를 보았는데, 여고생들이 태지 오빠가 그런 노래를 하니 다시 생각해 보았다고 하던 걸. 진짜 우리가 통일 이후의 문제를 걱정하고, 준비하려 한다면 구체적으로 따져 보아야 할 것 같아. 정치적인 통일을 꿈꾸는 것이 아니라면.

다미: 요새 국제화, 세계화, 블럭화라는 말이 상존하고 있죠. 이러한 때 국가간 실리가 엄청 치열해지죠. 민족주의도 더 부상하고요. 이런 상황에서 통일의 주체는 누구인지 논의해 보아야 할 것 같아요.

둥글: 나도 통일의 주체를 모색하는 것이 중요하다고 봐. 어쩌면 통일은 되어 가고 있을 테니까. 문제는 누가 어떤 식의 통일을 이루어 가느냐에 있지. 외부 힘의 조합의 결과로 정치적 통일이 생각보다 쉽게 올 수 있어. 그때 우왕 좌왕하면 큰일이지.

사회: 시간이 많이 흘렀으니 오늘은 여기까지만 하고 정리하죠.

한결: 통일이 될 거라고 생각하지만, 어떤 의미를 주는지 잘 모르겠다. 자신에게 이익이 돌아오지 않는다면 찬성하지 않을 것 같다. 통일에 대한 회의가 많이 든다. 혼란스럽다.

들: 통일 문제에 관심이 없었다. 오늘 토론을 통해 평소보다 깊이 생각해 보았다.

나리: 막연히 통일되어야 한다고 생각했었다. 오늘 처음으로 생각해 본

것은 한 민족이기 때문에 합쳐 살아야 하냐는 것이었다. 서태지의 노래가 제국주의적이라는 생각은 인상적이다. 그래도 그로 인해 통일을 생각해 보는 것은 좋을 듯하다.

여기까지 3명(한결, 들, 나리)이 94학번이다. 셋의 공통적 특징은 통일에 꽤나 무관심하다는 것이다. 하지만 꼭 나쁘게만 볼 수는 없다는 생각도 함께 든다. 오히려 자신에게 의미가 없으면 통일에 무관심하다는 것이 좋은 현상일 수도 있다. 당위로서 교과서적인 통일을 더 이상 앵무새처럼 중얼거리지 않을 수도 있을 테니까. 결국 개인의 일상의 삶 속에서 통일이라는 거대한 구조를 어떻게 연결시키는가의 문제가 남는 듯하다.

일단 동아리에서의 통일 논의는 여기서 끝났다. 92학번인 다미와 다시 전화 인터뷰를 했다. 그때 상황을 어떻게 느꼈는지, 어떻게 해서 통일에 관련된 것을 찾았는지 물었다.

대답: 사회부에 속하는 우리들은 지금 우리 사회에서 문제라고 생각되는 것을 찾았다. 통일에 관련된 것을 하자니, 신문 지상에서 많이 이야기되고 있는 독일 통일에 대해 이야기하기로 했다. 자료는 『헤이, 오씨 안녕, 베씨』로 정하였다. 그 이유는 독일 학생들이 통일되고 난 후 피부에 와 닿은 것을 썼기 때문이다.

질문: 왜 하필 독일이었나? 베트남이나, 예맨은 할 수 없었나? 어쩌면 독일과 우리의 상황을 비슷하다고 사람들이 생각하기 때문 아닐까? 만약 독일과 비슷하다고 생각한다면 흡수 통일 생각은 뒤따라 나오는 것일 테고, 헤이 오씨, 안녕 베씨라는 상황으로 갈 수 있을 텐데. 서독, 동독, 외국인이라는 위계가 생기면서 내부 식민지화될 가능성은 왜 말하지 않는가?

대답: 그런 생각은 해 보지 않았다. 독일을 선택할 때 나머지는 떠오르지도 않았다. 지금 생각해 보면 베트남은 무력으로 통일했고, 독일은 평화 통일을 실현했기에 그것을 택한 것 같다. 내가 사실 그날 토론을 하면서 충격을 받았던 것은 보수 세력에 대해 제동을 건 것과 민족에 대한 시비였다. 특히 말하고 싶은 것은 민족이다. "같은 민족은 같이 살아야 하나"라는 질문은 말도 안된다. 그야말로 황당하다. 근본적으로 우리는 같은 민족이었고, 통일이 되면 경제적 발전을 이룩될 것이므로 통일해야 한다.

질문: 그렇다면 당신이 지난번 말한 흡수 통일의 대한 우려는 무엇인가? 민족이란 이름 아래 통일하면 남한 사람이 북쪽 사람보다 우위를 점하게 되고(서독 사람이 동독 사람을 무시하듯이) 배타성은 더 강해질지도 모르는데….

다미의 말을 듣고 보니 지난 학기 '마담'(동아리 선배 별명)의 말이 생각난다. 나는 그가 민중주의 운동을 하는 사람이기에 민중의 이익에 반대되는 통일을 반대할 것이라 생각했다. 하지만 그는 그렇게 생각하고 있지 않았다. 그는 분단 비용의 축소를 통일의 이유로 들고 있었고, 당신의 정체성은 민중 아닌가 하는 질문에 그것이 더 우선시된다면서도 우리는 같은 민족이니 통일해야 한다고 생각한다고 말했었다. 그래서 나는 한참 동안 고민할 수밖에 없었다. 왜 그는 계급 모순을 말하면서 동시에 민족이 그의 정체성인가? 계급과 민족 모순이 결국 어디에선가 상치된다는 것을 그는 모르는가? 혹시 가족을 생각해 보면 그의 입장을 정확히 유추할 수 있을 거라 생각했다. 하나의 비유를 들었다. 남북 관계는 부부로 설정하면 어떨까라는 질문을 했더니 맨 첫마디가 황당하다였다. 자신은 '부부'라는 개념보다 '형제'라 보는 것이 적합하다고 말했다. 결국 그는 가족의 확장태로 민족을 상정했고, 이성으로 사고할 때는 민중을, 감성으로 사고할 때는 가족을 밑바탕에 두고 있는 셈이다. 난 그때 가족의 형태도 다양한데, 왜 하필 형제로 잡는지 궁금했다. 내가 부부의 개념으로 상정한 이유는 지난 50년 동안 다른 경험을 했기 때문이고, 남이라는 범주로 설정해야 덜 실수할 것이라 여겼기 때문이다. 다른 사람에 대한 배려를 위한 하나의 방편이기도 했다.

질문: 민족은 역사적으로 만들어진 개념이라고 생각하는데?
대답: 그래도 근본적으로 같은 점은 있지 않겠는가?

그와는 계속해서 말이 겉돌고 있었다. 주위를 환기시키자는 의미에서 94학번에 대해 어떤 생각을 하는지 물었다.

대답: 통일에 대해 가볍게 생각하는 것이 못마땅하다. 고민도 없이 쉽게 사는 것 같아 안타까운 생각이 든다.
질문: 하지만 그들만이 문제가 아니라고 생각한다. 차라리 그들은 솔직하다는 생각이 든다. 통일에 대해 논의할 때 문제는 그런 식으로 말하는 사람들을 탓하는 데 문제가 있다고 생각한다. 정답을 받아들이지 않는다고 무엇이라 할 수 있는가? 그들은 그들 나름대로 와 닿지 않기 때문에 그런 반응을 보이는 것이란 생각이 든다. 그들만의 문제가 아니다. 그렇게 말하는 당신이 직장에 들어가서 할 수 있는 구체적인 방법을 말할 수 있는가?
대답: 할 수 없다. 사실 나도 막막하다. 하지만 기본 줄기에 있어 놓치지 말아야 할 것은 있지 않겠느냐?

이제 공식적인 장소인 교실로 이동해 보자.

공식적 장소에서의 통일 담론(문화 이론 수업 시간을 중심으로)

김
현
경

1994년 봄 학기 '문화 이론' 시간이었다. 35명 정도가 이 수업에 참여했는데, 통일 문제에 참여한 사람은 고작 3명이었다. 형식적으로 1명이 더 있었지만 거의 참여하지 않는 불성실함을 보였다. 다음에 쓰인 인용문은 공동 작업을 발표(1994년 6월 1일)한 후 그 수업 시간에 참가했던 사람들이 평가한 글임을 밝힌다. 사용된 이름은 가명이다.

연구 발표는 「조선은 하나다(?)」라는 제목으로, 형식은 '생방송 전화를 받습니다' 로 하였다. 관객은 방송국 의자에 앉은 셈이다. 나온 이는 사회자, '합치미' '심각해' '신생아' 였다. '합치미' 는 우리는 '같은 민족' 이니 합쳐야

서태지와 아이들은 요즘 젊은 세대들이 통일에 대한 관심이 없는 것이 염려스러워 꺼져가는 통일의 염원을 되살리려 '발해를 꿈꾸며' 를 만들었다고 말한다.

한다는 입장이기에 북한을 바로 아는 데 힘쓰는 것이 실천이라 주장한다.
'심각해'는 '가까이하기엔 너무 먼 당신'이란 노래를 부른 사람으로 이름에
서도 풍기듯 통일 후의 문제를 열렬히 고민하고 있는 사람이다. 통일은 경제
문제만이 아니라고, 문화적 동질성에 대한 문제가 더 심각하다며 이야기를
꺼낸다. 북조선과 남한의 관계는 형제 자매보다는 부부와 비슷하지 않느냐고
사람들에게 묻는다. '신생아'는 소위 신세대로 이름 붙은 사람들의 사고를
지닌 사람이다. 그는 지금 뭐가 뭔지 몰라 상호 충돌하는 발언을 하기도 한
다. '민족이니' 합치자 했다가 관중이 당위론이라고 비판하자 곧 입장을 "그
냥 이대로 살자," "통일 하려면 북한 경제력이 올라간 후에나…"로 바꾼다.
　　그러면 관객들의 반응을 살펴보기로 하자.

　　1. 통일의 문제를 문화 이론 시간에 꺼내 놓은 이유가 궁금하다.

이 발언은 많은 사람들이 가져본 의문이다. 이것은 역으로 이제까지 통일
에 대한 논의가 얼마나 한쪽 면에 치우쳐 이해되었나를 보여 준다. 경제나 정
치, 제도적 합침에 대한 고민만 해왔지, 일상의 삶에서 이야기되어야 하는 차
원은 거의 논의 대상이 되지 않았던 것이다. 그래서 일상에서부터, 우리의 감
추어진 또는 억눌린 기억들로부터 그 작업을 시작해야 함을 더욱 절감한다.

　　2. 남한 내에서 통일 운동의 주도권을 살펴보면 80년대까지는 소위 민
족, 민중 운동권의 전유물이었다. 그런데 90년대로 접어들면서 재벌과
제도 정치권의 목소리가 높아지고 있다. 왜 그럴까? 80년대까지 통일
의 당위성으로 제시된 남한의 모순(민주화, 반제국주의 과정을 뜻하는
것 같다)들이 통일 없이도 어느 정도 해결되었다. 정치권이 이에 자신
을 가졌다. 통일에 대한 당위성 교육이 상대적으로 약화되었다. 지금

김
현
경

의 젊은 세대 중에는 통일 자체에 회의를 갖고 있는 이들, 또는 무관심한 이들이 없지 않다. 그러면 기성 세대는 어떨까? 전쟁이라는 치유되지 않은 경험은 북조선 관련 TV 방송을 통해 강화된다. 결과적으로 통일에 대한 실질적 관심은 경제 중심 세력에 의해 주도되고 있다. 다른 시각 자체가 부재한 상황인 것이다.

위의 발언에서 통일에 관한 담론은 역사적으로 형성되어 가고 있는 것임을 알 수 있다. 통일이라는 것이 고정 불변의 실체일 수 없음이 드러난다. 또한 통일의 담론에 대한 다른 시각을 제공해 줄 주체를 갈망하고 있다. 이러한 욕구는 분명 지금까지와는 다른 통일에 대한 논의를 필요로 하고 있는 것이다. 그런데 문제가 되는 것은 통일에 대한 대항 담론이 하나의 주도적 집단에 의해 대체되는 형식을 지닐 것이라는 전제이다. 역사는 그저 가장 목소리 큰 집단에 의해 주도되다 끝날 것인가? 다중적 주체의 형성은 어떻게 이루어질 수 있는 것일까?

이 교실에 있는 많은 학생들은 통일을 현실적인 문제로 느끼지 못하고 있었다. 한마디로 자신이 주체라는 감이 없는 것이다.

3. 요새 북조선 핵문제, 벌목공 문제 등 북조선에 대한 논의가 어느 때보다 활발하다. 그와 함께 통일 문제도 거론되고 있다. 내 경우도 현실적으로 느껴지지는 않는다. 북조선 핵이 좀 위협적으로 느껴지지는 않지만…통일에 대해 그리 생각해 보지 않았다.
난 조금 있으면 군대에 가야 하는 입장이다. 르완다, 유고 내전, 남북 예맨의 전쟁은 군대 가려 하는 내게 생존 위협으로 다가온다. 하지만 통일은 현실과 유리된 당위로서 받아들여지고, 내일 통일이 된다 해도 나의 생애에 무슨 영향을 미칠까는 매우 회의적이다.

'푸하하, 전 몰라요' 부류였던 내가 통일에 대해 30분 이상 생각해 봤다는 것이 가장 큰 효과이다.

'통일은 해야 한다' 는 명제에 짓눌려서…

이 네 명의 발언은 자신의 고통을 솔직하게 드러내고 있다. 우리들은 이제까지 통일에 대해 모두들 하나의 통일된 의견을 가지고 있어야 하는 것처럼 말해 왔다. 하지만 실제 그것이 얼마나 억압적으로 받아들여지고 있는지 이들의 말을 통해 엿볼 수 있다. 통일은 그저 당위적으로 해야만 하는 무엇이었고, 그래서 '화석화된 통일 담론' 을 우리는 만나게 되는 것이다. 다른 학생들이 말하고 있는 '왜 통일되어야 하는가' 로 우리의 눈을 옮겨 보자.

4. 통일에 대한 논의의 재정립이 부족한 상황에서 지금 느끼고 있는 것을 솔직하게 표현한다는 것은 분단을 조장하고 재생산했던 논리와 힘에 굴복하는 것이다. 한민족이기에 통일해야 한다는 당위가 먹혀 들지 않는 상황이라는 것은 나도 안다. 하지만 사람들이 공동체 의식을 잃어버리고 있으며 개인주의화되어 간다는 현상을 그대로 둘 수는 없다. 그러하기에 더욱 통일이 필요하다.

나는 이 글을 읽으면서 혼돈스러웠다. 솔직하게 느낀 대로 말하면 안된다니? 답을 위해 감정을 묻어 두어야 한다? 통일은 엷어진 공동체 의식을 회복하기 위한 하나의 수단일 수 있는가? 희미해진 공동체 의식을 구가하기 위해 통일을 하자? 상당한 논리의 비약이 있다. 그 간격을 어떻게 할 것인가? 비슷한 또 한 사람의 목소리를 들어보자.

김현경

5. 일단 통일은 해야 한다. 나는 이산 가족은 아니다. 통일이 되지 않아도 별 불편함 없이 잘살 수 있다. 같은 민족이라는 것이 중요한 것이다. 민족의 개념이 역사적으로 형성된 것이라 하더라도, 앞으로의 미래 사회가 민족의 선을 분명히 하지 않는다 하더라도 우리는 그 보편적 개념의 민족일 것이기 때문이다. 또 하나의 이유는 지배 계급의 부도덕성과 비정통성에 대한 정당성 확보의 싸움이라는 대항 담론의 차원에서이다.

역시 아주 강력하게 비논리적으로 '같은 민족'이기에 통일해야 한다고 말하고 있다. 같은 민족이라니? 민족은 무엇인가? 우리 세대에게 민족이란 어떤 의미로 다가오는가? 어느 누구도 일상적이고 자연스럽게 민족을 소화하고 있는 것 같지 않다. 그저 민족의 명절인 설이 되면 고궁에서 널뛰기를 하는 것이라고 말한다거나 일본과 축구 시합할 때 갑자기 서울 시내 교통이 원활해지다거나 하는 것으로 '민족심'을 확인해 나가고 있는 셈이다. 하지만 통일이 왜 되어야 하냐고 물으면 대다수의 사람들이 한 민족이니까라고 아주 쉽게 대답해 버리곤 한다. 당연하고 쉽게 뱉어 낸 대답만큼이나 우리들의 인식은 민족이라는 것을 끔찍히 붙들고 있다. 무슨 신주 단지나 되는 양.

이다지도 신성하고 우리의 정체성을 결정하기도 하는 그 민족이란 태초부터 있던 만고 불변의 진리일까? 더 이상 새롭게 만들지 못하는 박제품인 것일까? 그런 것이 아니라는 생각이 든다. 우리의 현대사 속에서 상당 부분 만들어진 개념일 뿐이란 의심이 인다. 잠시 한국 근대사를 들여다 보자.

한국 근대 역사학은 일제 시대부터 시작한다. 일본 역사가들은 식민 역사를 생산하기 위해 처음으로 근대적 방법을 통해 한국 역사를 연구하였다. 이러한 일본의 식민 통치를 위한 하나의 수단으로서의 역사 쓰기에 대항하여 다른 편에서는 민족주의 사학이 대두되었다. 신채호와 박은식 같은 이들이 일선 동조론을 배격하고 고대사 연구에 중점을 두면서 대안적인 역사 해석을 제공했다. 1930년대에는 정인보 등의 '얼' '민족 정기' '조선심'과 같은 민족 정신을 더욱 심화시킨 어휘들을 만들어 내면서 식민 사학뿐 아니라, 사회 경제 사학에 대응하였다. 해방 이후 남한에서의 역사 서술은 실증주의 학파에 의해 주도되었다. 이른바 민족주의 사학은 일제의 식민 사학의 잔재와 함께 전후 실증주의 사학에 의해 재생되었다. 그리고는 군사 정권의 경제 발전을 뒷받침하는 반공 이데올로기와 근대화 이론에 기반하는 국수주의적 사학으로 변형되어 갔다(윤택림 1994).

이러한 경로를 밟아 우리가 지금 사용하고 있는, 신성성을 띤 민족이라는 개념이 형성되어 온 것이다. 민족이라는 것이 고정된 것이 아니라면 우리의 신성성을 다시 한번 생각해 보아야 하지 않을까? 또 다른 사람의 다른 통일에 대한 이유를 들어 보자.

6. 통일은 진행중이다. 그 당위성은 미완성된 민족 국가의 달성에 있다. 아직까지 제대로 된 민족 국가를 수립해 본 적이 없기에 그 필요성이 요구된다. 또한 왜곡된 근대화 과정을 바로잡기 위한 일이라는 차원에서 논의가 이루어져야 한다. 이런 식으로 생각한다면 '누구에 의해' '어떻게'라는 부분에 대한 생각을 더 해 보아야 한다. UR 협상의 교훈을 다시 새겨 보아야 한다. 미리 준비했어야 했는데, 그렇지 못했다. 통일을 미리 준비하는 것이 중요하겠다.

이제껏 통일에 대한 당위성을 주장해 온 세력은 누구인가? 통일하면 경제적으로 이익이 된다는 말의 주체는 누구인가? 경제적으로 북조선이 남한에게 잡혀 먹히지 않을까? 통일에 대해 지금 우리는 '그날이 오면'이라는 식의 사고를 하고 있지는 않나? 결혼이든 연애든 만남이든 누가 '주도권'을 쥘 것인가의 문제로 귀결되어 버리지 않을까? 내

김
현
경

부 이질성을 포용하고 어떻게 연대와 공존을 해 갈 것인가의 문제로 논의가 진행되었으면….

이 두 발언에서 드러나는 것은 통일은 대안적 근대(조혜정 1994)와 관련된 진행형이라는 것이다. 아직까지 이야기되지 않은 '제대로' 된 공동체에 대한 논의를 하는 속에서 통일이라는 것이 위치지워져야 함을 보여 주고 있다.

통일의 일상적 차원을 말해 보자. 난 전라도 지방에 여행 간 일이 거의 없어 그곳이 아주 생소하다. 그러데 여기도 우리 나라의 한 부분이구나 하고 느낄 수 있었던 것은 '간첩 신고' 관련 문구나, 반공에 대한 표어 때문이었다. 그것을 보았을 때 그것은 나의 삶의 영역을 규정해 주면서 안정감을 주었다.

이 발언은 우리에게 무엇을 말해 주는가? '간첩 신고' 표어는 전국 어디를 가도 있을 거라 여길 수 있는 좋은 표지인 셈이다. 결국 남한 사람들의 북조선 읽기는 우리도 모르게 우리의 느낌까지도 포섭했다. 위의 말 속에서 우리는 우리의 이중적 현실을 포착해 낼 수 있다. 우리가 시험에 정답으로 쓰기 위해서 외우는 「남북 사이의 화해와 불가침 및 교류·협력에 관한 합의서」의 내용을 현실 적합성이나 실천 차원에서 우리는 생각해 본 적이 없다. '7·4 공동 성명은 몇 년' 따위를 외울 뿐이다. 1992년 발효된 합의서의 앞머리를 함께 읽어 보도록 하자.

남과 북은 분단된 조국의 평화적 통일을 염원하는 온 겨레의 뜻에 따라, 7·4 공동 성명에서 천명된 조국 통일 3대 원칙을 재확인하고, 정치 군사적 대결 상태를 해소하여 민족적 화해를 이룩하고, 무력에 의한 침략과 충돌을 막고 긴장 완화와 평화를 보장하며, 다각적인 교류·협력을 실현하여 민족 공동의 이익과 번영을 도모하며, 쌍방 사이의 관계가 나라와 나라 사이의 관계가 아닌 통일을 지향하는 과정에서 잠정적으로 형성되는 특수 관계라는 것을 인정하고… (이하 생략)

합의서는 우리의 삶의 공간에 무의식적으로 배치되어 있지 않다. 찾으려고 노력해야 겨우 볼 수 있다. 문체 또한 상당히 교과서적이고 상투적이다. 분량도 10쪽 정도나 된다. 이에 비해 지하철이나 공중 화장실 안을 휙 둘러보자. 출입구 부근에 거의 예외없이 붙어 있는 스티커가 눈에 띌 것이다. 지하철 한 칸에 적어도 4~5장 정도는 붙어 있다. 내용을 보면 흰 고양이의 젖을 먹고 있는 쥐새끼들(흰 쥐 세 마리에 달랑 끼어 있는 까만 쥐 한 마리) 그 밑에는 '미처 못 봤을지 모른다'와 '국가 안전 기획부 전화 번호'와 '상금'이 적혀 있다. 양의 탈을 쓴 늑대 이미지, 거울에 사람 얼굴은 없고 발만 보이는 그림은 우리에게 무엇을 사고하게 하는가? 이분법적인 사고를 재생산하고 있다. 백은 남한의 순결함을 상징하고, 흑은 북조선의 악마적 속성을 비추고 있다. 어느 것이 우리에게 일상적으로 스며, 교육적 효과를 낼 수 있을까 생각해 보자. 우리의 의도를 알아차리기라도 한 듯한 사람도 이 교실 안에 있었다.

7. 작년 김대중 씨 통일 강연에 가본 일이 있다. 그는 그때 통일을 해야 하는 이유를 세 가지로 말했다. 같은 민족이고, 생존의 문제이며, 선진국으로 도약할 수 있다고. 하지만 내가 생각하기에 민족이라는 당위가 통일 추진의 기반이 될 수 있는 때는 이미 지났다. 또 한편으로는 자본주의적 흡수에서 오는 소수의 이익과 연결되어 있다는 생각도 지배적이다. 이런 논의들 사이에서 '통일은 삶의 문제'라는 명제는 잊혀지기 쉽다. 실제 통일에 대한 토론에서 그런 답답함을 느낀다. 내가 강

조하고 싶은 바는 통일이란 우리 사회의 문제들을 해결하려는 선상에
서 추구해야 하는 주제라는 점이다.

위 사람의 말대로 통일이란 우리 사회의 문제와 자신의 삶의 문제를 보는
차원에서 이루어지기에 문화적 현상의 하나인 것이다. 우리는 문화 하면 공
연을 떠올리고, 공연 가는 횟수에 따라 문화적 인간이냐 아니냐를 결정해야
한다는 듯 오해를 하고 있다. 여기서 말하는 문화의 의미는 삶의 양식이라 함
이 옳겠다.

통일 소모임, 총학생회 자료집을 중심으로 한 또 다른 목소리

얼마 전 통일을 해야 하는가라는 강력한 의문을 제기하는 사람을 만나 본
일이 있다. 조금 길지만 그대로 인용해 보겠다.

우리 집안은 현재 분단 5년째이다. 큰아버지와 우리 할아버지의 오랜
전쟁이 분단이라는 결론으로 잠정 휴전 상태이다… 갈등을 속에 품은
채 겉으론 그럭저럭 지내면서 간간이 크고 작은 부딪침을 가져오던 둘
은 급기야 서로 얼굴도 마주하지 않는 상태에까지 이르렀다. 큰아버지
아래 세 동생들은 중간에서 화해를 시도해 보았지만 큰아버지의 냉랭
한 반응에 할아버지 쪽으로 돌아서 버렸다… 서로의 의사 소통 통로가
완전히 어긋나 있는 상태에선 타협점을 찾기란 어렵다고 생각한다. 그
런 것을 억지로 맞추려고 해봤자 상처가 커질 뿐이다. 친구간에도 부부
간에도 마음이 맞지 않으면 돌아설 수 있듯이 가족끼리도 도저히 맞추
기가 힘들다 싶으면 웃으면서 헤어질 수는 없을까? 그렇지만 피로 맺
어졌다는 혈연의 위력이 우리를 압도하고 있는 문화에서 혈연끼리 갈

라진다는 것은 감히 상상할 수가 없는 것이다. 남북 통일에 대한 생각도 한 핏줄이니 함께 어울려 살아야 마땅하다는 혈연 의식이 강하게 작용하고 있는 것 같다. 한 핏줄이니까? 솔직히 말해서 난 북쪽 사람들이 한 핏줄이라는 느낌이 별로 없다. 6 · 25를 겪은 세대라면 남북이 함께 살았던 기억을 가지고 있을 테니 한 핏줄이라든가 어이없이 갈라졌다든가 하는 감회가 있을 것이다. 그렇다고 모든 젊은 세대가 통일에 대한 느낌이 없다고는 할 수 없는데 이른바 NL이라고 하는 운동권 학생들의 통일에 대한 소망은 절실하다. 무엇이 그들로 하여금 통일을 외치게 하는 것일까? 투철한 역사 의식에서? 아니면 정이 많아서?

꼭 통일을 해야만 할 필요가 없다고 생각하는 데는 독일의 예에서 보았듯이 통일 후의 여러 가지 골치 아픈 문제들 때문이기도 하다. 우리 집안의 경우처럼 차라리 안 보면 편하지 하는 심정과 마찬가지라고나 할까? 그래도 통일 비용이 분단 비용보다 덜 든다고들 한다. 그러나 이런저런 합리적이고 논리적인 이유를 떠나서 마음에서 우러나오는 통일에 대한 느낌이 없이는 나는 통일을 위한 어떤 움직임도 할 수 없을 것 같다. 내가 너무 냉정한 것일까?

이러한 사람과는 또 어떤 식의 대화를 해야 하는 것인지 생각해 보아야 하지 않을까? 이제 마지막으로 또 하나의 보여 주기를 해야 할 것 같다. 「또 하나의 문화」에서 '통일된 땅에서 더불어 사는 연습' 이라는 모임이 있었다. 1994년 3월부터 격주로 석 달간 강연을 들었고, 6월부터는 방북기, 귀순자 수기, 북조선 소설들을 읽었다. 북조선 영화를 보고 토론을 하기도 했다. 각기 다른 생각을 가지고 찾아왔던 4명의 20대가 하룻밤을 잡아 좌담을 하였다.

자신의 경험과 관련하여 왜 자신은 통일에 관심이 없었는지, 혹은 있었는지를 이야기하였다. 우리가 그런 이야기를 하면서 깨닫게 된 것은 어떤 형식으로든 우리는 통일을 일상에서 접하고 있다는 것이었다. 왜 우리가 반공 글

김
현
경

짓기를 해야 했나라는 사소한 문제부터 시작하였다. 어떤 이는 자신의 기억을 더듬어 83년쯤 이웅평이 넘어왔을 때, 당시 중학생이던 자신이 왜 신나하면서 무서워했는지 스스로 묻고 있었다. 또한 그것은 우리 세대만의 문제가 아니라 우리 전세대들의 기억 속에 얼마나 깊이 뿌리를 내리고 있는지도 이야기할 수 있었다.

지난 경험들과 함께 우리가 지난 일곱 달 동안 어떤 식으로 생각이 달라졌는지 솔직하게 말하기로 하였다. 그중 한 명, 고등학교를 갓 졸업하고 이 모임에 참가한 사람의 이야기를 들어 보자.

저는 그저 공부는 잘해, 별 문제 없이 대학에 들어왔지요. 수업 시간에 선생님으로부터 이 모임이 있다는 것을 알게 되었어요. 저는 평소 외교 쪽에 관심이 있어 한번 와 봤어요. 세미나를 연상했던 저는 꽤 놀랐지요. 넥타이에, 좋은 의자에 앉아 선생님들 말씀 경청하면 되는 줄 알았거든요. 제가 가장 충격을 받았던 건… 조광동 방북기를 읽었을 때지요. 북쪽 칭찬을 많이 해 놓았더라구요. 읽으면서 맨 처음 든 생각은 이 사람 북쪽한테 돈 먹은 거 아니냐는 거였어요. 솔직히 모임에서 말했어요. 50대이신 한 분은 비교적 객관적으로 쓴 거라고 하시더군요. 그래서 저는 곰곰이 생각해 보았어요. 제가 이제까지 너무 반공 교육에 철저했구나 하는 생각이 들더군요. 이 모임에 오기 전에는 '우리 민족이 잘산다니 빨리 통일해야 한다'고 생각했는데, 점점 북쪽에 대해 알아 갈수록 걱정이 돼요. 통일 후에 겪게 될 혼란을 어떻게 줄일 것인지에 대한 생각을 많이 해야 할 것 같아요.

이야기를 들으면서 지금 우리 사회에 필요한 것이 이런 것이 아닐까 하는 생각이 들었다. 교과서적인 것을 말하지 않아도 되는 모임의 활성화가 시급

하다는 것이다. 방북기를 혼자 읽는 것이 아니라, 같이 읽을 공동체가 필요하
다는 것이다. 자신의 생각을 말로 풀어 낼 수 있는 공동체, 민족이라는 신성
성에 문제 제기를 해도 다음번 그 모임에 나가기가 어렵지 않은 모임이 많아
질수록 통일을 구체적으로 준비하는 것이 아닐까 하는 생각이 든다. 함께 읽
을 때 언제나 그러하듯 이미 정답이 주어진 상태에서 읽는다면 그것은 몇 번
가지 못하고 중단될 거란 생각도 든다. 무엇을 말할 때 자신의 기준을 일단
판단 정지해 놓고, 그 사람이 말하려는 의도를 이해하고 토론할 수 있는 공동
체가 있다면 우리의 통일은 지금보다 문제가 덜 심각할 것이다.

　이러한 생각을 하고 있는 사람을 다시 만나 보자. 95학년도 연세 대학교
총학생회 자료집에 있는 '정의로운 공존' 편이다.

　　통일을 운동이 아닌 하나의 비전으로 보면서 통일 담론(글쓴이)의 추
　　상성과 이중적 의식을 깨어 나가는 작업이 통일 역량을 축적하는 길이
　　라고 보고 있다. 통일을 우리의 일상 속에서 그려 내고 비전의 차원으
　　로 한걸음 올라서야 한다. 그러기 위해서 각론으로 들어가야 한다. 이
　　때 아직도 통일을 두 땅덩어리가 결합하여 1정부 체제로 들어가는 것
　　으로 이해하는 건 아무런 도움이 되지 않는다. 1정부를 머리에 드는
　　건 통일의 과정을 권력 지향적이고 정치 일변도의 운동성만을 보이게
　　할 뿐이다. 최근 대학 내 통일 운동 주류 세력이 타격을 입게 된 건 통
　　일 운동의 방향을 각론별로 다각화시켜 내지 못했다는 데 결정적인 이
　　유가 있다. (중략) 큰 곳에서 안으로 작은 차원에서 밖으로 향하는 변
　　화의 힘으로 각 차원에서 사회 단위가 변하고 있다. 이런 시기에 모든
　　개인의 삶에 대한 고민과 한 단위 사회의 정책은 '인간에게 있어 경제
　　적, 정치적, 문화적 생활의 가장 적정한 범위가 무엇인가' 를 모색하는
　　것으로 모아져야 한다. '한반도는 두 동강나지 않았다. 세 동강 나 있

다.' '문화, 세 동강 나 있다.' '생태, 아내 그래도 두 동강 나 있는 거
야.' '정치, 몇 동강 나 있는 건지 알 수 없다.' '경제, 통일? 나와 지역
이 같이 만들어 가는 그물!'

로 끝맺고 있는 하나의 목소리를 주목해 볼 필요가 있다. 이러한 때 실천적
의미는 무엇이 될 수 있을까?

나가는 말

통일에 관한 담론의 주체의 일부인 우리 세대(20대)들만 해도 이렇듯 다양
하다. 분단의 원인을 아직도 이분법적으로 나누고 있는 사람이 있는가 하면
통일 안되는 것이 차라리 낫지 않겠는가 하고 말하는 이도 있다. 사실상 통일
에 대해 민족주의의 뿌리를 갖고서 말하든, 오늘날 해체된 가족을 보고 그것
의 연장선상에서 말하든 그것이 문제라고 생각하지 않는다.

오히려 문제가 되는 것은 남한에 있는 많은 사람들이 계속해서 이분법적으
로 남과 북을 생각하고 있다는 것이 문제이다. 혹은 패권주의적이거나 계몽
주의적으로 흐르는 것도 문제이다. 이런 맥락에서 10대와 20대를 망라하여
영향력을 지니고 있는 서태지와 아이들이 문제시될 수 있을 것 같다. 또한 다
양한 생각을 정답으로 막아 보려는 것이 문제이다. 서태지와 아이들은 요즘
젊은 세대들이 통일에 대한 관심이 없는 것이 염려스러워 꺼져 가는 통일에
의 염원을 되살리려고 '발해를 꿈꾸며'를 만들었다고 말한 바 있다.

그러면 그들의 '발해를 꿈꾸며'를 잠시 들여다 보자.

진정 나에겐 단 한가지 소망하고 있는 게 있어/ 갈라진 땅의 친구들을
언제쯤 볼 수 있을까. **망설일 시간에 우리를 읽어요**/…한민족 형제인 우

리가 서로를 겨누고/…우리 몸을 반을 가른 채 현실 없이 살아 갈 건가/…시원스레 맘의 문을 열고 나갈 길을 찾아요. **더 행복한 미래가 있어**/언젠가 작은 나의 땅에 경계선이 사라지는 날

한 문장으로 줄인다면 우리에게 진정한 소망 하나가 있는데, 그 소망이란 우리가 다름 아닌 한 몸, 한 형제, 한 민족이니 망설일 시간 없이 합쳐야 한다는 '계몽적인' 내용이다. 합치면 우리에게 더 행복할 수 있는 미래가 있다고까지 속삭인다. 이러한 '근거 없는 계몽주의' 는 이전까지와 전혀 다르지 않다. 1980년대 캠퍼스에서 통일 운동을 소란스럽게 했던 이들의 당위적 근거와 비슷한 빛깔이다. 더 행복할 미래에 대한 만족할 줄 모르는 소망은 한강의 기적을 이룩하기 위해 허리띠를 졸라맸던 우리 부모 세대를 연상케 한다. 연속으로서의 새로움이라니. 단절과 불연속은 어디로 간 것일까? 우리가 왜 땅덩이가 넓었던 그 시절을 꿈꿔야 하는가? 땅덩이 크기와 미래의 행복은 반드시 일치하는 것인가?

통일에 대한 관심이 없는 것에 대한 염려보다는 어떤 통일을 원하는가에 대한 말들이 오갈 수 있는 노래를 만드는 것이 더 필요하다고 생각된다. 통일을 하려는 구체적인 마음들이 있다면 그 현실과 당위의 거리를 제대로 측정하려는 노력을 보다 성실하게 해야 할 것이다. 통일이라는 것이 자신의 일상과 연결되지 않는다면 더 이상 의미가 없다고 강력하게 말하고 있는 것을 귀담아들을 필요가 있을 것 같다. 그 소리를 반성의 기회로 삼는 것이 필요하다.

도움받은 글

김성례, 1990, 「무속 전통의 담론 분석」, 『한국 문화 인류학』 22집.

＿＿＿, 1993, 「탈식민 시대의 문화 이해」, 『비교 문화 연구』 창간호.

윤택림, 1994, 「사회 운동의 '주체'에 대하여 1: 밑으로부터의 역사 쓰기」, 『내가 살고 싶은 세상』, 도서출판 또 하나의 문화.

조혜정, 1994, 『탈식민지 시대 지식인의 글 읽기와 삶 읽기 2』, 도서출판 또 하나의 문화.

———, 1994, 「변혁기의 상황 인식과 문화적 주체 1—문화 읽기 어떻게 해야 하는가?」, 『연세 춘추』, 1994. 2. 28

위르게 뷤 외, 1994, 『헤이, 오씨 안녕, 베씨』, 이학로 옮김, 푸른나무.

❷ 김현경은 1971년생으로 연세대 사회학과를 나와서 인류학 공부를 할 준비를 하고 있다. 평안도가 고향인 할아버지와 아버지는 해방 후 월남하여 대전에서 내내 살고 계시다.

'북한 주민 생활 모습전'에 나타난 통일/식민 담론 *

R.R. 그린커

유승희 옮김

문화 읽기

한반도 통일이라는 주제에 관해 연구를 시작할 때만큼 사람들이 인류학자로서의 내 능력에 그토록 의심스러운 눈초리를 보인 적이 없었다.

한국의 대학에서 행정 일을 본다는 어떤 사람은 통일을 연구하는 한국인 숫자를 들먹이면서 내가 통일에 대해 글을 쓰는 일이 오히려 내 경력에 해가 되는 '게임을 하는' 셈이라고까지 했다. 한 한국인 의사는 "어떻게 당신이 한국 학자들도 할 수 없는 일을 할 수 있단 말입니까? 당신은 한국에 대해 한국의 중학교 2학년짜리 이상으로 알 수 없을 겁니다. 아마 한국에 대해 쓸 게 아무것도 없을 겁니다" 하고 말하기도 했다. 미국에서 만난 한국 학생들은 좀더 정치적인 입장에서, 한국인들이 자신들의 문제를 연구할 수 있으니까 미국인들까지 그것을 다룰 필요는 없다고 했다. 그들은 나의 의도를 신식민 지성의 상징인 백인 남성 미국인 것으로 의심했으며, 더 나아가 미국인으로

---

* Roy Richard Grinker, "Imagining the North : Unification and Colonial Discourses in a South Korean Exhibition"를 줄여 번역한 것임.

서 한국에서 반미 감정에 부닥쳐 연구 기회마저도 얻기 힘들 것이라고 했다. 그들의 이러한 평은 다분히 나 같은 신참내기 인류학자를 과대 평가하였던 것 같다. 어쨌든 내가 통일 연구를 한다면 통일 담론에 관해 비판적으로 쓰거나 모순점이나 복잡성을 지적해서는 안된다는 것이었다. 내 글이 통일 노력에 부정적 영향을 끼칠지도 모르기 때문에.

물론 내 연구를 지지하는 사람들도 있었다. 그들은 정치 분위기가 달라지고 있음에도 불구하고 일반 한국 사람들이 연구자들에게 통일에 관해 말하는 것이 편하지 못하고 한국인 연구자들 역시 스스로 그 주제에 편안하게 접근하지 못하고 있는 데 반해, 미국인 연구자에게라면 한국 사람들이 좀더 개방적이고 정직할 수도 있으리라는 점을 강조하기도 했다. 미국인 연구자라면 적어도 다양한 시각들을 접할 수 있지 않겠냐는 얘기였다.

서울에서 다양한 사람들을 처음 만났을 때 그들 모두 통일이 당연히 이루어져야 되는 것으로 여기고 있었고, 통일 한국의 사회 문화적 측면들에 관해 걱정을 하는 이들은 거의, 아니 아무도 없었다. 통일이라는 일차적 목표에 비한다면 통일 이후의 한국의 사회 문화적 측면들에 대한 걱정은 부차적이기 때문이다. 그렇다면, 내가 과연 통일이 ‘지상 목표’ 라는 규범적이며 ‘정치적으로 옳은’ 진술 말고 민족 분단에 관한 다양한 얘기들을 들을 수 있겠는가, 또한 한반도 통일에 관해 이제까지 다루어 보지 않은 글을 어떻게 쓸 수 있단 말인가 하는 회의가 들었다.

그러나 함경도가 고향이라는 한 남성과 격론을 벌인 후에 나는 통일에 대한 열망이 실은 밑바탕에 깔린 공포나 걱정, 모호함을 숨기는 피상적이고도 자연스런 담론임을 알게 되었다. 여의도에 있는 작은 술집에서 술을 같이 마시면서 그에게 한국 땅 어딘가에 통일을 원하지 않는 사람이 있을 수 있다는 점을 주지시켰다. 그는 사람들이 통일을 이루는 과정에 대해 반대하는 것이지 통일 자체를 반대하는 것은 아니라면서 그 사실을 부정하였다. 내가 통일을 원하지 않는 사람이 있을 수도 있다는 가설적인 상황(예를 들면 빚쟁이, 전처와 아이, 땅의 소유권을 주장하는 사람 등과 다시 만나는 것을 꺼리는 사람)을 들면서 얘기를 계속하자 탁자를 주먹으로 쳤다. 그가 하는 말이 지닌 힘, 즉 통일이란 주제가 지니는 상징적이고 감정적인 강도는 나로 하여금 통일에 대한 규범적인 언설들의 밑바탕에 깔려 있는 사고와 감정들을 드러내는 데 관심을 갖게 만들었다. 북과 남 사이에 벌어진 현저한 틈, 한국인들의 의식에 통일에 대한 지속적인 갈망과 생각이 강렬하게 각인되어 있는 방식들을 탐구하지 않으면 안된다고 생각했다. 나는 김씨와 가졌던 것 같은 격렬한 토론을 반복하지 않으면서 통일에 대한 다양한 관점들을 접하고 싶었다.

그래서 전시회, 시사 만화, 신문 기사 같은 공공의 공간에서 북조선을 어떻게 그리고 있는지를 찾아보았다. 그런데 남한 사람들은 분단 또는 심지어 한국 전쟁에 대해서조차 터놓고 토론하거나 드러내는 기회가 거의 없는 것 같았다. 북조선 사람과 남한 사람 사이에 차이점들이 있으며 한국은 생각처럼 단일하지 않다는 것을 인정하고, 북쪽을 갈라진 동포와 민족으로 정당화하는 것이 두려워 북조선 사람들에 대해 나와 얘기를 나누는 것을 꺼렸다고 생각한다.

이 글에서 나는 '북한 주민 생활 모습전' 이라는 전시회에 대해 이야기하려고 한다. 이 전시회는 남한 사람들이 내가 관심 있어 하는 문제를 편안하게 토론한다고 느낄 수 있는 시간과 공간을 제공하였다. 이 전시회에는 관객들에게 다양하면서도 상반되는 감정을 불러일으키는 북조선 주민들의 용품이 다수 전시되었다. 1993년 6~7월, 서울 미도파 백화점(상계점)에서 처음 열린 '북한 주민 생활 모습전' 은 상당한 인기를 끌었다. 엄격한 남한 정부의 국가 보안법이 남한 사람들로 하여금 북조선과 통일이란 주제를 공개적으로 토론하지 못하게 막고 있고 남한 사람들은 북조선 주민들이 어떻게 살고 있는

가를 볼 기회가 거의 없었기 때문이다. 통일 문제나 이산 가족의 재회, 또는 김일성 사후 조문 사절 등을 이야기하는 정치가, 학생, 지식인들은 괴로움을 당하거나 체포되는 상황이었다. 이런 상황에서 이 전시회는 남한 사람들에게 토론을 불러일으킨 좋은 기회였다. 전시회는 그들에게 북조선과 남한 사이의 차이점과 유사점에 관한 폭넓은 담론의 장을 제공하고 그러한 토론을 가능하게 했다. 앞서 열거하였던 피상적인 언설들과는 달리 이 전시회를 관람한 한국인들은 북조선, 그리고 남북 관계에 관해 풍부하고 유동적이고 모순되는 담론을 펼쳤다.

보이지 않는 북쪽

한반도 통일의 중요성과 북조선에 관한 수많은 책들, 통일 정책의 수립 등에도 불구하고 가상적 차원에서나마 사회 문화적 측면의 통일에 관한 아무런 논의가 없다는 것을 발견하고 깜짝 놀랐다. 남한의 통일에 대한 대내외 정책 개발과 이행에 관한 연구들은 지도층이나 정부 활동에 관해 많은 것을 말해 주고 있지만 대중적 차원에서 시민들의 생각이나 정체성에 관해서는 별로 언급하지 않는다.

남한에서 북조선을 그리고 있는 것들은 대부분 완전히 북조선 당국에 관한 것이라고 해도 과언이 아니다. 이런 이유 때문에 한 대학원생은 김용이 쓴 『머리를 빠는 남자』에서 흥미로운 구절을 인용하였다. 북조선 귀순자이자 대중 가수인 그는 자기 머리카락을 잘라 준 이발사를 다음과 같이 회상하였다. "나는 십 년 동안 단골로 다니던 대동강 리발소 아주머니가 생각났다. 그 아주머니는 가장 기술이 좋은 사람에게만 수여하는 인민 리발사 칭호를 가진 분이었다. 리발소에 갔다가 그 아주머니가 없으면 나는 그냥 나왔다"(1995:25). 일반 독자들에게 색다르게 받아들여지지 않을지도 모르는 이 구절이 북조선 사람들에 관한 글을 읽을 기회가 별로 없는 남한 사람들에게는 아주 놀랄 만한 것으로 받아들여지고 있었다. 내게 이 구절을 언급한 한국의 대학원생은 그렇게 당당하고도 비공식적으로 북조선 사람을 묘사한 글쓴이를 처음 본 것 같다고 했다. 그는 남북 가릴 것 없이 북조선 여성을 가리켜 거의 쓰지 않는 '아주머니'라는 낯익은 말을 책에서 읽고서 놀랐다고 했다. "난 흔히 '아주머니'가 아니라 '북한 여성'(이란 말)을 쓴다"고 그는 말했다. 그는 영어로 '감동을 받고'(touched) '흥분되었다'(moved)고 말했다.

김용의 수기를 읽고 보이는 이러한 반응은 북조선에 대해 남한 사람들이 쓴 책들이 지닌 핵심적인 문제점 한 가지를 반영하고 있다. 또한 내가 앞으로 상세하게 검토할 전시회가 왜 그렇게 인기가 좋았고 만족스러웠는지에 대한 이유이기도 하다. 남한에서 김일성 일가, 그들의 대내외 정책과 정치적 숭배 창출 과정에 대한 책이 많이 출판되었음에도 그러한 출판물들은 크게 국가와 사회를 분석적으로 구별하지 않았다고 할 수 있다. 사회를 국가의 한 산물이라 생각하여, 일반 시민들을 포함한 전체로서의 북조선은 거의 찾아볼 수 없다. 북조선 당국 안내원의 철저한 안내 속에 북조선을 방문한, 비한국 국적 소유자나 귀순자, 생포 간첩, 납치 희생자들이 쓴 방북기나 수기 등 몇 가지를 제외한다면 남한 사람들의 토론, 출판물, 북조선 전시회에서 인민들의 모습은 아예 찾아볼 수 없다. 따라서 남한 사람들이 국가(정부)만이 권위와 권력을 행사한다고 생각하고 북조선 사람들과 남한 사람들 간의 차이점들을 오직 한 사람, 김일성의 공작으로 설명하려는 것은 그리 놀라운 일이 아니다.

북조선 사람들에 관해 알려진 것이 별로 없는 가운데 사회 과학서들은 북조선 당국의 활동과 정책에 일차적으로 초점을 맞추고 북쪽 사람들과 남쪽 사람들이 서로 다른 정부(국가)를 갖고 있는 점만 다를 뿐이라고 주장한다. 남한 정부의 선전의 결과로 한국에서 쓰여진 책들은 어떤 면에서 보면 국가,

다시 말해 국가가 강요하는 이데올로기를 북조선 역사를 결정짓는, 유일한 독립 변수로 여기는 듯하다. 사실 북쪽과 남쪽 사이의 차이점들을 만들어 내는 것이 북조선 '인민'이라고 생각하는 것은 북조선을 독자적이며 분리된 하나의 국가로 인정하는 반국가적 행위에 해당할지도 모른다

북조선 주민들의 일상 생활에 관한 출판물들은 귀순자나 생포 간첩들이 썼다. 한 예가 김현희의『이젠 여자가 되고 싶어요』이다. 이 책들은 대개 확실히 반북적인 입장에서, 대부분의 경우 일차적으로 남한 정부에 충성심을 보여 주려는 목적에서 쓰여졌다.「한겨레신문 방송 비평 모임」의 최영묵은 이러한 책들이 구 정부의 선전물을 베끼고 있으며 귀순자들이 북조선에 대한 이미지를 지배하면서 "단 하루도 숨쉴 수 없는 곳"이라는 단일한 이미지를 제공하고 있다는 사실을 비판한다. 그는 북조선에 대한 언론 보도시에 선정되는 논평자들이 좀더 다양해져야 한다고 제안한다(『한겨레신문』1993. 4.23). 어쩌면 내외 통신에서 인용한 북조선에 대한 자료는 대부분 영화 배우 최은희와 영화 감독 신상옥이 같이 쓴『조국은 저 하늘 저 멀리』라고 할 수 있다. 최씨와 신씨는 북조선 당국에 의해 납치되어 남한으로 탈출하기 전까지 북조선에서 몇 년을 살았다. 그 책에서 최·신 부부는 북조선을 아주 부정적으로 바라보며 김정일을 신경질적이고 강박증에 사로잡혀 있으며 어린애 같은 악한이라고 비웃는다. 한국 텔레비전에 가장 주요한 논평자의 하나는 김현희다. 그는 텔레비전의 논평에서 곧잘 북조선을 공격적이고 기계적이며 반가족적이라고 비판한다. 반면에 북조선에 대해 호의적이며 정부의 방북 허가서를 받지 않고 1989년 7월 30일에 북조선을 여행한 적이 있는 남한 학생인 임수경은 텔레비전에서 그 모습을 볼 수 없다.

또한 '분단 문학'은 북조선이나 북조선 사람들을 명쾌하게 그려 내지 못한다. 이들 작품은 남한 주민 생활에, 분단의 비극적 결과에 일차적으로 관심을 두고, 흔히 남한이나 민족 분단 이전의 한국을 배경으로 하고 있다. 최인훈의

『광장』, 한승원의 『폐촌』, 김원일의 『노을』을 그 예로 들 수 있다. 한국 소설은 북조선 사람을 상상적으로 드러내는 모험을 거의 하지 않는다(예외적인 두 작품으로 이호철의 『판문점』과 최일남의 『꿈길과 말길』이 있긴 하다).

1980년대 초 아주 인기 있는 텔레비전 프로그램의 하나였던 「동토의 왕국」조차도 평범한 국민들보다는 북조선 당국의 거물급 인사들을 나타냈다. 최근 몇 년 사이에 선별된 북조선의 라디오와 텔레비전 방송 프로가 남한에서 방영되고 있다. 「남북의 창」, 「통일 전망대」는 남한 사람들에게 북조선 국영 방송이 만든 북조선 주민의 공식 이미지들을 파악할 수 있는 기회를 제공하고 있다. 또한 이따금씩 북조선 귀순자들이 라디오나 텔레비전 프로에 출연하여 북조선에 관한 질문들에 대해 답변을 해주기도 한다. 그 하나가 김용이 사회를 본 MBC 라디오 프로그램 「남과 북」이었다.

이와 같이 남한에서 북조선 사람들의 일상 생활에 대한 논의와 관심, 정보가 부재하는데도 '북한 주민 생활 모습전'은 많이 광고되고 신문의 머리 기사로 다루어졌음은 놀라운 일이다. 1993년 6~7월에 서울 미도파 백화점 상계점에서 처음 열린 이 전시회에서는 북조선의 황량한 모습을 보여 주는 방대한 양의 사진, 포스터, 엽서, 북조선의 역사를 보여 주는 영화, 모형 아파트, 식료품, 보석, 책, 장난감, 옷 등 거의 2천여 점의 물품이 전시되었다. 3주 동안 개막된 서울의 전시회에 20만 명이 넘는 인파가 몰렸고 전국의 거의 모든 신문과 텔레비전 뉴스 프로그램에서는 북조선의 실상을 보여 주는 전시회라고 보도했다.

전시회의 많은 부분은 전 북조선 건설 위원회 공훈 설계사 김영성과, 김만철 가족을 비롯한 한국의 북조선 귀순자들이 계획하였다. 김영성이 전시회의 평양 아파트 모형을 혼자 만들었다는 것, 김씨의 부인이 아파트의 가구들을 배치하였다는 점은 비평가들로 하여금 전시회가 현실감을 준다며 찬사를 아끼지 않게 만들었다.

약 40시간에 걸쳐 관람자들을 면접한 내용에서 관람객들이 말하는 '현실' 이란 북조선과 남한이 다른 역사적 공간에 있는 동족이라는 것이다. 이에 따르면 세계사와 한국사로부터 주변화된 북조선 사람들은 1990년대라기보다는 1950년대에 살고 있으며 참된 한국인다움뿐 아니라 발전도 북조선 당국에 의해 저지당해 온 셈이었다. 시간적 구분이란 양면적인 성격을 지닌다. 부정적으로 이상화된 차이가 긍정적으로 이상화될 수도 있고, 통일, 전향(conversion), 자본주의의 북조선 유입 등을 통해 긍정적인 자질로 바뀔 수도 있기 때문이다. 예를 들면 북조선은 시간상 고정되어 있는 탓에 그 순수성에 높은 가치를 부여받지만 같은 이유로 원시적인 것으로 낮게 취급된다. 그러나 북과 남 사이에 대립되는 것들을 좀더 상세히 이야기하기 전에 전시회가 담고 있는 특수한 내용을 기술할 필요가 있다. 다음 절에서 나는 전시물들을 설명하고 그것이 의미하는 것, 전시회의 구조와 조직이 관람객들에게 어떻게 다름에 관한 담론에 참여하도록 하는가 하는 근거들을 제시하려고 한다.

북조선 물건에 대한 놀라움과 반향

전시회는 방 두 칸짜리 아파트 모형, 일과 가정 생활을 묘사하는 패널, 사진, 포스터, 그림 엽서, 영화, 북조선 생활 용품 약 2천 점이 전시되었다. 아파트 옆 벽을 따라 걸려 있는 패널은 결혼 풍습, 일과표, 임금, 식료품비, 일자리와 주택을 얻는 과정에 관한 기본 정보들을 알려 주고 있다.

관람객들은 북조선의 인권 탄압, 국제 테러, 특히 김씨 부자 숭배의 강화와 관련하여 통일원, 미도파 백화점이 공동으로 제작한, 김일성, 김정일의 정치적 삶을 연대순으로 정리한 영화를 관람할 기회를 가졌다. 이 영화는 반공주의 시각에서 과거 40년 간의 김씨 일가를 그린 영화로, 북조선의 공산주의와 남한의 민주주의를 크게 대비시켰다. 이 영화에는 김일성 찬양 연설 장면이 많이 나오는데 연설자들은 시나 노래를 읊듯이 잘 훈련된 운율에다 과장된 어조로 말하고 있었다. 내가 면접한 사람들은 스피커가 사람 소리같이 들리지 않기 때문에 '이상하다'며 시끄럽다고 했다(어떤 관람객은 '사람 소리 맞아요?' 하고 과장해서 물었다).

전시회에서 다수의 관람객들의 시선이 집중된 부분은 유리 상자에 전시된 방대한 진열품들이었다. 대다수 관람객들은 가게에서 흔히 보는 것들과 별반 달라 보이지 않는 물건들을 넋을 잃고 바라보는 듯했다. 얼마나 다양한 물건들이 있었는가를 적어 보면 다음과 같다. 칫솔, 청진기, 온도계, 애프터쉐이브 로숀, 문고리, 열쇠, 우산, 부채, 젓가락, 칼, 깡통 따개, 숟가락, 낚싯대, 다리미, 전화, 체, 접시, 유리잔, 받침 접시, 그릇, 혼합기, 프라이팬, 오렌지와 체리 시럽, 인삼, 인삼차, 광천수, 맥주, 콜라, 세탁기, 사탕, 차, 담뱃대, 꽃병, 안경, 색안경, 쌍안경, 펜, 연필, 보석, 책, 장남감, 배터리, 셔츠, 치마, 바지, 모자, 양말, 장갑, 모피 조끼, 양모 외투, 스케이트, 롤라 스케이트, 신발, 드럼, 앰프와 전자 기타, 클라리넷, 오보에, 플루트, 방한복, 넥타이, 여성 스웨터, 스카프 등.

관람객들은 이러한 물건들이 남한에서 보는 것과는 전혀 다르다고 내게 말했다. 그들이 그렇게 생각하는 이유가 바로 나의 연구 테마였다.

전시장에서 관람객들을 관찰하면서 면접이 가능한 사람이 옆자리에 앉지나 않을까 기다리며 대부분의 시간을 보냈는데 여기서 보낸 긴 시간이 내게 성찰의 시간이 되었다. 전시장을 방문한 둘쨋날 나는 워싱턴에 새로 세워진 대학살 박물관(Holocaust Museum)을 떠올렸다. 그곳에는 2차 대전 때 몰살된 유태인들의 신발과 안경 더미가 전시되어 있다. 이 물건들은 고도로 긴장된 상징적이고도 역사적인 관계들을 떠올리게 하며 사람들의 시선을 고정시키고 일상 용품들을 특이하고 전시할 만한 가치가 있는 것으로 보게 만드는 힘을 갖고 있다.

대학살 박물관에서처럼 미도파 백화점에서도 배치와 재배치 과정에 의해 일상 용품이 지니는 반향과 놀라움이 있었다. 박물관에서처럼 진열된 북조선의 가죽 구두는 일상적으로 사용되는 것과 거리를 두게 배치되었고, 그에 따라 상징적인 장치가 되어 있었다. 관람객들은 이 신발이 다른 신발과 다르다고 믿는다. 관람객이 전시된 신발에 어울리는 옷을 입고 있다고 해도 전시된 신발은 옷에 어울리는 신발 종류는 아닌 듯하다. 하나의 맥락에서 분리되거나 따로 떨어져 나와 다른 맥락(전시회)에 다시 위치지워짐으로써 신발은 일상 생활에서는 아주 다르고 독립된 범주인 다른 일련의 물건들 —예를 들면, 사진, 전지, 악기 —과 나란히 놓이게 된다. 그래서 관람객들은 놀라게 된다.

또한 관람객은 '북한 주민 생활 모습전'의 물품들을 개인사와 민족사에 연관짓는다. "이게 나와 피를 나눈 사람들의 물건이야" "한반도 분단은 우리 민족의 '한'이지." 그는 물건들을 보면서 전쟁의 기억, 행방 불명된 식구, 또는 고향의 꽃향기를 떠올릴 수도 있다. 북에 고향을 둔 사람은 축구공을 보면서 능금 먹던 어린 시절로 돌아가기도 한다. 사실 내가 말을 건넨 관람객들 중에 특정 물건을 두고 꽤 상세히 얘기하는 사람은 별로 없었으며 오히려 북조선에 관해 얘기를 하고 질문을 시작하는 방법으로 전시회를 활용하였다. 난 북쪽을 어떻게 생각해야 하나? 아이들에게 북쪽을 어떻게 설명해야 하나? 북쪽이 아주 다른 듯한데 어떻게 여전히 한 민족이 될 수 있나? 이 물건들을 어떻게 서울로 가져왔지? 북조선 사람들과 함께 산다는 게 어떤 거지?

미도파 백화점 전시는 원시 예술전이나 고대 사회전과 닮아 있고 과거 문화의 잔해들인 고고학적 유물에 대해 갖는 호기심 같은 것이 포함되어 있다. 주의 깊게 선정되고 조직된 일련의 물건들이라기보다는 발견된 물건들을 다소 임의로 늘어놓은 듯하다. 그것들은 세속적인 것이기 때문만이 아니라 많은 공예품들처럼 보이지 않는 땅에서 왔기에 남한에서 주목받는 것이다.

시간의 은폐

　내가 면접한 사람들이 전시회를 보고 갖게 된 가장 공통된 인상은 북조선 사람들이 "아직도 50년대 또는 60년대에 살고 있다"는 것이었다. 20대로 보이는 젊은 여자는 전시된 세탁기가 어린이 장난감처럼 보인다고 평했다. 같이 온 여자도 "한국 사람들도 전에는 그렇게 살았는데 지금은 그렇지 않다"고 했다. 어느 토요일 오후 전시장은 가족들, 학교에서 내준 숙제를 하는 아이를 돕느라 주의 깊게 메모를 하는 학부모들로 붐볐다. 아들, 손자와 같이 온, 한 여자는 모형 아파트를 보면서 아이에게 방이 몹시 비좁다고 말했다. 모형이 평양의 상류층 주거지를 나타낸다고 해도 그 여자는 어린 시절 한국전쟁 때 잠자던 작은 공간을 떠올렸다. 많은 관람객들은 물건들을 보면서 사

'형제의 상'. 남한 병사인 형이 전쟁터에서 만난 북조선 병사인 아우를 껴안고 있는 형상이다.

회 발전 시기를 떠올리고 물건들을 각 시기에 자리 매김하였다. 그들은 전시된 북조선 책표지("제목은 성인물 같은데, 생김새는 아동물 같네"), 세탁기, 심지어는 악기 크기를 갖고도 '애들' 수준이라고 말했다. 아코디언, 전자 기타는 작은 듯했고, 주전자와 프라이팬은 소꿉장난감처럼 보였다. 이와 비슷하게 많은 관람객들이 북-남 관계를 가족의 위계 질서에 비유해, 길을 잃어버렸거나, 공산주의 때문에 성장이 멈춘 '동생'을 돕거나 구해야 하는 '형'으로 남한을 그렸다. 나는 남한에서 이러한 것이 널리 스며들어 있는 표현 형태라는 것을 곧 알게 되었다. 한국에 새로 지어진 전쟁 기념관에 있는 한 조각상도 마찬가지다. 「형제의 상」이란 이름의 조각상은 남한 병사인 형이 전쟁터에서 만난 북조선 병사인 아우를 껴안고 있는 형상을 하고 있다.

역사에 대한 이런 태도의 이면에는 시간은 정지될 수 있으며, 진정한 것은 영원하다는 가정이 들어 있다. 이런 견해에 따르면 민족 정체성은, 역사상 일어날 수 있는 제반 경제, 정치 변화에도 아랑곳없이 시간을 통해 지속적이고 변화되지 않는 행로를 달린다. 이는 한국 교과서에서 한국이 독특하다는 것, 세계에서 가장 오랜 역사를 지녔으며 가장 지속적이며 독자적인 국가의 하나라는 것을 강조하는 것으로 이어진다. 한국 사람들 또한 그런 생각을 갖고 있다.

전시회를 관람한 한 중년 남자는 다음과 같이 지적했다. "북한 사람들이 더 순수해요. 남한은 자본주의 때문에 너무 썩었어요. 서울 사람들, 문제가 많아요. 거리에서 밀고 욕지거리를 하고, 자기밖에 몰라요." 반대로 북조선에 사는 사람들은 남한의 '기적적인' 경제 발전에 오염되어 있지 않다, 전시장의 무수한 사진, 포스터, 그림 엽서에서처럼 북조선은 남한의 산업화의 해를 입지 않아 왔다, 다시 말해 역사는 한국인들에게 더 많은 것을 주었을지는 몰라도 '고유한' 여러 가지 한국인다운 특질을 앗아가기도 했다는 것이다.

모순이지만 이러한 담론은 민중을 한국 문화의 계승자이자 대표라고 상상하는 남한에서만이 아니라, 북조선 문학 전문가에 따르면, 북조선 사람들도 서울을 '잡종'의 언어가 사용되고 있는, 한국이 아닌 '지구상의 지옥'으로 상상하며 남한의 시골을 진짜 순수한 한국인의 땅으로 이상화하고 있다고 한다. '동질성 회복'이라는 개념과 함께 '순수'라는 이상화된 개념이 전시회에서 반복적으로 나타났다. '순수'는 경멸적인 말인 '이질'과 대립될 수 있다. 때로 북조선과 남한 간의 차이를 언급할 때 남한에서 가끔 쓰이는 말이기도 하다.

흥미롭게도 전시회 조직과 내용이 정부의 선전물이 아닌가 하고 의심을 품는 관람객들에게서 '차이' '순수' '원시적'이란 생각이 강했다. 대부분의 관람객들과는 대조적으로 '물건'들을 뒤떨어졌다고 보지 않는 사람들도 있었다. 그러나 물건들을 '통해' 그들은 유사한 믿음을 유지했다. 특히 교육 수준이 높은 관람객들 중에는 전시회의 물건들이 북조선의 '실체' 또는 실재를 나타낸다고 믿지 않는 이들이 많았다. 이들은 전시회가 단지 북조선의 상류층의 '실체'만을 나타내며, 진짜 북조선은 전시된 물건들이 나타내는 것보다 더 순수하고 뒤져 있고 원시적일 것이라고 생각하였다.

개종과 식민지화

전시장에서 만난, 조선업계에서 일한다는 남자는 북조선이 고향인데 지금은 통일과 북조선에 관한 시를 쓰고 있다고 했다. 그에게 김일성을 추종하는 인민들이 통일 한국에서 어떻게 살 수 있을 것이냐고 물었다. 그가 자신을 북조선 사람으로 여기는지 남한 사람으로 여기는지 확실하지 않지만 처음에는 자신을 북조선 사람으로 생각하고 있었다. "이북 출신 사람들이 생활력은 강할지 몰라도 그것이 정말 중요하지는 않아요. 남하한 우리들이 (사업에) 성공을 했고 또 많은 사람들이 미국에서 성공을 했지만 정치적으로 동원력이 없거든요. 특히 함경도 지방 출신인 우리들은요." 그는 스스로를 남한 사람으로 인식하고 있지 않다. "이북 사람들이 김일성주의를 신봉하고 있지만 서울을 본다면 금방 변할 겁니다." "어떻게 변한다는 말입니까?" 하고 물었더니, "사상 대신에 자본주의로요." 전시장에 이어서 나는 이 남자를 서울의 그의 집에서 만났다 그는 창가로 나를 데려가더니 거리의 과일 장수를 가리켰다. "저 사람 이북 출신이에요. 통일 후 그들이 여기 오게 되면 가난할 거예요. 우리는 그들을 도울 겁니다. 북한 출신 사람들은 남한 사람들보다 부지런하기 때문에 돈을 금방 벌 수 있을 겁니다."

좀 젊은 또 다른 남자와 얘기를 나누었다. 그는 아내와 학교 다니는 조카와 함께 전시장에 왔다. 조카 아이는 전시회 감상문을 학교 숙제로 써 내야 했다. 내가 북조선에 관해 뭘 알게 되었느냐고 묻자 그 남자는 "북한에 관해 이제 더 알 필요가 없습니다. 그렇지만 내 조카는 한국의 대다수 사람들과 비슷해요. 그 아이들은 한국 전쟁의 실체를 모릅니다. 여기서 북한 사람들이 서울의 빈민들처럼 산다는 것을 아이가 볼 수 있습니다." "북한 사람들이 통일된 남한에 어떻게 적응하지요?" 하고 물었더니 "북한 사람을 압구정동에 데려간다면, 그는 '와—우리는 서울 사람들이 가난에 시달리고 있다고 들었는데…' 하면서 그곳에서 지내고 싶어할 겁니다." 이런 식의 평이 통일 독일에서도 공통적이다. 통일 전 서독인들은 동독인들을 돈에 환장한 사람들이라고 생각했다. 위르겐 하버마스가 동독인들의 도이치 마르크에 대한 갈구를 비판하면서 '도이치 마르크 민족주의'(D-M Nationalismus)란 말을 만들어 냈는데 이 말은 서독 사람들 사이에 많이 퍼져 있던 정서를 반영한 것이다.

전시장에서 만난 다른 면접자들도 북조선에 대해 유사한 시각을 나타냈다. 북조선 사람들은 과거 속에 살고 있고 남한 사람들이 가진 정도까지 발전하지 못했으며 가난하고 뒤떨어졌다는 것이다. 내가 평범하게 본 신발이나 전지를 관람객들은 구식이라고 보았다. 내가 볼 때는 표준 크기의 아파트인데 관람객들은 한국 전쟁 때 여러 사람이 모여 살았던 비좁은 생활 공간을 생각나게 하는 것으로 보았다. 그렇지만 관람객들은 북조선 사람들이 남한 생활, 적어도 자본주의 하의 남한 생활에 빨리 적응하리라고 믿고 있었다. 그들이 풍요(부)에 빠질 것이고 새로운 종교, 즉 김일성교가 아니라 기독교를 발견하리라는 게 그 이유였다. 자본주의와 종교가 공통점이 많다는 데 의심을 갖는 사람이 있다면, 관람객들이 자본주의를 개종, 계몽, (한국인) 영혼의 구원에 견주는 미도파 백화점에 가보기만 하면 된다. 북조선 사람들이 재빨리 자본주의로 개종할 전근대인이라는 생각은 북조선 사람들의 근대가 북조선 당국에 의해 저지되어 왔다고 주장하는 것이다. 남한은 언젠가 북조선 인민들을 구원할 것이며 자유를 맛본 그들은 자신들이 얼마나 맹목적으로 김일성과 공산주의를 추종하였는가를 깨닫게 될 것이라는 말이다. 북조선에 관한 이런 특별 전시회에서 북조선 상품이 판매될 수 있고, 군데군데 광고가 들어간 다큐멘터리 영화가 상영되는 백화점에서 개최되었다는 사실은 공산주의와 자본주의의 대립을 너무나 분명하게 만든다.

많은 면접자들의 견해에 따르면 북조선 인민들에게 무슨 일이 벌어지든, 진짜 본성이 억압되어 왔든지 또는 새로운 정체성으로 변형될지 여부는 미지수다. 그런데 북조선 사람들이 스스로 바뀌어야만 한다거나 스스로 바뀌도록 도울 필요가 있다는 생각은 금세기 초 복음주의자들과 식민주의자들의 생각과 현저하게 닮아 있고, 통일에 대한 식민 담론의 형태가 출현하고 있다는 현실을 인정하지 못하게 한다. 나는 한국인들로부터 통일이 한국 전체 사회의 더 큰 경제 성장과 영적 발전과 연결되어 있고 한국은 세계 사회, 경제, 정치에서 지도력을 발휘하게 되리라는 말을 공통되게 들어 왔다.

미도파 백화점의 북조선 포스터와 그림 엽서에는 도시 환경보다는 자연을, 공장과 조선소보다는 산과 강이, 사람들보다는 꽃들이 담겨 있어, 북조선을 방문했던 남한 사람들(문익환 1990; 임수경 1989; 황석영 1989)의 방북기에서 발견되는 경치 좋은 북조선에 대한 이상화된 기술과 유사하다. 이런 방북기들은 공통적으로 북조선, 심지어 평양조차 더럽혀지지 않은 시골로 그리고 있다. 그렇지만 이러한 사진들이 순수하고 때묻지 않은 곳, 버려진 보이지 않는 땅일 뿐 아니라 여행하고 어쩌면 차지(점령)해야 할 땅으로 보인다는 것을 알 수 있다.

야누스 같은 얼굴을 하고서 북조선 사람들이 개종한다면 북조선이 변화할 뿐만 아니라 이전에 지니고 있던 동질성 때문에 한국스러움도 회복할 수 있으리라고 기대한다. 한국인의 정체성은 통일로 부활되리라. 오랫동안 북조선 당국의 억압에 시달려 온 북조선 주민들은 쉽사리 예전의 자신들의 모습으로 돌아갈 것이며 자본주의의 부패로 해를 입지 않으리라.

이런 관점에서 보면 통일은 생활과 사고가 한국적이고 순수하며, 산업으로 땅이 망가지지 않은 한국의 황금 시대의 재발견이다. 북조선 자연의 아름다움을 담은 사진들은 드러나는 동시에 억제된다. 북조선을 흘긋 보기만 해도 북조선 주민들의 불가시성을 꿰뚫게 되며 목가적이고 평화로운 시골에 관해 서울 도시민들이 환상을 갖게 되기 때문이다. 좀 문제가 있는 도시-시골의 대립에는 초기 식민지 시대나 냉전 담론 또는 정복자가 온정주의, 인도주의, 형제애의 옷을 입고 후견인의 모습으로 나타나게 될 위험이 도사리고 있다. 식민지 기업이 북조선 시골의 절경을 묘사한 미도파 백화점 전시회에서 판매된 그림 엽서에 얼마만큼 나타날까 하는 것은 깊이 생각해 볼 만한 것이다.

결론: 분단의 산물과 슬픔

많은 한국인들은 이제까지 내가 한 지적들을 선동적이라고 생각할 것이다. 남한 사람들이 북조선을 은연중 식민지로 여기려 한다는 내 생각에 공감을 표시하는 한국인들조차도 나에게 그것을 글로 표현하지 말라고 했다. 여하한 식민 담론도 발설되거나 글로 인정되어서는 안되었다. 발설된다면 그것이 유포되어 빠른 통일에 장애가 될 수도 있는 것이다. 통일에는 다른 의견이 있을 수 없다는 것이다.

많은 학자들이 탈식민지 사회들이 흔히 탈식민 행동에 있어서조차도 식민지 모델을 모르는 사이에 그대로 답습하고 있다는 것을 밝혀 왔다. 역사책에서 분단을 과거에 일어난 사건으로 객관화시킨다 해도 한국인에게는 현재 진행형의 기억, 재현, 반복 과정이라고 할 수 있다. '북한 주민 생활 모습전'을 통해 관람객들은 민족 분단의 어려움들과 복잡성을 말하며, 잃어버린 북쪽을 되찾으리라는 희망을 나타내고 있다.

전시장에서 실향민들은 찢어진 쪼가리 삶으로 돌아가, 장차 북조선 사람들이 개종해 한반도가 통일되리라고 말한다. 식민지적 함의가 관람객들에게 가장 유용하게 되는 맥락은 단일 민족의 상실과 부활에 관한 담론을 규정짓는 데 있다. 남한 사람들은 민족의 상실을 비통해 하면서도 그러한 불행이 통일이 되면 끝나리라고 주장한다. 민족 분단은 일시적이다. 곧 죽음 없는 죽음인 것이다. 북조선을 구하거나 변화시키거나 또는 전유하는 것에 관한 식민 담론은 상실감이 부정될 수 있는 담론인 것이다. 민족 분단은 종국적이거나 단일 사건이 아니라 그냥 보기에는 분명한 목적도 없이 진행중인 불화이기 때문에 남한 사람들은 그것의 결말을 마음속에 그리는 것이다. 통일은 분단의 고통을 끝내는 것이자 상실감이 부정되는 것이다. 그 상상된 세계에서 다양성은 변형되어 단일성으로 바뀌어야만 한다.

전시회, 기념관, 폐허와 같은 기념 건축물이 늘 과거나 어떤 것의 종말과 연관되는 것은 아니다. 그것들은 새로운 시작이나 연장과 관련될 수 있다. 과거와 미래 간의 연속성과 비연속성을 1983년 KBS의 이산 가족 상봉 프로그램에서 나타난 TV 이미지에서도 볼 수 있다. 수천 명의 한국인들이 이산 가족의 이름을 쓴 포스터를 붙들고 있었다.

미도파 백화점에서와 같은 전시회에서 이루어지는 일종의 회상은 상실감과 분리를 풀려는 관람객들의 시도에서뿐만 아니라 반대 감정, 잃어버린 연인 또는 가족을 향한 사랑과 미움의 표현에 담겨 있는 애도와 공통점을 갖고 있다. 기억 속에서든 전시회에서든, 북조선은 죽거나 잃어버린 친척과도 같이 이상화됨과 동시에 더럽혀진 사람이 된다. 조객들은 일반적으로 스스로를 죽은 자와 동일시하기도 하고 죽은 자를 자신들의 일부로서 내면화시키기도 한다. 극도의 반대 감정이 병존할 경우에는 고인이 지닌 면들이 도덕적 금기로서 부정적으로 내면화될 수도 있고 조객 자신이 스스로를 비하하는 것에 반대하여 이상화된 객체로서 긍정적으로 내면화될 수도 있다. 애도는 주목할 만한 반대 감정 병존으로 특징지어진다. 사실 미도파 백화점 전시회에서 북조선은 원시적이고 확실하며 고정되어 있으며 기계적이며 맹목적이고 남한이 절대적으로 구원해야 할 필요가 있다. 진짜 같기도 하고 진짜가 아닌 것 같기도 하며 칭찬받을 만한 점도 있지만 여전히 악한 존재다. 남한은 진취적이며 세계적이며 자유롭고 주목을 받고 있으며 여전히 북조선을 통해 스스로를 재발견하고 재건될 필요가 있는 것으로 보인다. 북조선과 비교해 우수한 점도 있지만 중요한 면에서 열등한 면도 있다. 한쪽은 북조선과 관계되고 다른 한쪽은 남한과 관계된다고 해도 두 종류의 모순되는 성격 규정은 서로에 의존하고 있다. 그것들은 같은 장소 같은 사람들에 의해 만들어지는 같은 환상의 일부분이기 때문이다. 관람객들이나 전시 패널이 북조선에 대해 말할 때 그들은 실제로는 남한에 관해 말하고 있다. '실제' 또는 '진짜' 북조선은 남한의 역이며 따라서 그 반영이기 때문이다. 그래서 남한 사람들이 북조선을 상상하는 방법에 나타나는 명백한 모순들은 단순한 반대 감정 병존 이상의 것에서부터 나온다. 그것들은 남쪽과 북쪽, 자아와 타자가 하나이자 같은 것이라는 의식적인 소망으로부터, 그리고 그들이 하나가 아니며 같지 않다는 어려운 인정에서부터 생긴다.

앞서 살펴본 식민지적 은유들은 같음과 다름에 대한 반대 감정 병존의 견해를 조장한다. 북조선의 상상들을 만남에 있어 남한 사람들은 스스로를 불연속적이며 차별적인 분열된 전체로 여기는, 어렵고도 고통스런 작업을 수행하고 있다. 한국인들이 긍정적인 의미의 도가니(melting pot), 문화적 다원주의, 또는 다양성이란 개념을 긍정적으로 보지 않기 때문에 이 작업은 특히 어렵다. '북한 주민 생활 모습전'이 단일성을 상실할 수도 있는 기록으로 보일 수 있다. 이 글에서 분석된 전시회는 차이에 관한 담론을 아주 구체적이고 특수하게 확장시켜 이질감을 강화하거나 심화시키는 데 기여할 수 있다. 전시회는 표상과 그에 따른 분단과 다름의 생산과 지속성을 이루고 있다. 전시를 하는 바로 그 과정이 차이를 확인하는 것이다. 아무데서도 볼 수 없거나 본 적이 없는 물건들을 보러 전시회에 가는 것은 너무나도 자명한 이치이며, 지금까지 볼 수 없던 부분을 보는 것을 포함하는 것이기 때문이다.

◑ 로이 리차드 그린커는 조지 워싱턴 대학 인류학과 국제 관계 분야 교수이며, 옮긴이 유승희는 도서출판 또 하나의 문화에서 일하고 있다.

또 하나의 북조선 읽기

최정화 작품

한 사회의 예술은 다분히

그 사회의 정치적, 경제적 상황에 영향을 받는다.

사회주의 사회의 경우에는

더더욱 예술이 사회주의 건설에 기능해야 하고

'당' 의 정책을 반영하도록 요구된다.

그러한 정치적, 이념적 의미를 감안하더라도

우리는 그 작품 속에서

그 사회와 사람들의 삶을 볼 수 있다.

북조선 영화에서

우리는 어떤 사람들을 만날 수 있는지,

또한 그런 만남을 위해서

영화를 어떻게 읽어야 하는지를

보여 주는 글을 싣는다.

북조선 영화 읽기

이우영

흔히 통일을 하나의 국가, 하나의 경제 체제를 이루는 것이라고 생각한다. 그러나 궁극적인 통일은 명실 상부하게 하나의 공동체를 이루는 것이고, 이를 위해서는 경제 체제뿐 아니라 하나의 문화 속에서 사람들이 살아갈 수 있어야 한다. 하나의 문화를 이루기 위해서는 상대의 문화를 수용할 수 있어야 하고, 상대의 문화를 수용하기 위해서는 그 문화를 이해할 수 있어야 한다. 북조선 문화를 접하는 데는 여전히 많은 제약이 있다고들 한다. 어느 면에서 이러한 주장이 전적으로 틀린 것은 아니다. 그러나 다른 한편으로는 우리가 상대의 문화를 이해하고자 하는 의지가 대단히 부족하다고 할 수 있다. 설사 그러한 의지가 있다고 하더라도 북조선 문화를 어떻게 받아들여야 하는지를 잘 모른다. 이러한 맥락에서 출발점은 북조선 문화를 읽는 방법을 습득하는 것이 된다.

이 글에서는 북조선 영화를 북조선 문화 이해를 위한 실습 교재로 삼고자 한다. 영화를 선택한 것은 영상 매체가 점점 중요시되는 요즈음의 세태를 반영한 것이기도 하지만, 북조선 문화에서 영화가 차지하는 자리가 크기 때문이기도 하다.

영화 보기 전에 생각해 보아야 할 것 몇 가지

이
우
영

나는 어떻게 영화를 보고 있는가

컵에 물이 반쯤 있을 때 어떤 사람은 물이 반밖에 없다고 말하지만 어떤 사람은 물이 반이나 있다고 한다. 아주 명확한 사실도 보는 관점에 따라 평가가 달라질 수 있다. 이것은 영화를 볼 때도 마찬가지다.

한국 영화를 보러 갈 때 대부분의 사람들의 기본 자세는 한국 영화의 수준을 평가하기 위해서이다. 좀더 쉽게 이야기하자면 까탈을 잡기 위해서 한국 영화를 보러 간다. 한국 영화를 본 사람들의 감상은 비교적 좋게 본 경우는 "한국 영화치고는…"이고, 재미없게 본 경우는 "역시 한국 영화는…"이다. 그렇지만 외국 영화 특히 미국 영화를 보러 갈 때의 자세는 그냥 즐기기 위해서인 경우가 많다. 어느 쪽이든지 영화를 보는 한 방법이 될 수 있다. 다만 보기 전에 어떤 방식으로 내가 보고 있는지는 한번쯤 생각할 필요가 있다.

북조선 사람들과 남한 사람들은 좋아하는 것이 다르다

사람들의 눈은 대단히 간사하다. 때로는 장발이 좋아 보이다가, 때로는 기계로 바짝 친 머리가 좋아 보이기도 한다. 긴 치마가 예뻐 보이다가 짧은 치마를 세련됐다고 말하기도 한다. 같은 눈으로 볼 때도 이럴진대 다른 눈으로 보면 더 말할 나위도 없다. 보이는 것만이 아니다. 듣는 것, 먹는 것, 즐기는 것 모두가 다를 수밖에 없다. 작게는 사람마다 다를 수 있고, 크게는 나라마다 민족마다 다를 수 있다.

남한에서 미국 영화가 대부분 장사가 잘되긴 하지만 미국에서 흥행에 성공한 영화가 반드시 남한에서 흥행에 성공하는 것은 아니다. 미국에서 인기 있는 배우와 비슷한 한국 배우가 있다고 하더라도 그 사람이 반드시 한국에서 주연을 할 수 있는 것은 아니다. 우리가 예쁘다고 보는 여배우의 얼굴이 미국의 유명 배우와 다를 수 있다.

북조선은 비교적 단조로운 사회이다

민주화를 이야기할 때 동반되는 단어 중의 하나가 다원주의이다. 전체주의의 짝인 획일성을 고려한다면 사회 구성원의 자율성과 다양성을 인정하는 다원주의는 바람직하다고 볼 수 있을 것이다. 따라서 민주화된 사회일수록 다양한 문화가 공존하는 경향이 있다. 이 외에 문화적 다양성이 강조되는 또 다른 이유가 있는데 그것은 자본주의 사회에서 문화가 갖는 상품성이라고 할 수 있다. 문화 산업이라는 측면에서 본다면 잘 팔리는 문화가 좋은 것이기 때문에 새로운 형태의 문화 상품을 기획하고 판매하는 것이 핵심적인 과제가 된다. 그러나 다원주의화 혹은 문화적 다양성이 바람직하다고 하더라도 절대적인 것은 아니다. 혹은 문화적 다양성이 문화적 우열 관계를 판단하는 기준이 되는 것도 아니다.

북조선은 건국 초 사회주의 체제로의 급격한 사회 변화를 경험하였지만 근본적으로 사회 변화의 속도가 완만한 체제이다. 또한 강력한 통제 체제를 유지하고 폐쇄적인 대외 정책을 추진하여 왔기 때문에 사회 문화 체제는 단조롭다고 할 수 있다. 트로트에서 랩에 이르기까지 다양한 종류의 가요를 즐길 수 있는 우리들과는 달리 북조선의 가요는 대개 엇비슷하다. 더욱이 전통과 현대(혹은 탈현대), 동양과 서양의 가지가지 문물이 혼재된 문화에 길들여진 사람들의 눈에 북조선 문화는 '천편 일률적'으로 보이기 십상이다. 그러나 꼼꼼히 보면 북조선 문화에도 나름대로의 '차이'가 있다. 다만 그 차이가 우리 눈에 띄지 않을 뿐이다. 우리에게 익숙하지 않을 뿐이다. 그리고 중요한 것은 단조롭다든지 다양하지 못하다는 것이 반드시 저질이라는 평가와 연결되는 것은 아니라는 점이다.

북조선에서 영화의 자리

이
우
영

사회주의의 문학 예술은 자본주의 문학 예술과 여러 가지 차이를 가지고 있다. 그중에서도 가장 핵심적인 차이는 문학 예술이 정치에 예속된 정도가 굉장히 높다는 점이다. 자본주의 문학 예술이라고 해서 정치와 완전히 자유로운 것은 아니지만, 사회주의 국가에서는 당(공산당)이 직접 문학 예술의 창작, 보급을 관할한다. 따라서 문학 예술 작품은 당의 정치 이념을 전파하는 수단이 된다. 그리고 사회주의 이념을 얼마나 올바르게 작품 속에 구현하였는가가 평가의 주요한 기준이 된다.

다른 어떠한 예술 갈래보다 영화의 정치적 중요성은 더욱 두드러진다. 이것은 다음의 몇 가지 이유 때문이다. 첫째, 영화는 동일한 내용을 대량 복사하여 동시 다발적으로 많은 사람들에게 감상시킬 수 있기 때문에 정치 선전의 유용한 매체가 된다. 둘째, 영화는 많은 기자재와 인원을 필요로 하기 때문에 제작을 통제하기가 용이하다. 다른 문학 예술 작품에 비해서 영화의 '지하 작품'이 적은 이유도 여기에 있다. 셋째, 어두운 공간에서 관람자 배후에서 빛을 투사하여 영상을 만드는 영화는 상대적으로 관객의 해석 여지를 축소시킨다. 넷째, 사회주의가 처음 성립된 소련에서 문맹률이 높은 국민들의 정치 교육 수단으로 영화를 적극적으로 활용하였기 때문이다. 이와 같은 경험은 다른 사회주의 국가에 파급되었다. 이러한 이유들로 인해서 사회주의 국가에서 영화는 예술 분야로 취급되기보다는 이념 분야로 간주되고 있으며, 최고 지도자들도 영화를 중시하는 경향이 있다.

북조선 영화의 기본적인 역할은 다른 사회주의 국가와 마찬가지로 조선 로동당의 이념, 김일성·김정일 체제의 정당화 기능이다. 그리고 부차적으로 주민들의 여가 선용의 대상이다. 그러나 사회주의 국가보다 북조선 영화의 정치 사회적 역할은 훨씬 크다고 할 수 있다. 최고 집권자인 김정일이 영화에 대한 관심이 대단히 높기 때문이다. 김정일은 영화 예술 분야에서 주요 경력을 쌓았을 뿐만 아니라, 영화광이라고 할 정도로 영화에 대한 개인적인 관심을 갖고 있다. 김정일은 최고 지도자가 된 이후에도 영화 제작에 직접 관여하고 있으며, 그가 쓴 『영화 예술론』(1973)은 북조선 영화 제작의 지침서이다. 이와 아울러 북조선에는 뚜렷한 오락거리가 없다는 점도 영화가 중시되는 또 다른 이유가 된다. 여가 시설이 풍족하지 않고, TV에서도 영화 방영 비율이 남한에 비해서 훨씬 높다(방송에 따라 다소 차이가 있지만 영화의 편성 비율은 40%를 상회하고 있다). 이러한 맥락에서 북조선의 영화는 집권자도 중요하게 인식하고 있을 뿐 아니라, 일반 주민들에게도 중요한 문화 매체라고 할 수 있을 것이다.

북조선 영화의 종류

북조선의 영화는 크게 기록 영화, 예술 영화, 아동 영화의 세 가지로 분류할 수 있다. 이중에서 우리가 일반적으로 이야기하는 영화, 즉 극영화는 예술 영화이다. 북조선의 예술 영화는 다루고 있는 내용에 따라 다시 몇 가지로 나뉜다.

① 항일 무장 투쟁을 소재로 한 영화: 일제 시대 만주 지방에서 김일성의 유격대 활동을 소재로 한 영화이다. 1960년대 이후 북조선에서 '항일 혁명 문학'이 문예 이론으로 확립됨에 따라 영화뿐 아니라 소설에서도 가장 많이 취급되는 소재이다. 대표적인 작품들로 「유격대 5형제」, 「한 자위 단원의 운명」, 「첫 무장 대오에서 있었던 일」, 「조국의 별」 연작 등이 있다.

② 노동을 고취시키는 영화: 국가 건설 과정, 전후 복구 과정에서 주민들의 노력을 동원하기 위해서 만들어진 영화이다. 이 계열의 영화들은 시기에 관계없이 꾸준히 제작되고 있다. 「로동 가정」, 「개척자들」, 「군당 지도원」,

「언제나 한마음」 연작 등이 이에 포함된다.

③ 전쟁을 소재로 한 영화: 한국 전쟁을 중심으로 북조선 인민군의 용맹성이나 미군의 잔인함을 부각하는 영화들이다. 「월미도」, 「장산리 녀성들」, 「적후의 진달래」, 「이름 없는 영웅」 연작 등이 있다. 직접 전쟁을 다루지는 않으나 미국이나 남한의 간첩을 색출하는 첩보 영화들도 이 범주에 속한다고 할 수 있다.

④ 김일성 · 김정일 일가를 우상화하는 영화: 김일성을 중심으로 아버지 김형직, 어머니 강반석, 동생 김철주, 부인 김정숙 등을 소재로 한 영화이다. 가계의 우수성을 부각하기 위해서 만든 영화로서 「영생」, 「친위 전사」, 「혁명 전사」, 「려명」 「기다려다오」 등의 작품이 있다.

⑤ 남한을 비판하는 영화: 남한의 문제점, 남한 주민들이 북조선을 사모하는 마음, 남한 상류 계층을 비판하는 영화들이다. 「성장의 길에서」 연작, 「어머니의 소원」, 「민족과 운명」 연작이 대표적인 작품이다.

⑥ 기존의 작품들을 재창작한 영화: 이 범주는 두 가지로 나눌 수 있다. 첫번째로 항일 유격대 시절에 주민들을 선무하기 위해서 공연되었던 작품들을 영화화한 것으로서 혁명 가극으로도 유명한 「피바다」, 「꽃 파는 처녀」 등의 작품이 이에 포함된다. 둘째로 고전 작품들을 영화로 재창작한 것들로서 「홍길동」, 「일지매」, 「춘향전」, 「임꺽정」 연작 등의 작품이다.

⑦ 기타: 일상 생활에서 주민들이 당과 국가에 충성하는 작품, 북조선 체제의 고마음을 깨닫는 작품, 기존의 잘못된 관습을 극복하는 과정을 묘사하는 작품 등이 있다.

북조선 영화의 특성

북조선 영화는 기본적으로 정치적 선전 선동을 목표로 하고 있다. 소재에 상관없이 어떤 영화를 보더라도 북조선 체제가 대단히 만족스러우며, 김일성 장군은 최고로 자애로우며, 미국은 지극히 잔인하다고 주장하는 내용이 반드시 포함되어 있다. 중요한 것은 그러한 내용들이 포함되어 있는 것이 아니라 문자 그대로 주장되고 있다는 점이다. 예를 들어서 어떤 내용의 영화든지 주인공이 한번쯤 김일성 장군의 자비로움 혹은 용맹함을 대사로 표현하면서 감격에 겨운 표정을 짖는다. 북조선 영화에서 정치적 선전 구호가 나오는 것은 자연스러운 현상이다. 보다 정확히 말하자면 반드시 그래야만 한다.

북조선에서 시나리오를 영화 문학이라고 하는데 영화 문학 작가가 감독의 윗자리에 있다. 영화를 감독의 작품으로 보는 자본주의적 견해와는 다르다. 창작 과정에서 감독의 자의적 변형을 통제하기 위해서 이러한 풍토를 조성하였다고 볼 수 있는데(무형의 연출을 통제하기보다는 유형의 대본을 통제하는 것이 쉽다), 결과적으로 이야기 전개(story telling) 위주의 작품들이 많다고 볼 수 있다. 뿐만 아니라 시나리오 위주의 창작 결과 북조선 영화는 대부분의 단순한 구조를 갖고 있다.

북조선은 다른 사회주의 국가들과 마찬가지로 '사회주의적 사실주의'를 예술 이론의 기본으로 하고 있다. 사실주의라는 낱말이 의미하고 있듯이 북조선 예술에서 추상의 개념은 당연히 없다(예를 들어 회화에서도 추상화가 없다). 영화에서도 상상력이 동원되는 작품들은 없으며, 역사적 사실성을 정확히 묘사하도록 유도된다. 그렇다고 해서 북조선 영화에 나오는 장면이 현실과 일치하는 것은 아니다. 사회주의적 사실주의는 있는 그대로를 반영하는 것이 아니라 사실에 터해서 바람직한 전형(典型)을 창조해야 하기 때문이다.

역사적 사건을 다루는 북조선 영화의 관점 즉 사관(史觀)은 고정되어 있다. 사회주의 국가의 역사관을 유물 사관이라고 이야기하지만 북조선에서는 유물 사관을 앞서는 주체 사관이 있다. 조선 시대를 소재로 한 시대물들은 민중의 입상에서 이야기가 전개되고 있으며, 근대 이후의 역사물들은 김일성의 필연적인 등장을 예고하고 있다. 또한 민중적인 혹은 민족적인 영웅들도 각자 한계를 지니고 있었고 이를 극복한 사람이 김일성이라는 것이다.

북조선 영화를 재미있게 보는 방법

영화는 예술이기도 하고 상품이기도 하다. 어떤 사람들은 영화란 무조건 재미있어야 한다고 하고 또 어떤 사람들은 영화 속에는 일정한 목소리가 있어야 한다고 주장한다. 영화를 평가하는 사람들이나 만드는 사람들에게 다시 말해서 영화로 먹고 사는 사람들에게는 이것이 중요한 문제이겠지만 보는 사람들에게는 어떤 식으로든지 의미가 있으면 된다. 여기서 의미는 '재미있다'도 되는 것이고 '감동적이다'도 되는 것이고, '가치가 있다'도 되는 것이다. 단지 '시간 죽이기'를 위한 영화를 보는 방식으로, 복잡하고 감동에 승부하는 영화를 본다면 '의미가 없는' 일이 될 뿐이다.

김일성 광장, 뒤로 인민 대학습당, 만수대 예술 극장.

따지지 말고

북조선 영화라고 다 칙칙하고 무거운 것은 아니다. 북조선에서 문학 예술 작품을 평가하는 기준은 당성·계급성·인민성의 세 가지이다. 앞의 두 가지는 정치적인 기준이 되겠지만 마지막 인민성은 우리의 대중성에 가까운 개념이다. 북조선에서도 재미가 없으면(물론 우리의 재미와는 조금 다르지만) 좋은 평가를 받지 못한다. 어떤 면에서는 지적인 평자들보다 대중의 호응을 더욱 중시하는 경향이 있다.

북조선에서도 문학 예술 작품의 '재미'가 문제가 되어, 1980년대 이후부터는 오락성을 강조하는 작품들이 많이 생산되었다. 특히 고전을 재창작한 작품들이 이러한 경향을 보이고 있다. 「홍길동」, 「일지매」, 「림꺽정」 연작 등은 액션에 있어서 홍콩의 무협 영화에 크게 뒤떨어지지 않는다. 따라서 따지지 말고 그냥 있는 대로 보면 꽤 재미있다.

앞에서 이야기한 고전물들은 대부분 조선 시대를 배경으로 하고 있고, 정확히 말하자면 조선 시대 봉건적 질서의 문제점을 고발한 영화들이라고 할 수 있다. 따라서 영화 곳곳에서 봉건 제도를 비판하고 민중들에 대한 억압을 강조하는 정치적 해설들이 삽입되어 있다(이들 영화뿐만 아니라 북조선 영화에는 해설이 굉장히 많이 삽입된다). 그러나 이러한 내용에 집착하지 않고 임꺽정이 천민들을 모아서 관군에 대항하는 것이나, 홍길동이 사랑에 빠지는 것, 일지매 신출 귀몰하면서 권력층을 농락하는 것에 관심을 기울이는 것이 좋다.

로마에서는 로마법으로

북조선 사람의 눈으로 북조선 영화를 볼 수도 있을 것이다. 다시 말해서 가능한 선입견을 버리고 있는 그대로 북조선 영화를 감상한다. 미국 영화나 한국 영화와 비교를 할 필요가 없다. 이를 위해서 북조선 영화가 갖고 있는 특성들을 이해하고 이에 개의치 않아야 한다. 특히 정치적 선전 선동 구호에 신경 쓰지 말아야 할 것이다.

예를 들어 북조선 영화의 대표작 중의 하나인 「조국의 별」은 전체가 10부작이나 되는 대작인데, 일관된 주제는 김일성 장군의 위대함이다. 이 영화에서 김일성 장군을 우리 편으로 생각하고 일본을 적으로 생각하고 보면 어떨까?

전쟁 영화의 걸작으로 꼽고 있는 「월미도」는 인천 상륙 작전에서 월미도를 지키던 소부대의 이야기이다. 이 영화를 볼 때는 주인공들을 우리 편으로 생각해 보자. 즉 맥아더를 치사한 제국주의자로 간주하고, 인천을 미군으로부터 사수해야 한다는 입장에서 볼 수도 있다는 것이다. 화력도 시원치 않고, 인원도 적은 월미도 수비대는 연합군의 엄청난 공격에 하나 둘 죽어 가는데, 각 병사들의 헌신, 개인적 고통, 희망 이러한 것에 초점을 맞추어 본다면 「월미도」를 보면서 베트콩을 악마로 그리는 할리우드의 월남 전쟁 영화 못지않게 긴박감을 느낄 수 있다.

「어느 한 해안 도시에서」와 같은 첩보물도 이러한 식으로 감상하면 된다. 이 작품은 수리를 위해서 북조선 항구에 정박한 외국배에 기관장을 가장한 미국의 스파이가 북조선 내 동조 세력과 접선하는 것을 사회 안전부(남쪽의 경찰)의 형사들이 끈질긴 추적 끝에 일망 타진하는 영화로서 '스릴과 서스펜스'가 있는 내용이다.

사람이 살고 있었네

북조선 영화도 아주 당연한 이야기지만 사람들이 중심을 이루고 있다. 북조선 사람들도 연애하고, 부모를 존경하고 때로는 부모와 갈등을 겪기도 한다. 직장 선택과 상급 학교 진학은 북조선에서도 중요한 문제이고, 북조선이라고 해서 성차별이 없는 것이 아니다.

북조선에서 1980년대 이후에 나온 작품들은 '숨은 영웅 찾기'란 당시의 정치적 구호에 걸맞게 일상 생활을 소재로 삼은 것들이 많다. 따라서 비교적 체제 단위의 정치적 구호가 약하다. 더욱이 세대간의 갈등, 도시 농촌 간의 갈등이 중요한 사회 문제로 부각되어 이를 주제로 삼는 경우도 많고, 부차적으로라도 이러한 문제들이 드러나는 영화가 적지 않다. 북조선 사람들이 살아가는 모습, 고민하는 모습에 관심을 기울이면서, 동시에 남한 사람들의 모습들과 비교하는 것도 의미가 있다.

「마음에 드는 청년」은 제대한 남자 주인공이 직장을 찾고, 결혼하는 과정을 그리고 있다. 이 영화에서 주인공의 어머니는 하수도를 청소하는 일을 하고 있는데, 주인공의 어머니의 일을 맡아서 하려고 하자 누나를 비롯한 주위의 사람들은 하수도 일이 장래성이 없고 장가 가는 데도 지장이 많다고 주인공을 만류한다. 때마침 좋은 색시감이 생기자 주인공의 누나는 동생이 연구직을 수행하고 있다고 속여서 결혼을 성사하려고 하고, 여자의 식구들도 남자의 직업이 좋다고 결혼에 적극적이 된다. 우여 곡절 끝에 결국 결혼도 성사되고 자신이 하고 싶었던 하수도 일을 계속한다는 교훈적 결론에 이르게 되지만, 이 과정에서 북조선의 보통 사람들이 하는 말들이나 행동들을 유심히 관찰하면 의외로 우리와 비슷한 점이 많다는 것을 알 수 있다.

여기서 한걸음 나아가면 특정한 문제에 초점을 맞추어 볼 수도 있다. 예를 들어서 북조선의 가부장제 혹은 여성 문제에 관심을 기울일 수 있을 것이다. 북조선 영화는 특히 여자를 주인공으로 내세우는 경우가 굉장히 많다. 제목만 얼핏 보더라도 '처녀' '어머니' '녀성'과 같이 여성을 직접 지칭하거나 '꽃' '마음'과 같이 여성을 상징하는 말이 들어가는 작품들이 많고, 문자 그대로 여성들이 이야기의 중심에 있다(남한의 비슷한 제목은 여성은 상품으로서의 주인공일 뿐이다). 이러한 작품들에서 묘사되는 북조선 여성들의 가족 내, 그리고 사회에서의 지위를 살펴보고, 남한의 경우와 비교할 수도 있을 것이다. 또한 여성이 전면에 나서지 않은 작품에서도 여성이 어떻게 취급되고 있는가, 가족은 어떻게 인식되고 있는가에 관심을 기울여 보는 것도 흥미로운 작업이 될 수 있다.

북조선에서 대표적인 영화로 꼽고 있는 「도라지꽃」은 산간 오지를 고향으로 두고 있는 여자 주인공의 이야기이다. 여자 주인공을 자신의 고향을 잘 가꾸며 살기를 바라는데 그를 사랑하는 남자는 시골에 살아서는 희망이 없기 때문에 애인을 버리고 도시로 떠나간다. 그러나 여자 주인공은 혼자서 살면서 오지를 가꾸어 살기 좋은 곳으로 개간하고, 고향을 버렸던 남자는 나이가 들어 돌아오지만 예전에 사랑했던 여인은 개간 사업 도중에 사고로 목숨을 잃은 후이다. 이 영화에서도 그러하지만 북조선의 영화에서 남성은 개인적 이익에 집착하고 여성은 명분에 투철하여 결국 남성들이 여성들의 '올바른' 결정에 승복하고 소기의 목적을 이루는 내용이 많다. 노동력을 고취하는 영화로 대표적인 「언제나 한마음」 연작도 마찬가지이다.

주의 · 주장은?

북조선을 흔히 정체된 사회라고 하지만 역사상 변화가 전혀 없었던 체제란 없다. 다만 변화 속도와 양태가 다를 뿐이다. 이러한 차원에서 북조선의 사회 각 부분도 나름대로의 변화를 겪어 왔다. 영화를 포함한 문학 예술도 예외는 아니다.

건국, 전쟁, 정적의 숙청, 주체 사상의 수립, 후계 체제의 완비, 경제 성장과 극심한 경제난 등의 사회 · 역사적 맥락은 북조선 영화의 창작에도 적지 않은 영향을 끼쳤다. 특히 앞에서 이야기하였듯이 북조선 영화의 일차적인 목적은 정치적 선전 선동이고 이를 돌려서 말한다면 영화 제작 시점에 북조선의 지배층이 인민들에게 강조하는 주의 · 주장이기 때문에 영화와 시대적 환경과의 관계가 훨씬 밀접하다고 볼 수 있다. 따라서 영화의 제작 시기를 확인하고 시기별로 강조하는 주의 · 주장의 변화 혹은 변하지 않는 주의 · 주장을 찾아보는 것은 또 다른 북조선 영화 읽기가 될 수가 있다. 그리고 이러한 방법은 조금 거창하게 이야기한다면 북조선 체제를 이해하는 하나의 통로가 될 수 있다.

이를테면 1965년의 「성장의 길에서」는 남한이 주무대이기는 하지만 김일성의 위대함보다는 사회주의 체제의 우수성이 강조된다. 그러나 1968년에 나온 「유격대 5형제」 연작부터는 중심 주제가 김일성의 우수함이고, 나오는 주인공들은 자나 깨나 김일성 장군을 염려한다. 흔히 이 작품으로부터 김정일의 영화 지도가 본격화된 것으로 보는 경향이 있는데, 김정일의 간섭으로 영화에서 김일성 우상화 추세가 가속화되었다고 할 수 있다. 이러한 특성은 「조선의 별」 시리즈가 발표되는 1980년대에 더욱 두드러진다. 이와 동시에 김정일이 권력의 전면에 등장한 1980년대부터는 김일성 한 개인을 소재로 하는 것에서 벗어나서 김일성의 아버지 김형직(「푸른 소나무」), 김일성의 부인인 김정숙(「친위 전사」), 김일성의 형인 김철주(「혁명 전사」) 등을 소재로 한 영화들이 부쩍 많아지기도 한다.

그들이 보는 우리

북조선 영화에서 남한을 다루는 영화도 적지 않다. 특히 1990년대의 최대 역작으로 국가적으로 관심을 기울이고 있는 「민족과 운명」은 50부작을 목표로 하고 있고 1995년까지 27부가 제작되었는데 이야기의 중심 무대는 남한이다. 이전에도 「성장의 길에서」나 「어머니의 소원」 등 남한 생활을 다룬 것들이 있다. 물론 이들 영화에서는 북조선＝선, 남한＝악의 이분법적으로 남북을 가르고 있다. 그러나 좀더 구체적으로 남한의 무엇을 악으로 보는지 그리고 그들이 잘 이해하는 남한, 그들이 잘못 이해하는 남한을 구별해서 볼 필요가 있다. 그리고 우리가 생각하는 우리와 견주어 보는 것도 의미가 있을 것이다.

「어머니의 소원」은 남한에 자식을 유학 보낸 재일 교포 어머니가 주인공이다. 어머니는 유학간 아들이 '재일 교포 간첩'으로 잡혀 갔다는 소식을 접하고 남한으로 급히 오게 되지만 고문으로 고통받고 있는 아들을 만나지 못한다. 이 영화에는 1970년대 남한의 시장, 정보부, 경찰, 대학 등이 화면으로 묘사되는데 그 당시 우리의 실제 모습과 비교해 보는 것도 의미 있을 것이다. 4.19를 소재로 한 「성장의 길」에서는 1950년대 남한의 모습이 묘사되어 있고, 최근에 화제를 모으고 있는 「민족과 운명」은 박정희 정부 시절 고위층의 부패상이 주로 다루어진다. 뿐만 아니라 남쪽의 영화가 남한의 상층부나 정치 문제를 다루지 못해 왔다는 점에서도 남한을 소재로 한 북조선 영화는 그 의도가 어디에 있든지 최소한 희소성에서라도 의미가 있다.

전문가의 눈으로도

영화가 프랑스에서 비롯되었다고는 하지만, 초창기 영화의 발달에서 아이젠슈타인으로 대표되는 소련 영화가 공헌한 바가 무척 크다. 지금은 물론 자본주의의 기술과 자본으로 소련이나 동구의 영화들은 뒤쳐진 것으로 생각되지만. 어쨌든 조명, 촬영 기법, 음악, 의상, 미술, 분장, 연출, 연기 등 영화의 전문 분야별로 북조선 영화를 보는 것도 의미가 있다. 더욱이 북조선에서는 인민 배우, 공훈 배우, 인민 예술인, 공훈 예술인, 계관 작품 등 연기를 포함하여 각 전문 분야에 국가가 인정하는 등급이 있다. 그리고 영화의 끝에 타이틀을 보유한 사람은 반드시 명기된다. 어째서 이들이(혹은 작품이) 국가적으로 인정받고 있는가를 생각해 보는 것도 의미가 있을 것이다.

조금은 더 전문적이지만, 가능하다면 북조선의 영화에서 기대고 있는 정서 내지는 심층 의식을 규명하는 것도 중요한 작업이다. 일반적으로 북조선의 경우도 남한과 같이 신파적인 감정에 호소하는 경향이 강하다고 이야기하는데 과연 그러한지를 따져볼 필요가 있을 것이다. 예를 들어 혁명 가극으로도 잘 알려진 「꽃 파는 처녀」나 「피바다」는 일본 제국주의의 만행을 고발하고 민족 의식을 고취하는 내용이지만, 두 작품 다 주제를 표출하기 위해서 어머니의 눈물, 누나(혹은 형)의 가족을 위한 희생, 어린 자식의 사망 등 전통적인 가족적 감정에 호소한다. 또한 어떠한 영화를 보든지 간에 김일성 장군에 대해서 말하거나 그를 만나면 출연한 인물들은 감격으로 눈물을 훔치고, 김일성을 문자 그대로 '가슴에 사무치게' 그리워한다. 북조선 영화에서는 합리적인 판단이나 이성적인 결정을 유도하기보다는 감성적인 슬픔을 자극하여 특정한 결론에 이끄는 경우가 많다. 이러한 이유에서 특히 모성을 자극하는 영화들이 많다고 할 수 있다(「전사의 어머니」, 「어머니의 소원」, 「어머니의 마음」).

맺음말

'감상적 통일론'이라는 말이 있다. 북조선을 덜 경계하고 북조선과 타협이 가능하다는 이들을 비판하는 경우에 쓰이는 말이다. 그러나 지금 우리네 사람들 대부분이 갖고 있는 통일관이 바로 감상적 통일론이라고 할 수 있다. 그냥 하나의 민족이니까 하나로 되는 것이 당연하다는 생각이다.

통일 이후 혹은 통일 과정에는 적지 않은 문제점들이 파생할 것이다. 실업률이 증가할 수 있고, 세금도 오를 수 있다. 범죄도 많아질 수 있고, 주택 사정은 더욱 나빠질 것이다. 감상적인 생각으로는 통일은 전혀 불가능하다. 그러나 통일되지 않고서는, 다시 말해서 지금까지처럼 국방비를 무한으로 쏟아 부으면서는 우리의 교실은 더 이상 풍요로워질 수 없으며, 적대심과 증오심이 우리 민족의 기본적인 정서인 한 진정한 공동체가 달성될 수 없다는 생각을 할 필요가 있다. 그래서 통일은 감정이 아니라 이성으로 필요한 것이다.

그럼에도 불구하고 우리는 북조선과 통일할 준비가 거의 되어 있지 못하다. 심하게 이야기한다면 통일할 의사도 별로 없는 것 같다. 그러면서 이러한 상황을 흔히 기존 체제의 문제, 정권의 정책의 탓으로 돌려 버린다. 그러나 우리들 개개인의 몫은 없을까?

북조선 영화를 보는 것은 북조선을 알고, 북조선 사람들을 이해하기 위한 하나의 방편이다. 그러나 북조선 소설이 처음 소개되고, TV를 통해서 북조선 관련 필름이 처음 소개되었을 때, 오히려 북조선에 대한 이질감만 심화되는 결과를 동반하였다는 것을 상기할 필요가 있다.

엄격하게 생각한다면 북조선보다는 우리가 더 이질화된 경향이 있다. 따라서 북조선 사람들이 우리를 이해하기보다 우리가 그들을 이해하기가 더 힘들 수도 있다. 이러한 이유로 남한 사람이 북조선 영화를 보기 위해서는 북조선 사람이 남쪽 영화를 이해하고자 할 때 필요한 양의 노력보다 더 큰 노력이 필요하다. 안이한 호기심, 단순한 선입견은 소설의 경우에서와 마찬가지로 이질감의 심화에 공헌할 것이고, 궁극적으로는 통일을 저해하는 작지만 중요한 원인이 될 수도 있을 것이다. 그러나 약간의 노력과 그만큼의 사명감을 갖고 북조선 영화를 본다면, 그래서 북조선 영화를 보는 데서 즐거움을 찾을 수가 있다면, 북조선을 이해하고 통일을 준비하는 데 적지않은 도움이 될 것이다. 국가나 민족을 위해서만이 아니라 우리들 자신들을 위해서도.

❶ 이우영은 1959년 서울 토박이 집안에서 태어나서 온갖 학교들을 다 서울에서 졸업하고 오늘도 서울에 살고 있는 완전한 서울내기. 연세 대학교에서 면허를 받은 사회학 토(土) 박사. 반관 반민(半官半民)의 민족 통일 연구원에 자리를 차지한 지는 5년째. 북조선의 문화와 예술, 통일 이후 사회 문화적 통합에 관심이 많다. 북조선에 대해서는 쉽사리 무너질 것 같지는 않다는 쪽에 가깝다. 통일이 되면 최소한 싸우는 분위기는 없어질 것이기에 좋을 것이라는 기대감과 통일 이후에 닥칠 여러 가지 문제에 대한 우려감을 반반씩 나누어서 갖고 있다.

※ 사전의 자모차례

자음	북한	ㄱ ㄴ ㄷ ㄹ ㅁ ㅂ ㅅ (ㅇ) ㅈ ㅊ ㅋ ㅌ ㅍ ㅎ ㄲ ㄸ ㅃ ㅆ ㅉ ㅇ ( )안의 것은 받침으로 쓰일 경우에 해당
	남한	ㄱ ㄲ ㄴ ㄷ ㄸ ㄹ ㅁ ㅂ ㅃ ㅅ ㅆ ㅇ ㅈ ㅉ ㅊ ㅋ ㅌ ㅍ ㅎ
모음	북한	ㅏ ㅑ ㅓ ㅕ ㅗ ㅛ ㅜ ㅠ ㅡ ㅣ ㅐ ㅒ ㅔ ㅖ ㅚ ㅟ ㅓ ㅘ ㅝ ㅙ ㅞ
	남한	ㅏ ㅐ ㅑ ㅒ ㅓ ㅔ ㅕ ㅖ ㅗ ㅘ ㅙ ㅚ ㅛ ㅜ ㅝ ㅞ ㅟ ㅠ ㅡ ㅢ ㅣ

※ (근거) 남한 :「한글 맞춤법」(1988) 북한 :「조선말 규범집」(1988)

남과 북의 만남

정호기 작품

남과 북의 사람들이

공적으로나 사적으로 대면하고 만나게 되는 일은

점점 더 빈번하게 일어나고 있다.

그것은 먼 훗날의 이야기가 아니라 오늘의 이야기인 것이다.

우리는 과연 북조선 주민을 만날

마음의 준비가 되어 있을까?

북쪽 사람들을 직접 만나본 이들의 체험담을 싣는다.

사투리 말고는 기본적인 의사 소통이야

문제가 없겠지만 서로간에 진정으로

속이야기가 통할 수 있는 것은 언제일까?

진정, 조국은 하나인가?

김원숙

　초등학교 때부터 나는 공부에는 별 취미가 없었지만 환경 미화반에는 꼭 끼어 있었다. 맨날 불조심 아니면 반공 포스터를 그렸는데, 둘 다 빨간색을 주로 쓰는 일이라서 학교 앞 문구점에는 빨간색만 따로 팔 정도였다. 부모님은 경상도 출신이고, 이산 가족이나 분단 때문에 특별히 고생하는 친척도 없는 나였지만 뿔이 나고 시뻘건 간첩이나 북괴군을 그리면서 나대로의 철저한 반공 의식을 굳혀 갔다.

　1972년에 미국으로 유학을 갔다. 일리노이주에 있는, 옥수수 밭으로 둘러싸인 주립 대학이었는데 외국 학생이 거의 없던 곳이라 사람들은 나를 신기하게 바라보며 어디서 왔냐고 물었다. 나는 코리아에서 왔다고 했다. 미국의 보통 사람들은 코리아가 어디에 붙어 있는지조차 잘 모른다. 그들은 "거기도 눈이 오냐?" "피아노도 있냐?"는 등의 엉뚱한 질문을 했다.

　그리고 한국을 조금 안다는 사람들은 자기네 이웃의 친척이나 사돈의 팔촌이 한국 전쟁 때 죽었다는 이야기를 하면서 "너는 북조선에서 왔냐, 남한에서 왔냐"고 물었다. 한국을 위해 목숨을 잃었다니 미안하고 송구스러운 생각이 들었지만, 참으로 화나는 일은 어떻게 '북조선에서 왔냐'는 질문을 할 수 있는가 하는 것이었다. 내가 뿔이 난 시뻘건 간첩같이 보인다는 말인가? 괜히 가슴이 뛰고 싶었다.

그 뒤 20여 년간 외국 생활을 하면서, 남북 분단의 아픔과 현실은 우리에게만 절실하다는, 당연하고 마땅한 사실에 몇 번이나 놀라면서 많은 것을 느꼈다. 빨간색 크레파스가 내 마음 속에 심어 놓은 생각들이 어지러워졌다. 싸움은 우리끼리 하는 거구나. 남들은 '니네 요새두 싸운다며' 하는 식의 무관심뿐이었다.

졸업 후 수십 만의 화가 지망생이 하는 것처럼 뉴욕으로 갔다. 뉴욕을 말아 먹으면 영생하는 화가가 되는 줄 알고 그 필수 과목인 온갖 고생들을 신나게 하면서 일등 화가의 꿈을 꾸었다.

그러다 만난 남자가 지금의 남편인 린튼이다. 증조 할아버지 때부터 그의 가족은 한국에서 살았다. 그는 한국에서 태어나 연대 철학과를 졸업하고 컬럼비아 대학에 유학 온 한국통이었다. 북조선에 대해 호기심이 많던 그는 1979년 평양에 다녀왔다. 당시 『경향신문』 편집국장이던 아버지가 순천에 돌아온 그를 찾아내어 「파란 눈이 본 평양」을 연재한 것이 인연이 되어 우리는 만나게 되었다.

전라도 시골에서 자란 그는 서울에서 전차 타고 학교 다니던 나보다 더 한국적이었고 세계 평화, 인간애 등을 심각하게 생각하는 이상주의자였다. 데이트를 하다가도 길가에 누워 있는 술주정꾼을 깨워서 병원에 업어다 주는 등 뉴욕 바닥에서도 보기 드문 신선한 외계인(?)이었다.

그의 어릴 때 기억 속에는, 시내의 큰 나무에 지리산 공비들의 시체가 대롱대롱 매여 있는 걸 본 일, 집에서 일하던 아주머니로부터 공비 이야기와 '여순 반란 사건', 그리고 지리산 마을 이야기들을 벌벌 떨며 듣고 또 듣고 한 일 등 나의 빨간색 크레파스보다 화려하고 절실한 이야기들이 많았다.

그는 컬럼비아 대학에서 북조선의 이데올로기를 정치적인 공산 체제로 보기보다 종교적인 체제로 보는 입장에서 연구를 했다. 그는 북조선에 대해 개화기 때부터 다룬 많은 책들을 보았는데 나는 옆에서 그를 도우면서도 흥미롭기보다는 성질이 나고 불쾌할 때가 많았다.

그러던 중 1990년에 국제 학술 교류 단체의 주선으로 미국 학자들이 북조선에 가게 되었다. 남편의 초청장이 'Mr·Mrs'로 되어 있으니 나도 같이 가자고 했지만 나는 그게 무슨 소리냐고 단칼에 잘라 버렸다. 그런데 생각해 보니 세계가 좁다고 돌아다니는 내가, 공산주의는 망했고 냉전도 끝난 지금까지 빨간 크레파스의 기억 속에 살고 있음을 알게 되었다. 진도를 맞출 때가 된 것 같았다. 그래서 남편 가방을 챙기다가 같이 가기로 결심하고 따라나섰다.

매년 들락거리는 서울에서 불과 몇 시간 떨어진 곳을 일본, 홍콩, 북경을 거쳐 며칠씩 걸려 가야 하는 사실에서도 분단의 현실은 느껴졌다. 같은 나라에 가는 걸 돌아 돌아 남의 나라를 거쳐가는 것이다. 북경의 조선 대사관에 비자를 받으러 간 날, 방안에 덩그러니 붙어 있던 김일성 초상화가 섬뜩했다. 그 초상화는 다음날 도착한 한적한 평양 공항의 건물 위에도 크게 붙어 있었다.

제일 처음 내가 놀란 것은 북조선 사람들이 우리 한국 사람이라는 것, 같은 코리안이라는 것, 같은 말을 하고 같은 몸짓을 하며 같은 일에 신경질을 내고 있다는 것, 이런 너무나 당연한 사실이었다. 평양시로 들어오면서 제일 눈에 띄는 것은 건물마다 길목마다 붙어 있는 구호들이었다. '우리는 행복해요' '우리식대로 살자' '당이 결심하면 우리는 한다' '김일성 수령님, 만수무강하세요'가 되풀이되어 걸려 있었다. 그 구호들 밑에는 무표정하고 여윈 얼굴들이 한산한 도시를 걷고 있었는데, 마치 꿈속의 이미지나 초현실 사진 같았다.

나만큼만 살아도, 사람들이 절규하듯 외치는 구호라는 것은 주로 그들이 갖지 못한 것에 대한 희망 사항이라는 것쯤은 알게 된다. 더 큰 소리를 질러야 하는 것은 그만큼 모자란다는 이야기로 보면, 또 마음이 복잡해지는 노릇이었다. 내가 남한 출신이며 미국에 사는 여성 화가라는 점을 고려해서인지 남편의 여정과는 달리 나의 일정은 문화 예술 쪽에 치중해서 짜여 있었다.

만수대 창작사, 평양 미술 대학 등을 돌아보면서 배경만 다른 수많은 김일성 부자의 초상화들, 구호들, 작업장으로 힘차게 나가는 근육통의 조각들을 보았다. 상상화가 있다면 평양 미술 대학 졸업생 작품 전시에서 본 것이었는데 남조선에서 고생하는 임수경의 초상을 그리는 것이 과제였는지 1백 호쯤 되는 임수경 초상화들이 전시되어 있었다.

겸재 정선이나 단원 김홍도의 작품 중 평양에서 소장하고 있는 것으로 알아 왔던 그림에 대해 물으니 미술관에서는 그것은 없다고 하면서 대신에 고구려 벽화 복사본과 겸재의 「달을 보며」를 보여 주었다. 겸재의 작은 달 그림이 어찌나 아름다운지 나는 울 뻔했다.

그리고 천재 아동 그림 가르치는 곳, 인민 유치원, 학교, 수예원 등을 다니면서 나를 안내하던 동무들은 구호 섞인 설명들을 끝없이 외웠다. 그 안내원 동무들이 열심히 외우는 "찬란한 주체 사상과… 수령님의 넓으신 지도 아래 세워진… 세계에서 가장 아름다운…" 등을 듣는 것이야 기본 예의니 참지만 말 끝에 조금 낮은 목소리로 "기레, 어떻게 생각하십네까?" 하는 질문에는 죽을 노릇이었다.

거기다 대고 "나는 우울합니다. 궁상스럽습니다. 나는 시시하고 슬퍼서 못 견디겠습니다"라고 할 수는 없는 것이기에 "참으로 많이 노력하셨습니다. 고생 많으셨습니다"라는 정도로 대답했다. 저녁에 베개에 얼굴을 묻고 눈이 빨개지도록 울었다. 어쩌다가 우리 나라가 이렇게 되었을까? 이념이 무어라고 한 나라의 사람들을 이렇게 황폐하게 하는 걸까? 이런 것들을 다 보고 "참 안됐구나, 빨리 정신들 차리기 바란다" 하고 돌아서 버리면 되는 건가?

여윈 아이들, 이빨이 시커먼 젊은이들, 더 이상 무엇을 바라지도 바랄 줄도 모르는 텅빈 무표정한 눈들, 이념이고 뭐고 나중에 정리하고 일단 나눠 먹고 봐야 하지 않나 싶은 생각이 들었다. 그런데 이념에 죽고 사는 이들에겐 그것 또한 모욕이 아닌가? 마음이 끝없이 복잡해졌다.

평양을 떠나면서 우리는 북경까지 비행기 대신 기차로 가기로 하고 평양역에서 환송 나온 사람들과 인사를 했다. 나는 본래 잘 우는 사람이지만 그땐 자꾸 눈물이 나오는 걸 참고, 남을 웃기며 가방을 들었다 내렸다 하느라 혼이 났다. 내가 어버이 나라를 떠나는 게 슬퍼서 울었다고 『노동 신문』에 나면 참으로 억울하니까.

분단의 슬픔은 딴 게 아니었다. 나를 안내하던 여자분이 "원숙 동무에게서 많은 매력을 느꼈습니다" 하고 눈물을 글썽이며 손을 쥘 때, 울 뻔했다. 내가 얼마나 잘 떠들고 잘난 척하는 사람인데, 실력 발휘 하나도 않고 가는데 매력이라니.

기차는 신의주까지 쉬지 않고 갔다. 창 밖의 한적하고 황폐한 시골 풍경 위에 계속되는 그 몇 가지 구호를 수백 개 보면서 나는 계속 우울했다. 하긴 우리도 맨날 보는 '산불 조심' '잘먹고 잘살아 보자' 식의 구호는 도통 우리 마음에 와 닿지 않는 거니까. 이 구호들도 차라리 그랬으면 좋겠다고 생각했다.

강 건너 중국 단동에 도착하니, 몇 분 전의 한적한 신의주역에 비해 갑자기 호떡집에 불난 모습이었다. 타는 사람, 내리는 사람, 짐꾼들이 밀고 제치고, 웃고 소리 지르고 화내고 모두들 뭔가를 잡느라고 눈이 번쩍번쩍하였다. 벌써 삶에 대한 욕심도 불만도 만족도 없는 무표정한 북조선의 얼굴들에 길들여져 있었는지 나는 잠이 확 깨는 느낌이었다. 그리고 또다시 마음이 무거워졌다. 이후 남편은 계속 북조선을 연구했고 빌리 그래함 목사의 고문으로 아홉 차례나 평양을 다니며 세계 평화를 위해 열심히 뛰었다.

몇 주일 전, 남편은 또 평양에 가는 일을 맡아서 나는 그의 가방을 싸고 있었다. 그러다 김일성이 죽었다는 소식을 들었다. 물론 그의 여행 계획은 취소되었고 그날 밤부터 신문과 방송의 문의로 잠도 못 잘 정도로 바쁜 시간을 보냈다. 국제 사회의 초점이 다시 한반도를 비추게 되었고 거기에는 북조선 사람들의 열띤 통곡의 모습과 남한 사회의 반응들이 기이한 구경거리로 나타났다. 많은 텔레비전 방송사에서 남편에게 이 기이한 구경거리를 설명해 달라고 했다.

남편은 북조선도 유교 문화에 뿌리를 둔 사회인만큼 몇십 년간 하느님처럼 믿어 왔던 지도자를 잃은 사람들이 마치 아버지를 잃은 아들이 하는 식의 통곡을 하는 것은 그 사회에서는 부끄러운 것이 아니고 오히려 바람직한 반응일 것이라고 설명했다. 그리고 남한의 모습에 대해서도 6·25 전쟁을 겪은 세대에게 아직 전쟁의 기억은 생생하게 살아 있는 만큼 당연한 일이라고 설명했다.

CNN방송의 어느 프로에서는 세계 청취자들의 질문을 받는 시간이 있었는데, 일본 동경에서 한 사람이 "한국 사람은 슬픔을 왜 그렇게 히스테리컬하게 표현하느냐? 국가 원수의 죽음 앞에서 그런 식으로 울어야 되느냐?" 하고 물었다. 남편은 질문을 받고 "일본에서 이런 일이 있으면 자살하는 사람이 많은데, 이렇게 나라마다 통곡의 방식이 다른 것이다"라고 대답했다.

다음날로 아사이, 요미우리, 동경 방송에서 줄지어 연락이 왔다. 그 문화적인 배경을 설명하라고. 그런데 더 기막힌 것은 그런 설명을 하는 남편에게 "왜 북조선을 두둔하느냐? 너 핑크 아니냐?"는 식의 말을 하는 것이었다. 미국 사람에겐 한국 입장을, 북조선 사람에겐 미국과 한국의 입장을, 남한에선 북조선 사람을 설명하는 남편이 어떤 때는 애처롭게까지 보인다.

남편은 국제 사회에서 한국 사람을 나쁘게 말하는 것이 너무 싫다고 한다. 북조선 주민들이 펄펄 뛰며 우는 것을 보고 손가락질하는 미국인에게 그는 텔레비전에서 "우리는 뭐 더 잘난 줄 아느냐? 사람은 모두 같다. 우리 미국 사람이 하느님같이 모시는 돈이 없어지면 저렇게만 울 것 같으냐? 텔레비전 게임쇼를 봐라, 돈 들어오면 펄펄 뛰지 않느냐? 우리 인간들은 자신이 섬기는 우상이 없어지거나 죽으면 당연히 통곡이 나오는 것이다"며 열심히 설명한다.

이것을 북조선을 두둔하는 식으로 본다면 우리는 아직도 전쟁을 하고 있는 것이다. 세계 어디에서나 끝장을 본 그 이념 전쟁을. 남편의 기억 속에 있는 그 순천 아줌마의 이야기들처럼, 40여 년 전 지리산 산골 마을에 밤에는 빨치산이, 낮에는 국군이 와서 들볶으며 이념이 뭔지도 잘 모르면서 빨갱이 아니면 반동으로 찍혀 죽어 간 그 사람들의 역사가 다시 살아나는 것이다.

'조국은 하나다' 라는 구호를 쓴 수건을 머리에 두르고 데모하는 학생들을 본 적이 있다. 나는 아직도, 아니 날이 갈수록 하나인지 둘인지 갈피를 잡을 수 없다. 싸우는 것을 생각하면 둘이어야 하는데 국제 사회에서는 싸우는 코리아를 하나로 본다. 외국 생활을 하면서 남들에게 코리아를 이야기할 때, "우리 남쪽은 좋구요 거기 북쪽은 나빠요" 하는 식의 논리는 우스운 것이다.

천적이던 아랍과 이스라엘이 많은 반대에도 불구하고 악수를 했다. 요르단의 왕이 자기 할아버지의 목숨을 무참히 앗아간 일을 무릅쓰고, 구약 시대부터 원수로 지내 온 이스라엘과 악수를 하는 장면이 공교롭게도 김정일이 한국 학생들에게 팩스로 지령을 보내고 있다는 서울의 뉴스 다음에 나왔다.

분명하고 게다가 합법적이기까지 한 원수가 있다는 것은 확실히 정신적으로 안정을 주는 일이다. 그러나 우리에게는 이 확실한 적인 북조선을 보는 데 있어 좀더 세련되고 여유 있는 시각이 필요하지 않을까.

아무리 헐벗고 칼 하나만 쥔 채 소리를 쳐도 내 형제인 것이다. 그렇다면 같이 살아야 하는 것이 아닌가. 남에게 "쟤는 내가 아니에요"라고 할 수 있겠는가. 내가 아무리 "나는 한국 사람이지 조선 사람이 아니에요"라고 외쳐도 세계는 나를 '코리언', 하나의 '코리언'으로 본다. 나는 세계 속에서 한 조국의 코리언일 수밖에 없는 것이다.

언제부터인가 우리는 애국자를 정의할 때 부정문을 많이 써 왔다. 일본놈을 미워해야 애국자고, 북조선이나 소련, 중공을 미워해야 하고, 정부를 타도해야 하고, 쌀 사가라는 미국놈을 증오해야 되고…. 그러나 이런 부정문으로 정의되는 나라 사랑보다는 더 고상한, 더 높은 가치를 갖는 긍정적 애국이 있을 것이다. 한 개인으로서, 남이든 북이든, 이념, 구호, 사상 밑에 있는 '사람' 그 자체를 사랑하는 것이라 생각하니 조용한 흥분이 일어난다.

◗ 김원숙은 1953년생으로 홍익 대학교를 다니다가 미국에 건너가 일리노이 주립 대학과 대학원을 졸업하였다. 뉴욕에 살면서 여러 차례 개인전과 그룹전을 열었으며, 독특한 그의 그림 세계를 인정받고 있다.

평양에서 나눈 속내 이야기

강희영

  1992년 9월 1일부터 6일까지 남·북·일본 여성들의 연례 국제 회의인 '아세아의 평화와 여성의 역할'이 그 세번째 해에 평양에서 열렸다. 거기에 남한 대표 30명이 참석했다. 이 글은 그 여행중에 보고 느낀 점들을 정리하면서 북조선 여성들의 삶을 이해하고 앞으로 남과 북의 만남을 준비하는 작은 시도이다. 글쓴이가 평양에서 만나 대화를 나누었던 여성들은 모두가 북조선의 간부급 여성들이었다. 따라서 이 글은 여기에 등장하는 여성들의 삶과 생각을 북조선 여성들에게 일반화시킬 수 없는 단점을 안고 있으며, 동시에 그 회의에 참석했던 한 개인의 기록으로서 모든 책임은 글쓴이에게 있음도 서두에서 밝힌다.

  우리는 서울에서 떠나기 전에 약속을 한 적은 없지만, 참가자 다수의 마음속은 북조선이 얼마나 경제적으로 궁핍한가, 사회주의 독재 체제가 어떻게 이루어지는가를 확인하는 것보다는 남북간의 동질성을 찾는 상호 노력과 정감 어린 대화를 통해 남북 민간 여성 교류가 통일에 굳은 밑거름이 되기를 기대하는 소망으로 부풀어 있었던 것 같다. 이런 소망은 평양행 이전에 행해졌던 관계 기관의 교육과는 전혀 무관하게 자생적으로 만들어진 것 같다. 동행

했던 20대 여기자 한 사람이 방북기 한 대목에 "나는 왜 이렇게 무감동하기만 할까, 나와 상관없는 곳에 와 있다는 느낌이 들어도 과연 통일이 될까" 하는 생각에 시달렸다고 한 것은 바로 그러한 소망이 책임감으로 변형되었기 때문이 아니었나 싶다. 나도 간혹 그런 느낌을 가진 적이 있었다. 다른 외국이 아닌 곳에 왔다는 것은 의상과 말이 통하는 데에서 항상 확인할 수 있었지만, 그 말이 동일한 언어가 아니라는 느낌, 그리고 감정의 유대를 갖기가 정말 어렵다는 느낌이 들 때마다 무척 부담스럽던 기억이 남아 있다.

하지만 우리는 그들이 베풀어 준 융숭한 접대와 배려에 대해 고마워했고, 그들을 무시하거나 공격적인 태도를 취하지 않고 예의를 갖추려 최선의 노력을 했다. 판문점에서 만나 5박 6일의 회의 일정을 성공적으로 마치고 다음을 기약하면서 헤어질 수 있었던 것은 이러한 양측의 노력과 평화 통일에 대한 공통된 열망 때문이었다고 믿는다.

남북간 대화의 한계

남북간의 공식적 회담이나 그것을 취재한 기자들의 글에서 남과 북의 사람들이 만나 대화할 때 당면하게 되는 벽이나 한계를 어렴풋이나마 알고 있다. 대부분의 경우 짧은 대면이고 또한 공식적인 임무를 띠고 갔기 때문에 서로 간에 깊은 속 이야기를 할 기회는 없거나 혹 있더라도 터놓기 거북한 사정일 것이다. 따라서 북의 사람들을 만나거나 다녀온 사람들에게서는 아주 표피적인 사실 또는 두꺼운 벽을 친 상태의 견문록 이상의 것을 기대하는 것이 오히려 무리일 수 있다. 오랜 분단으로 인한 상호 이해의 한계, 그리고 알게 모르게 우리들 속에 내면화된 적대감과 불신감이 가시지 않았기 때문이기도 할 것이다. 하지만, 외형적인 평양 풍경만 하더라도 내가 본 평양이 달랐던 점은 어떻게 설명될 수 있을까? 평양 시가지에 들어 섰을 때 길거리의 아파트 집

집마다 창문을 열고 꽃을 흔들며 환영하는 수많은 사람들의 정다운 모습들, 고려 호텔 방에서 내다본 새벽 5~6시의 북적이는 평양 역사 부근의 모습, 아침 8시 전후면 어린아이들을 데리고 바쁜 걸음을 재촉하는 수많은 평범한 아버지나 어머니, 할머니들은 다녀온 이들이 한결같이 말하듯 텅 비었다는 평양 시가지의 모습과는 영 딴판이었다. 유독 내가 보았을 때 평양 사람들이 한꺼번에 움직인 것인지, 아니면 세상은 보는 이의 눈에 따라 다르다더니 그런 건지?

대화에서도 처음부터 기대하지 않았던 특색 있는 내용을 접했는데, 그것은 북조선이 남한에 비해 가난하고 못산다는 사실에 대해 평이하게 인정하는 것이었다. 경제 사정에 대한 주제에 이르면, "우리는 못살기는 하지만…"이라는 단서를 붙이곤 했다. 하지만 누구에게서도 "더 좋은 옷을 입고, 더 맛있는 음식을 먹고 싶다"는 표현은 한번도 접해 보지 못했다. 이것이 내가 만난 이들이 간부급 여성들이었기 때문인지, 아니면 모처럼 만난 남쪽 사람들 앞이어서 체면과 자존심을 지키려고 그랬는지는 모르겠다. 아마도 두 가지 다였을 성싶다. 그들의 의상이나 외모에서는 어디에서도 궁핍한 흔적이 발견되지 않았다.

그런데, 꼭 한 가지 그들이 완강하게 방어적인 태도로 나오는 주제는 김일성 주석의 부자에 관한 것이었다. 이 문제에 관해서 처음에는 그들의 일방적인 찬양 이외에는 아무것도 들을 필요가 없다는 식으로 미리 전제하고, 쌍방 간의 화제가 되는 것조차 금기시하는 것처럼 보였다. 그들이 철저하게 마음속으로부터 어버이로 섬기는 그들의 수령 부자에 대하여 남쪽 사람들은 비판밖에 할 것이 없으므로 완벽한 대립 상황을 예측한 때문일 것이다. 그래도 어지간히 시간이 흐른 다음에 "이해하려고 노력했고 좋은 점도 발견했지만 김일성 주석과 김정일 비서에 대한 열광만은 이해할 수 없었다"고 한 남측 기자의 언급에 대하여 "수령님 아버지께서는 모든 인민들이 고루 잘먹고 살 수 있게 해 주시는 분이다"라고 하거나, "선생은 집안의 아버지를 욕되이 하십니까?"라는 반문으로 더 이상의 대화를 회피하곤 한다. 때로는 자기 스스로 어렸을 때 전쟁으로 황폐화된 생활에서 입혀 주고 먹여 주고 공부시켜 준 수령님의 '은공'을 들어 설득하려는 태세를 취하기도 하였다. 이런 경우 나는 예의상 잠깐 동안 경청하고는 얼른 화제를 돌리곤 했다.

평양 방문 기간 동안 북측 대표들이 열심히 설득을 하려 한 듯한 내용은 김일성-김정일 체제의 정당성, 남북 통일의 열쇠는 남한으로부터의 미군 철수라는 것, 그리고 여성들이 힘을 합쳐 통일을 이루자는 것 등이었다. 첫번째와 두번째의 내용은 생산적인 대화 주제가 아닐 것이 분명하므로 별로 관심이 없는 것이었고, 세번째의 내용은 구체적인 내용이 있기보다는 추상적이고 선언적인 수준의 것이어서 일단 동의를 하고 나면 더 이상의 프로그램으로 연결되지 않는 것이었다. 결국 정치적인 내용의 주제는 서로에게 그리 적절한 화제가 되지 못하였다. 자연히 대화가 가능한 주제는 가족과 직장에 관련된 신변 잡기에 집중될 수밖에 없었다. 우리의 경우 어떤 화젯거리와 내용에 관하여도 각자의 생각을 자유롭게 피력할 수 있다는 것을 항상 속으로 다행스럽게 생각했다. 화제가 가족, 아이들, 풍속이나 일상 생활에 이르면 그쪽 여성들도 아무런 거리낌없이 자율적으로 자기의 이야기를 할 수 있는 것 같았다. 화제와 대화의 이러한 특징은 그쪽 여성들의 지위 높낮이를 막론하고 나타나는 것이었다. 당 간부로부터 인민 배우, 교수, 의사, 박사, 연구원, 기자, 안내원 등등이 다 마찬가지인 듯했다.

당당한 여자들

우리가 만난 여성들은 하나같이 자세나 태도가 당당하게 보인다는 점이 참 인상적이었다. 모든 일정을 책임지고 관리해 가는 그곳 여성들의 모습이 여

유 있고 당당해 보였다. 호텔과 식당의 여자 서비스 요원들, 그리고 평양 산
원의 의사들도 모두 그랬다. 금강산에 관한 질문에는 물론 개인적인 문제에
관한 질문에 대해서도 거리낌없는 자세로 대답해 주곤 하던 젊은 안내원도
그랬다. 그는 매우 잘 훈련된 태도로 안내를 하고 산삼(山參) 노래까지 가르
쳐 주면서 손님들을 즐겁게 해준 명랑하고 스스럼없는 여성이었다.

특히 고위층 여성들의 당당함이란, 남한이나 일본에서 간 여성 국회 의원
에 비할 때 대조를 이루곤 했다. 개마 고원 근처의 지역 상점 관리인으로 근
무하다가 영전되어 왔다는 제일 백화점의 여성 경영자는 조용하지만 자신감
에 찬 모습으로 객장을 안내했다. 무엇보다 인상에 남는 것은 어느 날 호텔
로비 입구에서 차편을 기다리면서 남자 기자들과 환담하는 여연구 씨의 자연
스러우면서도 당당한 모습이다. 그는 심지어 ("담배는 남자를 위해 만들어진
것"이라고 거드름을 피우는 북조선 남성들의 이야기에도 불구하고) 담배까
지 피우면서 여유 있는 모습을 보이고 있었다.

그렇다고 해서 그들에게 '여성스러움'이 없는 것은 아니었다. 차림새와 말
씨가 분명 여성적이면서도 당당하게 공적 임무를 수행할 수 있는 것이 내게
남한과 일본의 여성들과는 다른 점으로 신선하게 다가왔을 것이다. 우리의
경우를 생각해 보면, 공직에 있는 여성 또는 공적 석상에서의 여성들의 자세
는 몇 가지 유형으로 나뉘는데, 우선 남성을 닮은 권위적 자세를 지니는 남성
화된 여성형, 공적인 자리에서도 아주머니나 할머니의 '때'를 벗지 못한 모
습을 보이는 모성형, 그리고 나이에 상관없이 천생 여자의 태도와 '여성적'
역할을 하는 '꽃'형 등이다. 이렇듯 공사간의 차이에 대한 인식과 그에 따른
적절한 자세를 내면화하지 못한 초년생들에 비하여, 북쪽의 여성들에게서는
훨씬 조화롭고 자연스러운 공적 생활을 하고 있는 모습을 볼 수가 있었던 것
이다.

그들의 당당함은 어디에서 오는 것일까? 우선 여자들끼리이니 수줍어할

이유도 없었고, 손님으로 온 사람들에게 여러 근대적 시설들을 보여 주면서 어쩌면 어깨가 으쓱해졌을 수도 있다. 그들의 체제에 대한 자신감일 수도 있다. 여기에 덧붙여 생각해 낸 중요한 이유가 두 가지 있었는데, 그중 하나는 공적 영역에 여성들이 다수 참여하고 있다는 사실이다. 거의 남성들만으로 구성된 집단에 어쩌다 소수의 여성이 끼어 있거나 또는 여성이 다수 있지만 대부분이 하위직에 집중될 경우에 여성들은 주눅 들기 십상이다. 더욱 여성스러워지기도 한다. 그런데 북쪽의 경우, 거의 모든 직장에 여성이 다수 참여하고 있는 데서 오는 집단적인 힘, 그리고 상위직에 진출한 여성들에게서 나타나는 당당함일 수가 있겠다는 생각이 든다. 북조선이 자랑하는 최신 종합병원 평양 산원만 하더라도 350여 명의 의사 중 50~60%가 여자 의사라고 했다. 두번째의 이유는 어렸을 때부터 공식적인 회의나 집단적 상황에 참여하는 훈련을 받은 점이라고 생각된다. 학교나 일터 이외에도 가정 밖의 많은 집단과 집회에 남성들과 함께 참여하고 자기의 의사를 발표하는 기회는 여성들이 공적 생활에 익숙하게 되는 사회화의 효과를 가져오리라는 것이다.

만일 북쪽에 대해 지독한 편견을 지닌 사람이 있다면 이런 당당한 모습들이 미리 짜인 각본에 의한 것이라든가, 아니면 과시적 표현, 또는 집단적 억압이라고까지 주장할지도 모르겠다. 하지만 직접 눈으로 관찰한 내가 받은 인상은 사전 각본이 있다거나 과장된 모습이라는 상상을 전혀 할 수가 없는 자연스런 모습 그대로였다. 그렇기 때문에 내게는 북쪽 여성들의 당당함이 아직도 좋은 인상으로 깊게 남아 있을 수가 있는 것이다.

그런데, 아뿔사! 그들의 당당한 모습이 한꺼번에 흐트러지는 광경을 목격할 수가 있었다. 마지막 날이었다. 오전에 갑자기 주석궁에서 주석이 베푸는 점심을 하는 일정이 새로 생긴 것이다. 처음부터 혹시 주석을 접견할 기회가 있을지도 모르겠다는 소문은 들었지만 우리 일행이 이른 오후에 떠나기로 된 바로 그날 아침에 그 계획이 나온 것이다. 미리 짜인 다른 어떤 일정도 그쪽에서는 이보다 중요할 수는 없었을 것이 분명하다. 모든 계획을 취소한 것은 물론이고, 의상을 갈아입고 나오라는 강력한 권고가 전달되고, 단체로 주석궁을 향하는 때까지 전에 없이 웅성거리고 분주한 모습 등 예사롭지가 않았다. 북측의 여성들은 하나같이 흥분의 도가니에 빠져든 것같이 보였다. 초대된 사람들의 숫자가 제한돼서 거기에 끼어 가지 못하게 된 어떤 북측 대표는 내 손을 꼭 잡으면서 "나는 못 가지만 수령 어버이께 나 대신 정성껏 인사 드려 달라"고 당부를 했는데 그의 눈에는 아쉬움의 눈물이 흥건히 고여 넘쳤다. 눈이 발갛게 충혈이 돼서 로비 한쪽 구석에 삼삼 오오 무리지어 돌아선 팀들도 눈에 들어왔다. 크게 실망한 것이 틀림없었고 그들에게서 당당했던 어제까지의 모습은 온 데 간 데가 없어져 버린 듯했다.

이것이 전부가 아니었다. 접견장에 주석의 모습이 나타나자 북측 대표들은 일제히 그리로 달려가 무너져 내리듯 발 밑에 엎드려 절하며 '만수 무강…'을 읊조리는 것이었다. 전혀 예상을 못했던 우리가 오히려 순간적으로 당황할 정도로 그들은 도저히 어제까지의 그들이 아니었다. 이것을 어떻게 설명할 수가 있을까? 김주석 부자에 대한 그들의 '열광'은 과연 우리들이 '도저히 이해할 수 없는' 것일까? 한 가지 분명한 것은 그런 그들의 모습이 거짓의 몸짓이라고는 도저히 생각할 수가 없었다는 점이다. 그들은 흡사 낳아서 키워준 부모에게 진정으로 감사하며 그의 건강을 진심으로 걱정하는 천진한 아이들과 같아 보였다. 전쟁 후 굶주림의 상태에서 오늘의 그들이 되기까지 부모가 해주기 어려운 일을 대신 해준 은인을 직접 대면하는 순간 나타난 집단적 행동이었던 것을 나중에 깨닫게 되었다. 그런 귀한 기회는 누구에게나 오는 것이 아닌 일생 일대의 귀한 것임이 틀림없고, 그런 감격적인 기회를 갖게 된 것만도 그들에게 얼마나 감동적이었을지를 이해하게 된 것이다.

그러한 은공에 대한 인식이 실제로는 사상 교육에 의한 것이든 어떻든 간에, 눈앞에 벌어진 사실에 대해 그들의 입장에서 해석하고 이해하려는 노력은 내게는 매우 중요한 것이었다. 그 순간의 당혹감을 그들의 행동과 마음을 읽는 자세로 바꾼 후에 나는 북조선 사회(특히 엘리트층)에서 김일성 주석이 차지하는 위치와 그에 대한 존경과 애정을 목격하여 확인한 현장 체험의 기회로 삼을 수 있었다. 남한의 보통 사람의 눈으로 본다면(단 한번만이라도 대통령을 가까이 볼 수 있는 기회를 갈망하는 사람이 몇이나 될 것이며, 더구나 그런 기회가 주어졌을 때 황공하여 엎드려 절하는 사람은 얼마나 될 것인가?), 김 주석을 성인처럼 받들고 그 앞에서 마냥 철없는 애들이 되고 만 이 고위층 여성들을 보고 웃음을 터뜨리거나 한심스러워 할 수밖에 없었을 것이다. 실제로 남한 대표들 중 몇몇은 그런 표정이었다. 하지만, 그들의 '무너지는' 모습을 비하하거나 비아냥거리고 만다면 그것이 남북간 상호 이해와 통일에 무슨 도움이 될 것인가?

가정에서

"여자는 결혼해서 화목한 가정을 갖는 것이 인생의 복"이라 믿으며 "여자는 남자의 사랑을 받는 것을 정상으로 보아야 한다"는 주장을 하면서 북측 여성들은 남쪽 대표 중 몇 분이 60~70대에도 미혼이라는 사실을 이상하게 생각하였다. 이는 역으로 독신을 선택한다는 것이 도저히 이해되지 않을 정도로 북쪽에서도 결혼이 강제된 선택 사항이라는 사실을 반증해 주는 반응으로 읽힌다. "연애 걸 때는 아무래도 여자가 수줍어하고 식당에서 돈은 보통 남자가 내며" 결혼 신청도 보통 남자가 한다. 하지만, "여자도 적극성을 띄고 남자에게 접근하기도 하는데 '남들이 보지 않게, 표시나지 않게' 한다."

결혼의 상대나 시기의 결정은 당사자들의 선택 사항이지만 여기에도 그 사회의 특성을 확인할 수 있었다. 당시 25세였던 금강산 안내원은 대학을 졸업하고 그 일을 시작했고 결혼은 '당연히' 할 것이라고 했다. 다만, 결혼은 5년쯤 후에 할 예정인데 그 이유는 "잘 키워 주고 공부시켜 준 나라에 봉사하는 것이 도리"라는 생각을 하기 때문이고, 이것은 그의 어머니도 동감하는 것이라고 했다. 또한 결혼한 이후에도 그 직업을 계속할 것이라 했다. 그는 어떤 사람과 만나 결혼하게 될까? 내가 만난 여성들이 그들의 직업과 남편의 직업이 매우 비슷했고(의사와 의사, 배우와 연출가, 교수와 연구자 등) 적어도 계급 격차가 나지는 않았던 점을 생각해 보면 원산이나 금강산 근처에서 노동 계급 직업을 가진 청년을 만날 것이라는 상상을 해 보았다.

남한에서도 독신을 비정상으로 인식하고 거의 모든 여성들이 일생에 한번은 결혼을 한다. 또한, 배우자의 선택에 당사자의 의견이 많이 반영되는 변화도 남북이 비슷해진 점이라고 해석할 수도 있을 것이다. 남한의 젊은 여성들 가운데 결혼할 때까지 직업을 갖겠다고 하는 사람들이 증가되는 것도 외형상 비슷한 점으로 볼 수도 있을 터이지만, 미혼 여성들의 취업에 대한 태도는 남북간에 차이가 보인다. 남한 여성들이 고등 교육을 받은 후 남성에 비해 취업율이 낮고, 특히 일생 직업인으로 살고자 하는 비율은 더 낮은 데에 반하여, 북쪽의 경우에는 사회 봉사를 하는 것이 개인들에게 무상 교육에 대한 당연한 보상 행위이며 사회적 의무로 인식되는 점에서는 남녀의 차이가 없는 것 같았다. 북쪽의 경우 그것이 여성 노동력을 동원하려는 의도의 결과일지는 모르지만, 교육을 국가에서 전적으로 책임지는 곳과 사교육비에 의존하는 곳의 차이일 수도 있겠다는 생각이 들었다.

북쪽 여성들이 취업에 대한 태도가 확고한 만큼 가정에서의 여성 역할에 대한 자세 또한 확고하다. 단, 가정에서의 여성 역할에 대한 인지와 행동은 취업에 대해서와는 달리 전통적인 성격이 강하다. 연로한 시어머니를 모신 김일성 대학의 홍 교수는 매일 새벽 일찍 일어나 온 가족을 위해 아침상을 차리는 것은 물론, 점심에 어머니가 드실 상을 미리 차려 놓고 출근을 한다. 홍 교수만이 아니라 어느 집에서나 가사 노동은 거의 모두 여성의 몫이다. "여자는 자식과 남편에게 '복무 정신'이 있어야" 한다고 믿으며, 집안일은 당연히 여자의 일로 여긴다. 나아가 "집에 와서 남편과 아이에게 애써서 저녁을 차리고 집안에 웃음꽃이 피는 것을 보면 육체적인 피로는 다 잊어버리게" 된다는 것이 그들의 말이다. 그런가 하면, 남한 쪽의 사정을 들어 비교할 기회가 있었던 한 남자 기자는 "마누라들이 작장일, 집안일을 모두 하느라 좀 바쁜 게 있다… 가정에서의 남녀 평등은 남쪽이 더 강한 것 같다"고 말할 정도로 북조선 여성들이 가사 노동을 전담하는 것 같다.

외식 산업이 남한처럼 다양하게 발달하지 않은 그곳에서 아내가 부득이한 사정으로 가사 노동을 못하게 되는 경우에는 남편이 당연히 하는 것으로 되어 있다. 그러나 이것은 정상이 아닌 경우이다. 여기자 한 사람은 간혹 남편이 일찍 들어와서 아내 대신 저녁상을 차리게 되는 때에는 "'아이들에게 점수 깎인다'며 만류한다"고 한다.

확대 가족의 개념도 남쪽보다 아직 더 강하게 남아 있는 것 같다. 1971년 「피바다」의 주역으로 활약하여 공훈 배우가 된 50세의 김 선생은 연애 결혼한 장남 부부와 차남과 모두 한 집에 산다. 장남 부부는 둘 다 예술 분야에서 일하고 있는 맞벌이 부부인데, 월급은 전부 어머니가 관리하고 용돈을 타 간다. "손주를 안아 본 후에" 분가를 시키겠다는 것이 이 어머니의 계획이다. 남한에서 배우로 활약하다가 1948년에 월북하여 인민 배우의 칭호를 딴 문예봉 씨는 2남 2녀의 어머니이고 13명의 친·외손자녀를 둔 할머니이다. 자녀들은 기자 둘에, 작곡가와 과학자로 성공하였다. 이들이 모두 한집에 살지는 않지만 왕래는 매우 잦은 편이고 딸이 출장을 가는 동안 아이들은 할머니에게 와서 지내는 시간이 많다. 손자녀 이야기에 이르러서는 여느 할머니와 마찬가지로 즐거운 표정을 감추지 못했고, 할머니 침대에서 뛰어 노는 이야기며, 특히 요즈음 기타를 치면서 할머니를 즐겁게 해주는 대학생 손자를 자랑스러워했다. 평양에서도 흔치 않은 여덟 칸짜리 아파트에서 여유로운 생활을 하는 최고 인민 배우의 삶의 일면을 그의 집안 이야기에서 엿볼 수 있었다.

그러나 북쪽에서도 최근 변화의 징조가 나타나고 있다. 예를 들면, "요즈음 며느리는 옛날 같지 않다. 부모가 하기 따라 다르다"고 말하는 50대 초반의 남자 기자의 말에서 젊은 세대의 결혼과 가정 생활의 변모에 따른 세대차의 조짐을 볼 수 있었다.

대화의 물꼬 트기

되돌아보면, 남북 여성들의 만남에서 공(公)과 사(私)는 철저히 구분되었다. 회의장에서나 주요 공공 기관을 방문하는 등의 공식적인 행사에서는 추상적인 대화와 합의가 가능했다. 예컨대, 여성들이 힘을 모아 통일에 기여하자, 민족 문제가 이념보다 중요하다, 북조선-일본 간의 관계 정상화 과정에서 정신대 문제의 해결점을 분명히 하자 등에 관하여는 아무런 이견이 없었다. 하지만, 그 이상으로 각각의 정치적 입장이나 구체적인 협력 과제 등에 관하여는 더 진전이 없었다. 이런 문제들은 어쩌면 합의를 하기도 어려울 뿐 아니라, 더욱이 민간 여성의 차원에서 합의를 한다고 하여도 그 현실성 여부는 양측 정부의 결정에 의존하는 것이기에 그쯤에서 접어 두는 것이 오히려 현명했는지도 모르겠다.

반면에, 공적인 문제보다는 사적인 일상 생활, 정치보다는 개인과 가족에 관한 이야기에서 남북 여성들은 쉽사리 근접할 수 있었던 것이다. 최소한 그들이 말하는 것이 무엇인지 이해가 가능했고, 우리도 그렇다, 우린 조금 다르다는 식으로 응대를 하기도 수월했다. 여기에는 정치나 이념의 벽이 그리 큰 요인으로 작용하지 않았기 때문이리라. 그렇게 서로 대화를 이끌어 가면서, 공적인 문제에까지도 바로 거기에서부터 시작해 보면 대화의 물꼬를 틀 수도 있지 않을까 하는 희망을 가져 보기도 했다.

실제로 나는 아직 이 희망을 버리지 않고 있다. 그것은 나의 짝궁이었던 사회 과학 연구소의 강 교수와의 대화 덕분이었다. 그가 대회의 북쪽 발제자로 바빴던 탓에 나는 그와 깊이 대화를 나눌 시간이 많지 않았다. 물론 그 덕분에 비교적 자유롭게 여러 사람들과 이야기를 나눌 수도 있었지만. 드디어 우리는 마지막 여정, 평양에서 개성으로 오는 버스에서 의미 있는 대화를 나누었다. 두 가지는 특히 내게 아직 깊은 의미로 남아 있다. 하나는 금강산 암벽마다 새겨진, 그리고 아직도 작업중인 김일성 주석 부자의 공을 칭송하는 문구 각인에 관한 대화였다. 그는 다른 이들과 마찬가지로 그 작업이 후대에 길이 남기는 '역사적' 과업이기에 중요하다는 이야기를 했고, 나는 그것이 환경 파괴이며 이것도 후대가 평가할 또 다른 '역사적' 중요성을 지닌다는 반론을 조심스레 폈다. 이 이야기는 김 주석과의 환담에서 이미 나왔던 터여서 그랬는지 모르지만 그는 조용히 경청해 주었다.

다른 하나는 더 건설적인 이야기였는데, 분단을 직접 경험한 우리 세대는 통일에 대한 염원도 강하고 그것이 우리의 책임이라는 각오도 되어 있지만, 다음 세대에게는 보다 면밀하게 교육을 시킬 필요가 있다는 데에 우리는 동의했다. 특히 자녀들에게 "불신, 비방 말고 화해토록 교육하자"는 대원칙(?)에 전혀 이의없이 합의를 하고, 두 사람이 각각 남과 북에서 앞으로 그것을 과제로 삼아 다른 여성들과 협력하여 노력할 것을 약조하였다.

5박 6일을 함께 지내면서 여러 상황을 같이 경험하고 서로 알 만한 것들을 알고 난 후에야 우리는 이 정도 대화에 이르렀던 것이다. 그러나, 단지 시간을 함께 보낸다고 해서 조금이라도 이렇게 흐뭇한 마음을 안고 돌아올 수 있었으리라고 생각되지는 않는다. 평양에서 대화의 물꼬를 트는 데에 특히 중요한 것은, 우선 그들에게 신뢰감을 갖는 것이고, 다음은 상대방의 사정을 그들의 입장에서 이해하고 그것을 수용한 후에 객관적인 의견을 펴는 노력이라고 생각된다. 남한측 대표 중에는 첫날부터 며칠 동안을 불안해서 잠을 이루지 못하거나, 말꼬리를 물고 말싸움을 벌이거나, 사소한 일로 짝궁과 불협화음을 초래한 경우도 있었다. 꼭 그래야 할 이유가 있었는지, 또 그 소득이 과연 무엇이었는지를 확인해 볼 기회는 아직 없었지만, 그런 경우 평양 방문이 북조선에 대한 이해는커녕 반공 교육에서 학습한 내용을 더 강화시킨 결과를 가져왔을 수도 있을 것이다. 역으로, 그 상대역이 된 북쪽 여성들은 남한 여성과 남한 사회에 대해 어떤 인식을 갖게 되었을까?

　나의 경우에는 평양행 첫 나들이에 대한 약간의 설레임 이외에는 특별한 불안감도, 혹은 반대로 대단한 기대도 없었다. 그곳도 사람 사는 곳이라는 상식적인 생각이었고, 짧은 여행에서 너무 많은 것을 구하려 하지 않는 것이 좋겠다는 내 자신의 정신 위생상의 배려가 작용한 탓이리라. 특히 신변 안전에 관하여는 한치의 불안도 없었다. 만의 하나 사건이 일어난다면 정치적 분쟁거리의 불씨가 될 것이 뻔한 일인데, 여성 대회와 같이 (역사적으로는) 중요하지만 또한 (여성들의 일이니까) 별로 중요치 않은 일에서 긁어 부스럼을 만들 정도로 북조선이 정치적으로 무지하지는 않을 것이라는 신뢰가 있었기 때문이다. 내가 그들을 좀더 가까이에서 부딪치고 관찰하면서 그들을 바로 이해하는 방식을 터득하려는 개인적 목적에 충실할 수가 있었던 것도 그러한 신뢰가 바탕에 있었기 때문이었을 것이다.

　평양에서 한 가지 더 발견한 점은, 평양 여성들과 북쪽 당국의 우리에 대한 대응이 대단히, 거의 철저하게 상호적이라는 점이다. 당국의 그러한 자세는 각 대표에게 할당된 짝궁의 지위에서 충분히 표현된다. 즉, 남쪽과 일본에서 대회의 고위 대표로 참석한 이들에게는 당이나 단체의 고위 대표를, 국회 의원에게는 고위급 인민 대의원을, 교수에게는 교수를, 단체 임원에게는 단체 임원을, 기자에게는 기자를, 그리고 한국 여성 개발원장에게는 평양 산원장을 각각 배치하였던 것이다. 개별 여성들의 태도와 대화에서도 그런 점이 엿보여서, 신뢰하지 않는 태도를 보이거나 공격적인 사람에게는 특별히 배려하지 않거나 위험시하는 태도로, 그러나 상대방을 이해하려는 사람에게는 비교적 더 솔직하게 응대하는 것을 발견할 수도 있었다. 그들의 이런 철저한 상호성 원칙(?)에서 나는 개인적으로 많은 것을 도움받을 수 있었다고 생각한다.

남과 북의 사람들이 진정한 의사 소통을 할 수 있고 편한 마음으로 대화를 할 수 있기 위해 서로 발견해야 할 것들이 아직도 많으리라 믿는다. 이제 시작이니, 오래도록 준비하는 인내와 노력도 더 익혀야 할 것 같다. 잠시 동안의 평양 방문이었지만 돌아오는 길에는 수없이 많은 생각의 편린이 머리를 가득 메우고 있었다. 이런 질문도 떠올랐다. 양쪽 정부의 대립적 의견을 갖고 어쩌다 한번씩 잠깐 만나는 회담 장소에서 대표들간에 '통일 대화'가 과연 효과적으로 이루어질 수 있을까? 통일을 하려는 의지가 있다는 양측 정부의 정책적 공언(公言)과 이런 방식의 통일 협상 방식은 서로 모순이 아닌가?

◗ 강희영은 1992년에 평양에서 열린 '아세아의 평화와 여성의 역할'이란 국제 회의에 남한 대표로 참가한 적이 있다.

내가 만난 북조선 사람들

김 찬 석

1

1990년 10월부터 약 1년 반 동안 남북간에 8차에 걸친 고위급 회담이 열렸고 그 결실로 서명된 남북 기본 합의서는 한반도 통일 역사에 한 획을 긋는 역사적 사건이라고 할 수 있다. 그러한 과정에 작은 역할을 맡아 참여한 것을 매우 영광으로 생각하는 사람으로서 그때의 단상을 적어 본다. 통일을 준비하는 이들의 노력이 더욱 값진 효력을 갖게 되기를 바라면서 이 글에서는 첫 번째 평양 회담 당시에 만난 북측 인사들과의 사적인 대화를 중심으로 개인적인 느낌과 생각을 솔직하게 정리한다.

2

나의 20여 년 직장 생활 중 가장 가슴 설레던 순간이 언제였느냐고 물으면 나는 1990년 10월 16일 아침 9시, 남북 고위급 회담 남측 대표단 일행 70명의 일원으로 생전 처음 판문점 군사 분계선을 넘던 순간이었다고 서슴없이 말한다. 북녘 땅에 처음 내딛은 이 한 발이 40여 년간의 남북 분단을 끝내고 조국을 하나로 만드는 데에 그 첫걸음이 될 수도 있다는 생각에 감격스럽기도 하고, 우리 민족의 운명이 나의 양 어깨 위에 얹힌 듯한 무게가 느껴지기도 한 순간이었다. 그러나 솔직히 말해서 한편으로는 철저한 공산주의 40여 년의 북쪽 사회는 얼마나 달라져 있으며 그곳에서 살아온 사람들과는 과연 말이 통할 수 있을까, 회담이나 교섭은 과연 가능한 것일까 하는 걱정도 있었다.

이런 흥분과 우려를 안고 판문점 북쪽 지역으로 들어서자 근엄한 표정을 짓고 대기하고 있던 북측 요원들이 우리 일행을 대기 장소인 통일각으로 안내했다. 안으로 들어가니 넓은 응접실에는 사방 벽 쪽으로 탁자와 의자들이 정리되어 놓여 있었고 모든 탁자 위에는 신덕 샘물, 용성 맥주, 초콜릿과 과자들이 똑같이 정돈된 모습으로 준비되어 있었다. 수십 명의 북측 안내원들은 각자 할당받은 남쪽 인사를 찾기 위해 이름을 부르거나 가슴에 단 명찰에 고개를 기웃거리며 찾기 시작했다. 나를 담당한 안내원은 나타나지 않았다. 나는 혼자 빈 의자에 앉아 안내원이 나타나기를 기다리고 있는데, 자기에게 할당된 사람을 나중에 천천히 찾기로 한 사람인지 아니면 그런 임무가 주어지지 않은 특수 요원인지 모를 한 사람이 내 옆자리에 앉으면서, "안내원을 못 만나신 모양이십니다. 모든 안내원이 다 여기까지 온 것이 아니고 일부는 지금 평양역에서 기다리고 있습니다. 선생 안내원은 아마 평양에 있는 모양입니다. 이거 안됐습니다" 하면서 말을 걸어 왔다. "아니 괜찮습니다" 하고 대꾸하고는 어색한 분위기를 달래고자 담배 한 대를 물었다. 그리고 그에게도 한 대 권했다. 담배를 받은 그는 얼른 성냥을 꺼내 내게 불을 붙여 주고는, "이거 아주 고급 맥주입니다" 하면서 탁자 위에 놓인 용성 맥주 한 병을 따서 내 앞에 놓인 컵에 그득히 부었다. 내 의사는 묻지도 않고 이러는 것이 반갑다는 표시인지 아니면 기선을 제압하려는 것인지 모르겠다는 생각을 하면서, 이걸 고분고분 마셔야 할까 아니면 안 마신다고 거절을 해 버릴까 잠시 망설였다. 나도 그의 의사는 묻지도 않고 "선생 것은 내가 따르지요" 하면서 그의 잔에 맥주를 그득히 부어 주었다. 그리고 나서 나는 얼른 한 잔을 쭈욱 들이켰다. 그도 따라 마셨다.

지금까지 처음 만난 사람과 맥주를 마실 기회에 이렇게 어색했던 적은 없었다. 옆자리에 나란히 앉아 맥주를 서로 따라 주고 마시면서도 두 사람은 전혀 마음을 열기는커녕 예의를 갖추지를 못했다. 아니, 예의 같은 것은 생각하지도 못했다. 마신 잔을 탁자에 내려놓는데 내 시선이 맥주병 바로 옆에 놓여 있는 병따개로 갔다. 아주 눈에 익은 것이었다. 1960년대, 아직 코카콜라나 펩시콜라가 들어오기 전, 칠성사이다만을 마시던 그 시절에 우리가 쓰던 바로 그런 종류의 간단한 도구였다. 쓰는 데에는 별지장 없지만 요사이 멋내고 복잡한 것에 비하면 고급스러운 맛이라고는 하나도 없어서 외국에 수출하기는 어려운 그런 것이었다(무슨 물건만 보면 얼른 그게 수출할 수 있는지 어떤지를 생각하게 되는 것도 나의 직업 의식일 게다). 그러나 그 병따개를 대하니 참으로 오랫만에 30년 전으로 되돌아간 기분이 들었다. 어렸을 때 시골 친척집에 가면 잘 모르는 사람들까지도 많이 먹으라면서 자기가 먹던 젓가락으로 반찬을 이것 저것 집어 내 밥그릇 위에 무조건 올려놓던 그 인심이 생각났다. 그가 내 의사를 묻지도 않고 맥주를 붓던 것도 바로 그 인심일지 모르겠다는 생각이 들어 다소 미안한 마음이 생겼다.

그래서 그렇게 했는지, 무심결에 "고것 참 잘 만들었네요" 가볍게 한마디 던지면서 나는 그 병따개를 만졌다. 산업화다 근대화다 하면서 정신없이 사느라고 잊어버렸던 옛 시절을 그 '원조' 병따개에서 다시 발견이라도 하려는 것처럼. 나의 이런 감상적 속마음과는 동떨어지게도 그는 약간 몸을 뒤로 젖히면서, "예, 모두 다 우리 인민들이 만든 것이지요" 한다. '남반부 반동'으로부터 인정을 받은 그 병따개가 정말 자랑스러운 듯 그는 병따개를 집어 들었다. 그의 그런 모습은 국산 신발의 품질이 외국 제품에 못지않다는 평을 외국 바이어에게 받았다며 의자 뒤로 몸을 젖히던 60년대 말 오퍼상을 하던 어느 친구의 모습과 너무 흡사해 보였다. 그때 그 친구에게 "그냥 예의로, 인사로 말한 걸 갖고 그렇게 으시댈 것까진 없다. 더 잘 만들어야 한다는 얘기가 아닐까"라고 면박을 주고 싶던 느낌과 똑같이 그의 그러한 몸짓에 거부 반응이 일어났지만, 또 그때와 똑같이 꾹 눌렀다. 우리도 그랬었지. 남에게서 칭찬 한마디 듣고 으쓱해지는 어린아이들처럼.

조금 후 우리측 대표들이 모두 통일각에 도착하여 짤막한 성명 발표에 이어 기념 촬영을 한 후, 북측이 제공한 버스를 타고 개성으로 향했다. 개성까지는 30분도 채 안 걸린 것 같았다. 그 짧은 버스 여행 동안 내 눈에 들어온 북녘 땅의 얕은 산과 벌거숭이 들판 또한, 이제는 제법 푸르러져서 잊어버렸던 60년대, 70년대의 우리 산하의 모습, 그것이었다. "나무가 너무 없네" 하고 혼잣말을 했다. 내 말이 미처 떨어지기도 전에 "전쟁통에 미국놈들이 폭격을 해대서 이렇게 됐시다" 하는 퉁명스러운 말이 옆자리에서 튀어나왔다. 매우 기분 나쁜 심정임이 얼굴을 안 봐도 역력했다. 드디어 이 '남반부 반동'이 조국을 헐뜯기 시작한 것이라 판단한 듯했다. 나도 시간이 좀 흘러서인지 마음의 여유가 생겨서, "기분 나빴습니까? 얼마 전까지 남쪽도 그랬어서 한 말입니다. 북측을 헐뜯을 생각은 전혀 없습니다. 남쪽은 일본이 좋은 나무를 다 베어가서 황폐해졌는데 북쪽은 일제 피해가 남쪽보다는 덜했던 모양입니다" 했다. 웃으면서 이렇게 화해조로 이야기하는 나에게 계속 짜증을 낼 수가 없었는지 그는 "일본놈이나 미국놈이나 모두 똑같이 나쁜 놈들이지요… 기분 나빠하지 마시라우요. 제 나라 안 좋다는데 화 안 낼 사람 어디 있갔소" 하고 응수했다. 내가 얼른 "아닙니다. 기분 나쁘지 않았습니다. 오히려 솔직하게 대해 주니 내 마음이 편합니다" 하자, 그는 좀 지나치게 흥분했었다고 생각했는지 다시 내게 멋적은 웃음을 지어 보였다. 우리는 처음으로 시선을 마주쳤다. 지금도 시골에서 얼마든지 만날 수 있는 검고 까칠한, 그렇지만 웃는 모습이 어딘지 순박해 보이는 농부의 얼굴이 거기에 있었다.

버스로 개성역까지 가서 기차로 바꿔 타고 평양으로 갔다. 역에서 나는 김 선생이라는 나의 안내원을 만났다. 50대 후반쯤 되어 보이는 남자로 경제 관계 연구소의 연구원이라고 했다. 남쪽 경제에 대해 다소의 지식도 있었으며 어떤 경우는 수치까지 대면서 이야기를 했다. 물론 기본적으로 '남한 경제는 착취 경제'라는 대전제를 깔고 있었다. 며칠 같이 지낸 후였다. 남쪽은 착취를 당했는데도 많이 발전됐다고 농담 겸, 그리고 착취 경제라는 전제에 대한 나의 거부감을 표시하자 그는 북쪽이 만약 착취 경제를 채택했다면 지금쯤은 남조선 수준밖에 더 되었겠냐고 대꾸해 왔다. 나는 '남조선 수준밖에'라는 그의 단어 선택에 관심이 생겨 그 말의 참뜻을 확인하고 싶어졌다. 그래서 그의 얼굴을 보았다. 그도 빙그레 웃음을 띠고 나를 보면서, "선생, 내게 뭘 확인하고 싶은 모양인데 나 대답 않겠수다" 하는 것이 아닌가. 확인할 필요가 없구나. 아니, 확인하지 말자는 것이구나 하는 생각이 들었다. '남조선 수준'

기타를 치고 있는 젊은 기차 차장(마리오 암브로지우스의 사진)

이라는 그 말이 형편없는 경제를 의미하는 것인지, 아니면 '한강의 기적' 으로 묘사되는 급성장 경제를 의미하는 것인지를 따지지 말자는 간접 제의를 받은 것이다. 통일 하자고 이야기를 하러 온 마당에 누가 더 잘살고 못사는가를 규명해서 뭘 하겠다는 것인가 하는 표정이었다. 또 그런 이야기는 북쪽 사람들의 자존심을 건드리는 문제라는 암시도 있었다. 그의 말에 숨은 의미들을 느낌으로 전해 받으면서 나는 그간 외국 사람들과 이야기할 때 과연 이렇게 간단한 몇 마디 말과 상대방의 얼굴 표정만으로 그의 감정을 읽고 말로 표현 못하는 메시지를 이해한 적이 있었나 하면서 과거를 더듬어 보았다. 그러나 그랬던 예가 쉽게 떠오르지 않았다. 남북간의 대화는 다른 외국과의 대화와는 다른 우리끼리의 것임을 실감하는 순간이었다.

3박 4일의 평양 체류 일정 동안 계속 그림자처럼 따라다니던 김 선생과 나눈 대화 중 아직도 잊히지 않는 이야기 한 가지가 더 있다. 본래 공식적인 교섭 상대가 아닌지라 그와는 회담과 직접 관계가 없는 이야기를 주로 하였다. 그러다 보니 자연히 아이는 몇이나 두었느냐 결혼은 다 시켰느냐 등 생활 주변 이야기가 나왔으며 급기야는 혼수 문제까지 나오게 되었다. 나는 이 기회에 슬그머니 우리의 경제력을 과시하고 싶다는 욕심이 또 생겨서 그만 졸장부 노릇을 하고 말았다. "우리 세대 때는 신랑측은 신부에게 금반지 하나, 그리고 신부측은 신랑에게 시계 하나를 예물로 하는 게 보통이었는데 요사이는 좀 잘살게 되니까 의사 사위를 보는 사람 중에는 열쇠 3개를 해 줘야 된다는 소리도 있습니다. 자동차 열쇠, 아파트 열쇠, 그리고 병원 열쇠, 이렇게 3개라는 거지요. 너무 과소비지요." 나는 겸손까지 떨면서 은근히 우리 경제력을 과시해 보이고는 그의 표정을 살펴봤다. 그러나 아주 실망스럽게도 그는 조금도 놀라지 않으면서, "허 참, 그거 여기하고 똑같네요. 우리도 애 시집 보내려면 3개를 줘야 잘 해줬다는 소리를 듣습니다. 냉장고, 세탁기, 테레비존을 딸려 보내야 시집가서 대우를 받으니 이거 큰 일이라고 생각했는데, 어쩌면 북남이 이렇게 같습네까?” 하고는 굉장한 사실을 발견한 듯 “똑같네요, 똑같아” 하면서 좋아하는 것이 아닌가. 숫자 3개가 같은 것 자체보다는, 딸 시집보낼 때 시집가서 괄시를 받을까 봐 걱정을 하고 그렇게 되지 않기를 바라면서 무리한 혼수를 해주는 부모 마음에는 남북 구별이 없이 같다는 데에 더 큰 의미가 있다는 생각이 들었다. 서로 단절되어 40여 년을 떨어져 살았건만 5천 년을 같이 살아온 것을 속일 수가 없는 모양이다. 40~50년은 5천 년에 비하면 순간에 비할 만큼 짧지 않은가.

비록 공식 회담에서는 획기적인 결과를 끌어내지 못하고 남행 열차를 타고 서울로 되돌아왔지만 나는 첫 평양 회담을 경험하고는 남북 회담이 결국은 성사될 것이라는 강한 확신을 갖게 되었다. 그들의 모습이 너무나 우리와 같고 그들의 가슴속에 흐르는 감정이 또한 우리와 같았기 때문이다. 그 후 이어진 고위급 회담에서 그들을 또 만날 기회가 있었는데 나는 첫 방북 때 갖게 된 나의 생각을 바꿀 만한 다른 경험은 없었다. 하지만 이러한 동질성의 확인이나 개인의 감정이 공식적인 교섭 과정에 직접 영향을 끼칠 수는 없었다. 여느 정치적 협상이나 교섭에서와 마찬가지로, 아니 오히려 다른 경우보다 긴장된 관계이므로 더욱, 우리는 개인적 감상보다는 국가적 이해 관계에 철저했고, ‘우리끼리’의 교섭이 아닌 ‘그네들’과의 교섭에 임했다. 이것은 우리의 입장에서 너무나 당연한 일이었지만, 교섭이 예상대로 진행되지 않는 우여 곡절을 넘겨야 하고 다른 외국과의 관계에서보다 더 미묘한 문제들이 많이 발생했을 때에는 답답하기 그지없을 때가 많았다. 그러나 돌이켜 보면, 1992년 2월 7일 제8차 남북 고위급 회담에서 남북 기본 합의서가 양측 총리 간에 서명될 수 있었던 것의 배경에는 양쪽의 동질성과 그로 인한 상호 이해의 수월함, 그리고 실무 담당자들이 상대방 사람들과의 만남에서 은연중 공유하게 된 이러한 느낌들이 힘으로 작용한 것이 아니었나 생각된다.

김
찬
석

3

끝으로, 언젠가 만나게 될 남쪽과 북쪽 사람들에게 도움이 될까 하여 나의 경험을 바탕으로 간략히 몇 가지 생각을 적는 것으로 이 글을 마치려고 한다. 첫째, 상대방이나 상대방 체제를 비난하는 이야기는 가능한 한 삼가는 것이 대화를 효과적으로 진행하는 데에 도움이 된다. 우리 민족은 체면과 명분을 중시해 왔고 이 점은 남이나 북이 같다. 공식 석상에서 상대방이 비록 비합리적인 주장을 해도 그 자리에서 공박을 하기보다는 나중에 비공식적인 장소에서 완곡하게라도 지적을 해주면 쉽게 알아차리고 그 다음부터는 훨씬 부드러워지는 것이 보통이다. 사적이고 비공식적인 자리는 얼마든지 부드러울 수가 있으며 공과 사, 공식과 비공식 사이에는 단절만큼이나 또한 연속이 있는 것을 잘 활용할 줄 아는 지혜가 필요할 것이다.

둘째, 서로간의 험담과 덕담에도 팽팽한 줄다리기를 해야 하는 경우가 많은데, 이럴 때에 자기 스스로에게 조금만 솔직해지면 이 줄다리기의 긴장이 풀어져 부드러워질 수 있다. 아주 절친한 사이가 아닌 경우에 우리는 이런 식으로 보통 행동한다. 공적인 장소에서는 좀 곤란하지만, 사적인 장소에서 상대방이 이 쪽의 단점을 지적할 때에는 그 지적에 다소간이라도 타당성이 있다면 이를 과감히 인정할 때 서로의 대화가 이어지고 단점과 오류도 상호 인정할 수가 있게 된다. 가능하면 자신들의 단점을 먼저 이야기하는 것이 좋다. 그러나 반드시 개선을 위한 노력도 덧붙여서. 그러면 상대방은 대부분 오히려 이 쪽에 장점이 많다고 말하는 것이 예의로 돼 있다.

셋째, 공식적인 교섭 내용이 아닌 다른 대화에서는 가능한 한 비정치적인 문제, 특히 민속에 관한 이야기를 많이 하는 것이 좋다. 경제나 생활 수준에 관한 이야기로 공연히 졸장부가 되고 상대방의 자존심을 건드려 작은 불화로 큰일을 망치게 되는 것은 바람직하지 않기 때문이다. 특히 북쪽에서는 일반적으로 남쪽 사람들이 혼까지 미국에 다 팔아먹었다고 생각하는 경향이 있으므로 이를 불식시키는 데에도 효과적이다. 남과 북이 서로 같은 풍속을 갖고 있으며 여전히 같은 민족이라는 것을 확인하면 서로의 대화를 지속하는 데에도 도움이 될 것이다.

이와 비슷한 제언은 더 나열할 수 있겠지만 이 모두를 한마디로 줄이자면, 상대방을 대할 때 평소에 지켜야 한다고 말하는 대인 관계 예절을 상기하면서 상대하면 크게 빗나가는 일이 없을 것이라는 이야기다. 아주 상식화된 예절이지만 어느 사이에 우리들이 많이 잊어버린 그런 예절을 지키는 일이므로 그리 어려운 일도 아닐 수 있다. 순간적인 오만과 자존심으로 상대를 비하하고 따라서 자기 자신도 초라해지며 큰일을 그릇친 다음에도 자기 스스로를 반성하기보다는 상대방에게 책임을 전가하는 식의 그릇된 버릇에서 벗어나면 되는 것이다. 남과 북의 사람들이 이렇듯 정상적인 인간 관계의 틀을 마련한다면 통일이 아주 지난한 과제가 아닐 수도 있지 않나 하는 생각이다.

아주 보수적인 사람들은 내게 이렇게 말할 것이다. "북한 공산당들은 우리 목에 비수를 들이대고 있고 우리를 파멸시키려고 물불을 안 가리는 마당에 우리가 이렇게 나약하게 나간다면 우리는 북한에게 당하여 망하게 될 것 아니야?"라고. 그런 사람들에게 나는 이렇게 답할 것이다. "스스로 반성하고 개선을 위해 노력하는 조직이 망하는 길을 걷고 있는 것인가, 아니면 자기는 완벽하고 절대 옳으며 오로지 상대방만이 잘못되었다고 굳게 믿는 경직된 조직이 망하는 길을 걷는 것인가? 당신은 우리 나라가 어떤 길을 선택해야 한다고 생각하는가?"

● 김찬석은 남북 회담 실무자로 1990년에 평양을 방문한 적이 있다.

통일된 땅에서 더불어 사는 연습

1996년 5월 16일 초판 펴냄
2009년 1월 22일 5쇄 펴냄

엮은이 • 또 하나의 문화 통일 소모임
펴낸이 • 유승희
펴낸곳 • 도서출판 또 하나의 문화
121-818 • 서울 마포구 동교동 184-6 대재빌라302호
전화 (02)324-7486 팩스 (02)323-2934
전자우편 tomoon@tomoon.com
누리집 www.tomoon.com
등록번호 • 제9-129호 1987년 12월 29일
ISBN 89-85635-23-9 03330

* 책값은 뒷표지에 있습니다.
* 잘못된 책은 바꾸어 드립니다.